Robert Jacobsen

Herausgegeben
vom Museum Würth
durch Lothar Romain
und C. Sylvia Weber

Robert Jacobsen

Werke aus 50 Jahren

Mit Beiträgen von
Werner Hofmann, Eugène Ionesco,
Jens Christian Jensen, Willi Lindermair,
Lothar Romain und C. Sylvia Weber

Jan Thorbecke Verlag
Sigmaringen

Wir danken den Autoren für die
freundliche Überlassung ihrer Texte
und dem Bruckmann Verlag, München
für die freundliche Genehmigung
des Abdrucks von Jens Christian Jensen
›Über Robert Jacobsen‹

Die Deutsche Bibliothek – CIP-Einheitsaufnahme

Robert Jacobsen:
[hrsg. vom Museum Würth durch
Lothar Romain und C. Sylvia Weber]. –
Sigmaringen: Thorbecke
ISBN 3-7995-3620-5
NE: Romain, Lothar [Hrsg.]
Bd. 2. Werke aus 50 Jahren/
mit Beitr. von Werner Hofmann ... –
[Übers. aus dem Ital. von Ursula Bürkert]. – 1992
NE: Hofmann, Werner; Jacobsen, Robert [Ill.]

Übersetzungen:
aus dem Französischen von Wolfgang Dieter,
aus dem Italienischen von Ursula Bürkert
Typographie und Gestaltung: Peter Langemann
Gesamtherstellung:
Jan Thorbecke Verlag GmbH & Co., Sigmaringen

Printed in Germany
ISBN 3-7995-3620-5

Inhalt

Vorwort

Es ist längst an der Zeit, wieder eine umfangreiche Ausstellung über das Schaffen von Robert Jacobsen zu veranstalten. Die letzte größere Ausstellung in Deutschland hat 1987/88 stattgefunden und wurde von den Kunsthallen Mannheim und Emden sowie dem Skulpturenmuseum Glaskasten in Marl organisiert und zusammengestellt. Vor dieser wiederum waren zwölf Jahre seit der letzten Schau in Deutschland verstrichen. Damals, am 5. September 1987, wurden Robert in Mannheim erste Pläne für ein neues Verwaltungsgebäude seines Freundes und Sammlers Reinhold Würth, dem Unternehmer aus dem Hohenlohischen übergeben. So wurde er gebeten, den bei diesem Bauvorhaben rund 6000 m^2 großen entstehenden Vorplatz künstlerisch zu gestalten. In dem neuen, seit Ende 1991 fertiggestellten Verwaltungsgebäude sind zwei Museumsbereiche integriert. Einer dient der angemessenen Unterbringung der rund 1500 Exponate umfassenden, überwiegend zeitgenössischen Kunstsammlung des Unternehmers und einer der eng im Zusammenhang mit dem Hauptvertriebszweig der Firma stehenden Sammlung für Schrauben und Gewinde, die in einer ständigen Dokumentation präsentiert ist.
Die nun vollendete Skulptureninstallation auf dem Platz vor dem Verwaltungsgebäude Würth, die nicht unbeträchtliche Sammlung von Arbeiten auf Papier und Skulpturen Robert Jacobsens als einen der bedeutendsten Künstler in der Kollektion Würth, die Freundschaft zwischen Sammler und Künstler und das seit Weihnachten 1991 eröffnete Museum Würth, in dessen Kunstbereich auch Wechselausstellungen veranstaltet werden, waren Anlaß genug, für Robert im Jahr seines 80. Geburtstages eine Ausstellung zusammenzustellen. Sie folgt als erste Wechselausstellung auf eine Auswahl von rund 110 Werken der verschiedenen Sammelschwerpunkte der Sammlung Würth, die seit Eröffnung des Museums gezeigt wurde.
Bewußt wurde nicht der Titel einer Retrospektive gewählt, sondern die Entstehungsjahre der in der Ausstellung zusammengetragenen Exponate resümiert. Eine Retrospektive mit begleitendem Katalog für Robert Jacobsen käme einem Versuch zur Herausgabe eines Werkverzeichnisses gleich, oder zumindest einem fragmentarischen Vorläufer des catalogue raisonné. Ein Versuch, der den Herausgebern mißglücken würde, weil Robert nicht nur unendliche Vielseitigkeit, sondern auch durch quantitative Vielfältigkeit und Kreativität wiederum nicht nur im Schaffensprozeß, sondern auch auf Befragung in der

Namensgebung seiner Werke immer wieder durch neue Titel für Verblüffung sorgt. Gleichzeitig mit jedem Ausstellungsvorhaben auftauchende Platzprobleme in jedem Ausstellungsinstitut, die temporäre Gleichzeitigkeit mehrerer Ausstellungstourneen anläßlich seines Geburtstages in Frankreich und Dänemark sowie Leihgeber, die ihre Arbeiten nach über einjähriger Leihgabe wieder einmal bei sich haben wollten, legten die Auswahl der Ausstellung und der Leihgaben teilweise fest. Der wesentliche Ansatzpunkt der Ausstellung war jedoch, aus den letzten fünf Jahrzehnten Arbeiten Jacobsens plastischen Schaffens zu zeigen, die zweifellos den wesentlichen Teil seines Gesamtwerkes repräsentieren gegenüber den vor allem in den letzten zwei Jahrzehnten entstandenen, in der Ausstellung in geringer Zahl präsentierten, grafischen Werken.
Von dem bekanntesten dänischen Bildhauer, der von 1962–81 an der Akademie in München gelehrt hat, wird anhand von rund 80 Arbeiten ein Überblick aus seinen Schaffensperioden gegeben. Seinen Wandel vom Abstrakten zum Figurativen und späteren Nonfigurativen, von der zunächst kleinen Skulptur zur Großen und Monumentalen, vom »Käfig« zur im Raum freibewegten Skulptur, den Wechsel des verwendeten Materials, – wiederverwertete Altmetallteile werden später ersetzt von Industrieprofilen –, versucht die Ausstellung zu zeigen.
Robert Jacobsen unterscheidet sich in einem Punkt von vielen Bildhauern. Er fertigt meist keine Skizzen, keine Studien für seine Skulpturen, seine Skulpturen entstehen direkt aus der Hand, mittlerweile gefertigt mit Hilfe seines unendlich spezialisierten Maschinenparks und einem technischen Equipment, das wie Bernard, sein Assistent in Dänemark, sagt, oft nur zur einmaligen Nutzung angeschafft wurde. Einige wenige frühe Zeichnungen, die seine erste Ertastung des geometrischen Raumes dokumentieren, können gezeigt werden, neben wenigen exemplarischen Arbeiten seines malerischen und druckgraphischen Schaffens und einer umfassenden Dokumentation der Skulptureninstallation in Künzelsau mit den Modellen dazu.
Mit den Arbeiten Robert Jacobsens werden in dieser Ausstellung auch Werke aus der Sammlung Würth gezeigt, die in mittelbarem Zusammenhang zu ihm und seiner Zeit in Frankreich, in München an der Akademie und in Kopenhagen stehen. Vertreter seines Umfeldes in Frankreich sind: Hans Hartung, Serge Poliakoff, Jean Arp, Asger Jorn, Fernand Léger, Gerard Schneider und Max Ernst, Kollegen aus seiner Zeit an der Akademie in München sind Hans Baschang, Günter Fruhtrunk, Roberts Nachfolger Eduardo Paolozzi und Lun Tuchnowski, Roberts künstlerischer Assistent bei der Skulptureninstallation Würth in Künzelsau und Dozent in Kopenhagen.
Neben einem Beitrag von Lothar Romain, der umfassend die Skulptureninstallation Würth mit zahlreichen Abbildungen und Verweisen auf frühere Werke des Künstlers beschreibt, werden in diesem zweiten Band der Publikation bereits früher erschienene Veröffentlichungen verschiedener Autoren über sein Gesamtwerk oder einzelne Werkgruppen, wie die Puppen abgedruckt. Jens Christian Jensen würdigt darüber hinaus den 80jährigen mit einem Geburtstagstext.
An dieser Stelle danken wir allen, die zum Gelingen der Ausstellung und der Publikation beigetragen haben, insbesondere allen öffentlichen und privaten Leihgebern, den Auto-

ren, den Übersetzern der französischen und italienischen Originaltexte sowie den Verlagen, denen wir die freundliche Genehmigung zum Wiederabdruck bereits verlegter Veröffentlichungen verdanken, ganz besonders Herrn Reinhold Würth für seine großzügige Initiative, Robert Jacobsen, der unter anderem die Vorbereitung der Ausstellung und des Kataloges mit humorvollem Optimismus unterstützte, Maria Jacobsen, die neben den umfangreichen Geburtstagsvorbereitungen für Robert immer noch Herz und Ohr für Künzelsau hatte sowie Lun Tuchnowski, der nach den Installationen der Skulpturen auf dem Vorplatz des Gebäudes noch wesentlich am Konzept und Aufbau der Ausstellung beteiligt war. Dank auch an Caroline Bissière, Centre d'Art Contemporain in Meymac, die letztendlich eine teilweise Übernahme von Exponanten aus der Ausstellungstournee in Frankreich ›Robert Jacobsen Retrosepktive‹ ermöglichte.

C. Sylvia Weber

Robert Jacobsen, dem 80jährigen

von Jens Christian Jensen

Als ich ihm zum erstenmal begegnete im Frühjahr 1975 – der kalte klare Himmel und das erste Grün, das über den Büschen im Tågelunder Hügelland wie ein Schleier lag, hatten mich von Schleswig-Holstein her begleitet – erschien mir Robert Jacobsen wie ein Wikingerhäuptling. Da saß er auf seinem Bauernhof, dessen im Viereck angeordnete Gebäude einen gepflasterten Innenhof umschlossen, zwischen Kindern und Enkeln (Urenkel lagen in Windeln) aus verschiedenen Ehen, zwischen diversen Schwiegersöhnen und -töchtern, ein Fels, Mittelpunkt eines Clans von geradezu urtümlicher Lebenskraft. Das Fleisch, das die aus Bayern geraubte Maria auf den unerschütterbaren Tisch stellte, war ein plastischer Brocken von mächtigen Ausmaßen. Das Riesenmesser – »ich selbst geschmiedet« – lag leicht in Roberts Hand. Die rhabarberblattgroße Scheibe, die mir der Häuptling zuteilte, war nicht fett und dick, sondern mager, provençalisch-durchsichtig und köstlich-zart. Und während wir uns nach einem Brief und einem Telefongespräch in einem Gemisch aus dänischen-deutschen-französischen Satzstücken aneinander herantasteten, hatte ich immerzu zwei Worte im Kopf: Kraft und Zartheit.

Diese erste Begegnung ist mir als lebendes Bild heute so gegenwärtig wie in allen Jahren, die nach 1975 folgten. Mit der Zeit wurde dieses Bild vertieft, es weitete sich aus, gewann an Hintergrund, erhielt helle Lichter und auch Schatten, aber nie wurde es durch die folgenden Besuche von Kiel nach Tågelund und von Tågelund nach Kiel in irgendeiner Weise in seiner Leuchtkraft verdunkelt.

Kraft und Zartheit, auch herrisches Zupacken und sensible Einfühlung – Lothar Romain spricht von der »Dialektik von Rationalität und Irrationalität«, Uwe Rüth faßt das Gegensatzpaar in den Satz: »Es sind also die figürlichen festgelegten Arbeiten Jacobsens in sich so frei und phantasievoll, wie die freien Formen seiner Skulpturen gebunden und geordnet sind.« Ich habe das Staunen nicht verlernt über die Tatsache, daß sich diese spannungsvollen Gegensätze, die sich im Werk vehement vergegenwärtigen, in der Person des Künstlers zur Ganzheit versammelt haben. Sie ruhen in seiner Vitalität, seiner Durchsetzungskraft, in seinem dänischen Spiel- und Basteltrieb, der artistisches Ausbalancieren zum Ziel hat. Sie gründen in seiner Phantasie, seiner Behauptungswucht, in seiner Arbeitsbesessenheit, aber auch in seiner Zurückhaltung, seiner Empfindlichkeit, in seiner Lust am prallen Leben. Ich habe diese, alle Gegensätze versöhnende Ganzheit als die poetische

Existenz Jacobsens zu erklären versucht. Seine Kraft entsteht aus einem unmittelbaren, ja fast kindlich-unverbildeten Zugang zu primär schöpferischen Quellen, die er nicht hinterfragt, sondern in sich und aus sich geschehen läßt. Einem fast naturhaften Vertrauen zu diesen Quellen entspringt Jacobsens Sicherheit im Gestalten, Erfinden, im alltäglichen Dasein. Für mich als vom zerstörerischen Nazikrieg verletzten Deutschen war dieser Lebensreichtum zuerst kaum zu erfassen. Wie konnte es möglich sein, daß die auf kräftigen Pfeilern auftrumpfenden monumentalen Eisenmammute – in Tientsin, Kopenhagen oder vor Legoland – demselben lebendigen Geist ihr Dasein verdankten wie die sakralen, romanesken, heilig-heidnischen emblemhaften Figuren der Rosenborg-Suite oder wie die kopfgroßen, scharf gespannten Raumkerne der – durch inneres Gleichgewicht schwebenden – geschmiedeten, geschnittenen, gebogenen, aufgerichteten oder lagernden Eisenskulpturen? Das Ineinander von intelligentem und ungemein feinfühligem Denken und mächtig ausfahrendem Gestus, das Zusammenspiel von naiver Figurinencollage, die sich mit fast antiker Naturhaftigkeit aus dem spontanen Umgang mit gefundenen und zugerichteten Materialien gleichsam aus sich selbst erschufen – und konstruktiver architekturhafter Strenge, die behutsam und unglaublich präzise Senkrechten und Waagerechten, schwingende Bögen und schräggestellte Flächen, stützendes Gestänge und lanzenhaftes Hervorstechen zu einem geistreichen Kunststück zusammengeschweißt hat, dessen innere Logik bezaubert, dessen formales Zusammenspiel sich jedoch jedem Nachrechnen entzieht?
Ebenso erstaunlich ist die Manifestation von Freiheit in Werk und Person, im schöpferischen Handeln und im Leben, die sich bei jeder Begegnung mit Robert Jacobsen selbst oder mit einem seiner Werke bestätigt. Diese Freiheit von Vorurteilen und von Zwängen, diese Freiheit seiner Umwelt gegenüber, diese Freiheit von Stilzwang oder vom Schielen auf den Kunstmarkt, diese Freiheit zu sich selbst, die Jacobsen bis heute das, allein das tun läßt, was er für richtig hält, was ihn zum Machen drängt, wozu er Lust empfindet. Die Freiheit endlich, die ihn zwischen resoluter Arbeitsdisziplin und ungehemmten Leidenschaften wie selbstverständlich einen Ausgleich immer neu finden läßt. Ich als gebeutelter Deutscher habe dieses Energiebündel von Lebenskräften immer wieder bestürzt bewundert. Mein dänischer Großvater hat mir vielleicht geholfen, nicht die Flucht zu ergreifen. Robert Jacobsen ist ein Künstler, der wie wenige aus Freiheit lebt und sich in Freiheit schöpferisch bewegt. Wenn er nun 80 Jahre alt wird, werden sich nicht nur seine Freunde um ihn versammeln, nicht nur werden wir ihn bekränzen und – sofern wir stark genug sind – ihn aufs Schild heben. Wichtiger ist für ihn und vor allem für uns, daß wir noch viel von ihm, dem Künstler erwarten dürfen. Altern ist Naturgesetz, altern in geistiger Klarheit und schöpferischer Potenz ist Gabe des lebendigen Geistes. Mit ihm, Robert Jacobsen, vertrauen wir auf ihn: Veni creator spiritus!

Polychrom 10
Eisen, 1992
280 cm
Robert Jacobsen
Privatbesitz des Künstlers

Die Skulptureninstallation Würth

von Lothar Romain

Voraussetzungen I

Der Hauptsitz der Firma Würth am Rande der Hohenloher Kreisstadt Künzelsau ist nicht nur ein merkantiles, sondern dank einer auch in dieser Hinsicht zurecht gelobten Firmenpolitik ein kulturelles Zentrum. In einem Teil eines neuen Verwaltungsgebäudes ist – für Mitarbeiter wie für Publikum jederzeit zugänglich – ein großer Teil der Sammlung Würth untergebracht. Auf dem weiträumigen Firmengelände gibt es schon länger eine Reihe von Plastiken zu bewundern und jetzt ist die gewaltige skulpturale Installation des dänischen Bildhauers Robert Jacobsen fertiggestellt worden, die im Kontext zu dem neuen Verwaltungsgebäude konzipiert wurde. Das fünfteilige Werk ist das beeindruckende Ergebnis sowohl eines bedeutsamen künstlerischen Lebenswerkes wie auch eines außergewöhnlichen Mäzenatentums und einer mehr als 15jährigen Freundschaft zwischen dem Bildhauer und dem Firmenchef.
Jacobsen hat hier in Künzelsau mit dieser großen skulpturalen Anlage gewiß ein erstes Fazit seines langen, reichen Künstlerlebens gezogen. Die Installation ist Jacobsens bisher größte Arbeit – ein Ensemble von Tor-, Eingangs- und Platzgestaltung – und sie ist eine von Größe wie Qualität bedeutenden Skulpturrealisationen der Moderne. Die wuchtigen Eisenskulpturen sind rechtzeitig zum 80. Geburtstag des Künstlers fertig geworden; ein kühnes, aufregendes Projekt, das man einerseits aus seiner Ortsbezogenheit heraus betrachten und erklären kann, andererseits aber auch wie die Zusammenfassung der gesammelten und selbst geschaffenen Vokabeln einer Bildsprache lesen muß, die man in ihrer Eigenart, aber auch in ihrem Einfallsreichtum schon in vielen Arbeiten als eine unverwechselbare kennengelernt hat und hier nun gleichsam wie in Exzerpten simultan präsentiert bekommt.
Schon 1985 bei der Ausschreibung des Architekturwettbewerbs für das neue Verwaltungsgebäude hatte Reinhold Würth Wert darauf gelegt, daß die Kunst als ein wichtiges Element in die Planung einbezogen werde. Den Wettbewerb gewannen die Architekten Maja Djordjevic-Müller und Siegfried Müller, die sich Würths Wunsch bezüglich der Kunst selbst zu eigen machten und bei der Entwicklung des Gesamtkonzeptes diesen Aspekt immer mitbedachten. Der gewöhnliche und immer erneut zu beklagende Fall, daß Kunst

nachträglich wie ein Feigenblatt benutzt wird, ist hier anders gelöst worden. Zwischen dem Bauherrn, den Architekten und dem Künstler hat es einen komplexen Dialog gegeben, dessen Ergebnis die jetzt geschaffene eindrucksvolle Korrespondenz zwischen Architektur und künstlerischem Ambiente darstellt.
Im Herbst 1987 hat Reinhold Würth seinen Freund Robert Jacobsen mit der künstlerischen Gestaltung des durch das neue Gebäude geschaffenen Platzes samt der Straßendurchfahrt beauftragt. Bis zum Mai 1989 hat der Künstler sein Konzept entwickelt, das beim Umfang und der Vielschichtigkeit der Aufgabenstellung notwendigerweise nicht das Ergebnis einsamer Entschlüsse sein konnte, sondern die originäre künstlerische Umsetzung vieler Diskussionen und unterschiedlicher Prüfungen von Vorgaben und möglichen Reaktionen darauf bedeutet. An diesen Diskussionen nahm neben den oben Genannten in besonderem Maße auch Robert Jacobsens Mitarbeiter Lun Tuchnowski teil – vor Jahren einmal Assistent des Künstlers, jetzt längst selbst ein profilierter Bildhauer, mit dem zusammen in zahlreichen Einzelschritten der große alte Herr seine Projektionen in konkrete Entwürfe umsetzte. Tuchnowski hat auch die Realisation der einzelnen Teile bei der Münchener Stahlbaufirma Maurer Söhne überwacht und den schwierigen Auf- und Zusammenbau der Skulpturen vor Ort geleitet. Insofern ist diese Installation ein gutes Stück auch Teamarbeit, ohne daß dadurch die künstlerische Originalität beeinträchtigt worden wäre. Kunst im öffentlichen Raum, das wissen wir aus vielen Beispielen, ist häufig ein Produkt von solcherart kongenialer Zusammenarbeit.

Voraussetzungen 2

Von diesen Entstehungsprozessen wird allerdings leider viel zu selten gesprochen, würden sie doch deutlich machen, daß künstlerische Arbeiten von solchem Ausmaß notwendigerweise auch intentionalen und rationalen Arbeitsteilungen unterliegen und schon in den ersten Entwicklungsschritten viel an unterschiedlichen eigenen und zugelieferten Vorstellungen wie Inhalten aufnehmen. Eine interne Dokumentation dieses Projekts aus dem ersten Stadium der Konzeptentwicklung zeigt mit ihren Vorgaben, daß es dem Bauherrn gleichermaßen wie dem Künstler um das Zusammengehen komplexer Bindungen und Inhalte ging. Die Gliederung dieser Dokumentation nennt exemplarisch grundsätzliche Stichpunkte für die Analyse und die darauf gründenden künstlerischen Basisüberlegungen: formale Elemente, inhaltliche Aspekte, regionale Aspekte und funktionsbedingte Vorgaben.
Die formalen Elemente waren teils Vorgaben, teils ästhetische Bedingungen, die erst noch geschaffen werden mußten. Es ging um eine künstlerische Gesamtgestaltung, die auf Inhalt und Form der Architektur eingehen und mit dieser in eine spannungsreiche Auseinandersetzung treten sollte. Dazu bedurfte es einer systematischen Sichtung der auffallenden architektonischen Merkmale und ihrer Gewichtung nach künstlerischen Gesichtspunkten, z. B. des in der sonstigen strengen vertikalen und horizontalen Linearität exponierten Runds des Treppenhausturm im Hauptgebäude oder Säulen, der Fensteröffnun-

gen und Kurvensegmente der Dachform über dem Seitentrakt, also der Vielfalt der Bauelemente und der daran ebenfalls orientierten Planungen für die Platzgestaltung samt der von Beginn an gewünschten Wasserspiele. Die heutige Anlage ist wesentlich durch diese Untersuchungen geprägt, auch in solchen Ordnungen, die nicht auf den ersten Blick auffallen, aber doch entscheidend zur Gliederung beitragen. So stehen die drei Tore, die platzseitig den Beginn der mächtigen Schwingung aus Stahlträgern durch die große Durchfahrt markieren und halten, genau an einem Ende der Platzdiagonale und bilden dort zugleich einen Durchgang zum alten Verwaltungsgebäude.

Poussée Triple
Eisen, 1949, farbig gefaßt
von Jean Deswasne
41 cm hoch

Auf solche Umsetzungen von Ordnungsvorgaben in das freie Formenspiel eines grundsätzlich an geometrischen Vorstellungen orientierten Vokabulariums kann man in dem gesamten Gestaltungsambiente immer wieder treffen. Es sind die für Jacobsen typischen Vokabeln, Konstanten der Skulpturen auch dann, wenn diese – wie für seine Arbeit üblich – autonom und frei von allen örtlichen Vorgaben entstehen. Häufig hat er seinen Skulpturen – ähnlich wie die Vorgabe jetzt durch die Architektur – durch eine Rahmenkonstruktion selbst eine Raumbegrenzung geschaffen, innerhalb derer er dann frei, aber dem selbst gesetzten Maß und damit einer sichtbaren Ordnung verpflichtet agieren kann. Doch davon später.

Voraussetzungen 3

Die Fragen der Ästhetik sind nie solche reiner Formalität, sondern beziehen sich als sinnstiftende Ordnungen von Anschauung immer auf den Menschen und seinen Umgang mit der Welt. Insofern korrespondiert diese Installation in der ihr eigenen Sprache auch

inhaltlich mit dem Arbeitsfeld-Konzept des Unternehmers Reinhold Würth, das die Firma nicht als ein bloß funktionierendes Organogramm entwirft, sondern Arbeitswelt auch als Erlebniswelt begreift. Nur darin kann sich der einzelne kreativ – selbstverständlich zugunsten des Ganzen – entfalten, in den Mittelpunkt stellen.
Kunst ist für den Sammler Würth zunächst auch ein privates Vergnügen. Aber die davon gewonnenen Impulse sollen auch mitgeteilt, ja geteilt werden können. Die Integration von Kunst in den Firmenalltag will nicht nur als private Freude des Chefs im Sinne von l'art pour l'art verstanden sein, sondern geschieht in der Absicht, durch das Erlebnis von Kunst die Wahrnehmung und Phantasie aller Mitarbeiter anzuregen und so die Bedingungen für die eigene Kreativität der Belegschaft und damit auch ihres Selbstbewußtseins entscheidend zu verbessern. Einsichtige Ordnungen in der Gestaltung des Arbeitsumfeldes, die dennoch spielerisch begriffen sind und nirgendwo zum Zwang werden, sind auch als Strukturvorgaben zu lesen und zu verstehen, als Möglichkeit, sich buchstäblich zwanglos zu orientieren und zusätzlich mit den Augen denken zu lernen, was der zunehmenden Abstraktion des Arbeitsplatzes als reine Funktionsstätte entgegenwirkt.
In diesem Sinne kann man auch mit Robert Jacobsen über die Möglichkeiten und das Potential von Kunst diskutieren, obwohl ihm nichts ferner liegt als Kunst gezielt praktisch bzw. nützlich zu machen. Jacobsen ist ein unbedingter Sohn der Moderne und ihres Anspruchs auf künstlerische Autonomie. Dieser bezieht sich auf die Entwicklung einer eigenen, von äußeren Diktaten, von äußeren Inhalten unabhängigen Formensprache. Und doch entsteht eine solche Sprache nicht im gesellschaftsfreien Raum, entwickelt sich im Gegenteil aus dem Spannungsverhältnis zu Zeit und Zeitgeist und versteht sich von daher als Teilhaberin an ihnen. Sicherlich hat sich das Verhältnis des Unternehmers Würth mit seiner Unternehmenskonzeption zum Bildhauer Jacobsen auch deshalb über das übliche Mäzenatenverhältnis hinaus so freundschaftlich entwickelt, weil der Kunstliebhaber Würth diese ›allgemeine‹ Inhaltlichkeit in Jacobsens freier Kunst sehen und schätzen gelernt hat.
Die nordische Wurzel seines Kunstschaffens hat Robert Jacobsen nie zur bloßen expressiven Selbstdarstellung verleitet. Die zugegeben expressiven Sprachmerkmale seiner frühen dänischen Zeit waren eingebunden in einen Rückgriff auf alte Mythen und deren überindividuelle Sinnbilder. Die Moderne hat mit solchen Bezügen immer Zeichen gesetzt für den Verlust von und die Sehnsucht nach Ursprünglichkeit und dem Traum von der Einheit zwischen Geist und Natur. Aber in den späten 30er und 40er Jahren war das zeichenhafte Erinnern an diese verlorene Ursprünglichkeit zugleich eine Kampfansage gegen die verlogene Re-Mythisierung und Barbarisierung durch den Faschismus. Kunst kann nicht unberührt bei sich bleiben, wenn sie so existenziell und auch existenzgefährdend herausgefordert wird. Jacobsen hat diesen Kampf mit den Mitteln der Kunst geführt, die insofern nicht nur formal, sondern auch inhaltlich zu verstehen waren. Das gilt auch für die zweite, im Rationalen verankerte Wurzel seines Werkes. Wie bei vielen anderen Künstlern am Beginn der nachklassischen Moderne und vor allem am Ende eines furchtbaren Krieges, implizierten seine Vorstellungen von Kunst immer auch über die Kunst hinausweisende Gestaltungsformen von Wirklichkeit. Das galt für die Cobra-Künstler, zu denen

Jacobsens Freund Asger Jorn gehörte, ebenso wie z. B. für die Kollegen, die sich mit Jacobsen in den 50er Jahren um die Galeristin Denise René in Paris scharten; Arp gehörte dazu, Dewasne, Herbin, Poliakoff und Vasarély.
Für Jacobsen bedeutet der Wechsel von der schwerblütigen, skandinavischen Szene in die nach Klarheit strebende französische Kunsttradition mehr als nur einen Wechsel der Formensprache, sondern die Formulierung eines neuen Bewußtseins. Statt der in ihrer Gewalt und Vehemenz sich auch im Heraushauen des Steines niederschlagenden Auseinandersetzung mit dem falschen, mörderischen Pathos des Faschismus nun die Konstruktion neuer möglicher und vor allem notwendiger Ordnungen, Klarheit und Durchschaubarkeit von Form auch als programmatische Grundüberlegungen für die intendierte Erneuerung der Gesellschaft. Auch wenn man nicht mehr an die Utopie der klassischen Moderne glaubte, die eine Veränderung des Lebens noch durch Kunst zu erreichen hoffte, so wollte doch Kunst jetzt an den verändernden Prozessen außerhalb ihres Kom-

Erstes Arbeitsmodell ›Skulptur Maienweg‹ im Maßstab 1:5, 1988

Gesamtansicht des Platzes von Südwesten

WÜRTH

petenzbereiches beteiligt sein, wollte mit ihren Mitteln und ihren Formulierungsvermögen Modelle schaffen, in denen sich die Strukturen eines veränderten Bewußtseins widerspiegelten. Nichts kann das deutlicher machen als der Ausstellungstitel ›Klar Form‹, unter dem sich damals die Künstler jener neuen Bewegung einer das Konstruktive gegen das Emotional-Irrationale betonenden Kunst zusammenfanden.

Es gehört, wie sein Lebenswerk bis zu dieser mächtigen Installation des nun Achtzigjährigen beweist, zu den außerordentlichen Verdiensten von Jacobsen, daß seine Auffassung von Kunst keine Verhärtungen und Dogmatisierungen zuließ. Er hat die rationalen Komponenten der Konstruktion, die Benutzung und Abwandlungen geometrischer Grundformen wie Viereck, Dreieck und Kreis nie sich zum Diktat auswachsen lassen oder zu Regelsystemen mit einengenden Unterordnungen und Beschränkungen, sondern immer als ein freies Spiel des Zueinander- und Ineinandergehens von Formen und Räume, die durch sie geschaffen wurden, begriffen. Im Gespräch hat Jacobsen selbst seine Kunst einmal als eine ›demokratische‹ bezeichnet, was das Bewußtsein kennzeichnet, in der seine Arbeiten entstehen, wie auch die Art und Weise ihres Aufbaus.

Jacobsens Skulpturen, das charakterisiert in einem hervorragendem Maß auch die Installation in Künzelsau, sind nicht aus einem beherrschenden Kraftzentrum heraus entwickelt, von dem aus sie ausstrahlen und das die einzelnen Teile nur als Funktionen dieses Kerns anerkennt. Die gleichberechtigten Glieder seiner Skulpturen haben im Gegenteil ihr eigenes Gewicht und ihre jeweils eigene Bedeutung. Sie leben in möglichst freier Konkurrenz

Arbeitsmodell ›Flieger‹ und ›Delphin‹ vom Sommer 1989

zueinander dennoch als Einheit miteinander und schaffen so Modelle der Kunst, die durchaus als Analogien zu anderen Bereichen unserer Wirklichkeit verstanden werden können, ohne sich jemals bloß illustrative Verweise zu gestatten.
Hierdurch schon war noch vor der Realisierung des konkreten Objekts die Grundvoraussetzung gegeben für ein fruchtbares Zusammengehen von den Vorstellungen des Bauherren, daß sich auch durch Kunst etwas vom Geist des Unternehmens darstellen solle, mit den Intentionen des Künstlers, diesem in freier Form Gestalt zu geben: eine Auftragsarbeit, die dem Künstler keine Verrenkungen bzw. Amputationen seines Konzepts und Anspruchs abverlangte.

Gliederung der Installation

Das neue Verwaltungsgebäude schließt mit einer doppelstöckigen, auf hohen Säulen stehenden Gebäudebrücke unmittelbar an das alte an und schafft so eine gewaltige Durchfahrt für den Maienweg, der eine öffentliche Verkehrsstraße ist. Ein Treppenhausturm, der über die Dachlinie des Hauptgebäudes hinausragt, markiert den zentralen Eingangsbereich, von dem aus, T-förmig an das Hauptgebäude anstoßend, ein niedrigerer Seitenflügel zu jenem Bereich führt, in dem neben Büros und Cafeteria vor allem einem Veranstaltungssaal, das Gewindemuseum sowie die große Ausstellungshalle für Ausstellungen – in der Regel die Kunstsammlung Würth – untergebracht sind. Der Zugang zu den Sammlungen ist für die Mitarbeiter vom Innern des Hauses und für das Publikum durch einen eigenen Eingang möglich. Dieser Trakt wird durch ein gläsernes Dach, das aus bogenförmigen Trägersegmenten aufgebaut den Ansatz einer Wellenform ausbildet, optimal mit Tageslicht versorgt. Hauptgebäude, Ausstellungstrakt samt Cafeteria schaffen einen großzügigen Platz, der gegenüber dem Maienweg etwas tiefer gelegt ist und von Wasserbecken, Bäumen und ortsbezogenen Skulpturen gestaltet wird.
In der Linienführung des Wasserbeckens wiederholen sich – bei der Eingangsskulptur findet man das in eigener Weise aufgenommene – die Dachwelle und der Kreis des Treppenturms. Dieser Platz ist also nicht gähnende Leere, die zu durchqueren Mitarbeiter und Besucher bedrücken würden, sondern ein vielgestaltiger Ereignisraum, der in seiner Gliederung und seinem Inventar samt dem facettenreichen Zusammenspiel mit der Architektur einstimmen will auf den erwünschten Geist des Hauses und seine bewußte Verknüpfung von Arbeitswelt und freier künstlerischen Kreativität.
Der innere Platz wird durch vier Skulpturen bzw. Skulpturengruppen deutlich akzentuiert. Drei auf Säulenfüßen stehende Rahmen markieren den westlichen Punkt des Platzes mit einer Wasserrampe, die zu einem länglichen, geschwungenen Wasserbecken abfällt. Der ›Eckpunkt‹ der Wasseranlage wird durch ein vom ersteren getrenntes, kreisrundes Becken gestaltet. Zwischen beiden Wasserbecken ist eine Skulptur als Wasserspiel installiert. Eine der beeindruckenden, mächtigen Stahlarbeiten steht als gewaltiges »Wellenpaket« vor dem Haupteingang, eine andere, torförmige weist auf den Zugang zu den Museen.

Über die höher gelegene Straße führt der Weg durch eine gewaltige, von der Architektur geschaffene Durchfahrt aus dem inneren Ambiente des Gebäudekomplexes hinaus in eine kleine Wohnsiedlung und den Blick weiter in die hügelige Landschaft. Hier hat Jacobsen sein größtes Werk aufgestellt, eine riesige Stahlskulptur, die in dynamischer Linienführung die Durchfahrt diagonal durchschwingt. Platzseitig wird sie von den bereits erwähnten drei Toren gehalten, die zugleich einen Durchgang zum alten Verwaltungsgebäude ermöglichen, während sie im Außenbereich durch eine dem Abschwung gegenläufige Stütze aufgegangen wird. Eine große Unterkonstruktion greift das Thema Tor in Bezug auf die konkrete Situation noch einmal auf und schafft einen offenen Raum im Raum.

Der Rahmen als Durchfahrt und die Durchfahrt als Rahmen

Im Werk von Robert Jacobsen, darauf wurde schon hingewiesen, hat der Rahmen seit den 50er Jahren eine große Bedeutung. Er ist sowohl grammatikalisch wie auch räumlich und schließlich intentional zu verstehen und prägt gleichermaßen die inneren Bedingungen der Skulpturen wie ihr äußeres Umfeld.
Grammatikalisch legen die meist als strenge oder abgewandelte Rechtecke erscheinenden Rahmenkonstruktionen das Sprachformat fest, das sich innerhalb von geometrischen Grundformen bewegt, allerdings seine Spannung aus deren ständiger Unterminierung bzw. Überschreitung bezieht und sich nie einem kunstfremden System bedingungslos unterwirft (vgl. S. 87). Insofern sind die Rahmenkonstruktionen Vorgaben, durch die Jacobsens Sprache in ihrem Maß, aber auch in ihrer Eigenart erst lesbar wird. Sie geben die Strenge vor, die es für Jacobsen dynamisch zu durchbrechen gilt.
Als Raumkonstruktionen machen sie den ambivalenten Charakter dieser Arbeiten deutlich, die sowohl skulpturale wie räumliche Gebilde sind. »Skulpturen zu erschaffen bedeutet für mich«, hat Jacobsen selbst dazu gesagt, »Raum zu schaffen, den man nicht mit einem Gerät messen kann, sondern nur mit den Maßstäben eigener Wertvorstellung.«[1]
Jacobsens Arbeiten sind gleichermaßen Zeichen wie Raumgebilde, entstehend aus der Korrespondenz von fast graphisch-linearen Elementen mit flächenhaften, in geometrischen Formen geschnittenen Bauteilen. Die Rahmenkonstruktionen, selbst Teil der Skulptur, trennen Innen- und Außenraum der Arbeiten voneinander und sind doch auch Schleusen, die beide miteinander verbinden; offene Begrenzungen, die von innen her bewußt immer wieder durchstoßen werden, aber zugleich dafür sorgen, daß die Skulptur in ihren Dimensionen abschätzbar bleibt, sich nie im Ungefähren verlieren kann.
Mit seinem Hinweis auf die eigene Wertvorstellung will Jacobsen neben den formalen die intentionalen Kriterien für die Entwicklung seiner Skulpturen herausstellen. Sie lassen sich nicht nach üblichen Funktionsmustern oder mathematischen Proportionen bemessen, sondern entwickeln ihren inneren Zusammenhang wie auch ihre Interaktionen mit dem umgebenden Raum über Maß und Form hinaus aus Prinzipien, wie sie schon beschrieben wurden, so das freie Konkurrenzverhältnis der Teile zueinander oder die Integration von gegenläufigen Bewegungen als Dialog unterschiedlicher Ordnungen. Nur so werden sie

über den reinen formalen Kontext hinaus zu Zeichen, so zu Modellen künstlerischer Durchdringung von Wirklichkeit.
Diese Raumplastiken können, ohne sich selbst preiszugeben oder in formalen Adaptionen zu erschöpfen, einen fruchtbaren Dialog mit Architektur eingehen. Die große Durchfahrt Maienweg war als Architekturrahmen eine besondere Herausforderung, weil sie einmal Vorgaben schuf, die seiner Arbeit wie beschrieben – keineswegs fremd sind, andererseits aber verlangten, sich durch eine offene Form von der kompakten des Baukörpers abzusetzen. ›Flieger‹ ist die Gebäudebrücke schon früh in Kurzform genannt worden, die den neuen Bautrakt mit dem alten verbindet, auf hohen Säulen stehend, Platz und öffentlichen Raum außen trennend und doch zugleich zusammenführend: eine Schleuse, deren Doppelfunktion des Scheidens wie des Zueinanderführens in der gewaltigen skulpturalen Installation zeichenhaft sichtbar gemacht und als emotionales Erlebnis aktiviert wird. Die Architektur schafft hier den kubischen Raum, den Jacobsen sonst häufig selbst seinen Skulpturen vorgibt. Er sollte allerdings nicht identisch werden mit dem skulpturalen Rahmen. Jacobsen hat sich hier für eine deutliche Trennung entschieden, was für die Skulptur bedeutet, daß sie sich nirgendwo an die Architektur anlegt oder in ihr verankert, sondern ein selbständiges Gebilde aus eigener Legitimität bleibt. Sie durchschwingt den hohen freien Torraum, aber bleibt sichtbar unterhalb des Bodens der Gebäudebrücke. Sie durchbricht zugleich nach beiden Durchfahrtsseiten hin mit ihren Kurven und Bögen den eigentlichen Architekturraum und setzt eigene Anfangs- und Endpunkte, schafft also eine wenn nicht architekturunabhängige, so doch bewußt deren Grenze überspielende Erlebniszone.
›Flieger‹ als Kürzel für die Gebäudebrücke könnte allerdings auch etwas von dem Eindruck und den Gefühlen mitteilen, die Jacobsens ausladende skulpturale Installation beim Betrachter, der im Sinne des Durchgangs immer auch Benutzer ist, auslösen: Dynamik des Aufsteigens. 32 Meter lang ist die Arbeit in die Diagonale der Tordurchfahrt gesetzt.
Bis 9 Meter hoch schwingt sich von der Platzseite her eine zunächst dreibündelige, dann sich verschlankende zweibündelige Kurvenkonstruktion aus Stahlträgern hoch. Wo diese Kurve sich deutlich abflacht und nach einer langen Dehnung wieder abfallen könnte, bricht sie ab, indem sie auf eine ihr von der anderen Seite entgegenkommende, wie eine überdehnte Welle erscheinende Bogenlinie stößt. Auch diese beginnt dreiteilig und führt direkt auf eine der hohen Gebäudesäulen zu. Vor dieser endet der mittlere Strang, während die beiden Außenträger die Säule einschließen und dann in einem Aufschwung auf die entgegenkommende Kurvenkonstruktion zulaufen. Wo sie zusammentreffen, haben die beiden unterschiedlichen Linienführungen ihre maximale Spannkraft und die Skulptur ihren Höhepunkt erreicht. Konkav und konvex als Aufbau von Spannung und deren Ableitung, alternierend in diesen Funktionen, je nachdem von welcher Seite der Betrachter kommt.
Drei Tore stützen, wie schon beschrieben, platzseitig den Kurvenanstieg, aber sie sind nicht nur Träger, sondern erscheinen auch wie ein Ort der Bündelung jener Kraft, die den Aufschwung bewirkt. Auf der anderen Seite wird der Bogenabschwung im letzten Drittel von einer Trägerkonstruktion gestützt. Auch diese ist, gegenläufig zur Hauptlinie, leicht

gebogen und scheint etwas von der Dynamik des Linienflusses ableiten zu wollen, damit sie nicht völlig ungebremst auf den Boden auftreffe.
Unmittelbar unter dem ›Flieger‹ hat Jacobsen für seine auf- und abschwingenden Linienbündel aus Stahlträger eine eigene Raumkonstruktion geschaffen, die in skulpturaler Form reflektiert, was der architektonische Raum an Ordnung vorgibt. Die Übersetzung in den skulpturalen Raum ist allerdings eine eigenständige plastische Formulierung, die aus einer Ordnung lebt, deren Rückbezüge auf den Bau sich nicht illustrativ erschließen. Ausgangspunkt waren zwei aufgekantete Rahmenvierecke, die von zwei Dreiecken in leichter Schräglage gehalten wurden. Die Größe der Vierecke entsprechen dem Raster, den die den Flieger tragenden Gebäudesäulen vorgeben. Wer ein solches Viereck durch eine Diagonale teilt, erhält ein rechtwinkeliges Dreieck. Wenn man dessen Seite a in zwei gleiche Hälften teilt und von dem gewonnenen Mittelpunkt eine Linie zum gegenüberliegenden Winkel zieht, dann ergeben sich die beiden Teildreiecke, die als Grundformen hier verwendet wurden.
Allerdings hat Jacobsen die Vierecke und die sie haltenden Dreiecke nicht als intakte Formen übernommen, wodurch der intendierte skulpturale Innenraum leicht zu einem bloß didaktischen hätte degenerieren können. Die Grenzlinien der geometrischen Grundfiguren sind stellenweise unterbrochen, nur mühsam mit dem Auge wieder zu ergänzen, statt dessen aber eine neue skulpturale Räumlichkeit ausbildend, dessen Beziehungslinien sich vor allem durch die Spannungen im Richtungswechsel legitimieren.
Jacobsens Skulpturen zeichnen sich, davon war bereits die Rede, aus durch das komplexe Zusammenspiel von Linien und Flächen. Auch hier wird die dynamische Lineatur der Gesamtinstallation durch geometrisch geschnittene Flächen, die wie »Segel« in die untere Raumkonstruktion eingehängt sind, aufgefangen. Sie erscheinen wie zur Fläche materialisierte Schatten, die die Oberkonstruktion nach unten wirft, oder wie Reflexionsflächen der Ruhe, wo die vielfältig abstrahlenden Energien entfocussiert und abgeleitet werden. Im Durchbrechen der geometrischen Grundmuster ebenso wie in der immer wieder beeindruckenden Fähigkeit, durch Flächen dem Raum der Skulptur bei aller Bewegung auch Stabilität und Ruhe zu geben, beweist sich die Meisterschaft von Robert Jacobsen. Dieses Ausbalancieren ist ein intentionaler Akt, der weit über die bloße Rationalität hinausweist, aber der Vernunft genügend Raum läßt, das emotionale Erlebnis zu begleiten. »...Jacobsens Eisengeometrien«, so hat es Jens Jensen beschrieben, »sind nicht rational oder streng nach Modul und geometrischen Grundverhältnissen berechnet, sondern in ihnen wird die Umgrenzung des Raumes intuitiv durch Eisenwände und präzise Bögen, durch schräggestellte Flächenteile und durchstoßende Verklammerung festgelegt, ohne ersichtliches Konzept und ohne rational faßbares System.«[2]
Dem widerspricht nur scheinbar die andere Feststellung von Ignace Meyerson: »Nichts an dieser Kunst – weder die Ziele noch die Mittel – ist das zufällige Ergebnis glücklicher Umstände. Alles ist wohl durchdacht, genau überlegt, absichtsvoll gewollt.[3] Dieser Satz bezieht sich zwar unmittelbar auf die figürlichen Arbeiten des Künstlers, auf seine ›Puppen‹, kann aber für das gesamte Werk stehen und konterkariert nicht Jensens Aussage, sondern erläutert sie, macht deutlich, daß Intuition hier nicht ein Produkt des Zufalls

Wasserspiel ›Delphin‹ vor dem Haupteingang

ist, sondern des sorgfältigen Abwägens der Mittel und des reflektierten Handelns innerhalb des künstlerischen Freiraumes. Doch die Legitimationsbasis ist nicht ein rationales Ordnungssystem, sondern eine darüber hinausweisende künstlerische Proportionalität und Formkonvergenz.
Jacobsens Skulpturen sind grundsätzlich dialektische Gebilde, die stets den eigenen Widerspruch mitbedenken und aufzeigen. Da gilt ihr Dasein zugleich als Skulptur wie auch Raumdarstellung, gilt für den ständigen Wechsel zwischen Linie und Fläche oder für die faktische Schwere und optische Leichtigkeit vieler seiner Arbeiten. Das gilt auch für die gewaltige Skulptur in der Durchfahrt. 48 Tonnen Stahl sind hier verarbeitet, und doch hat man nicht den Eindruck von Last, sondern von Schwung. Überwindung der Schwerkraft in der Dynamik der auf- und absteigenden Linien, von Raumgliederung anstatt Raumbesetzung. Diese Raumbezogenheit, die Schwere aufhebt oder in Kraftlinien verwandelt, wird bestärkt hier durch die Verwendung von gelochten Trägerteilen (vgl. S. 93), bei anderen kleineren Skulpturen sind es häufig siebartig ausgestanzte Flächen, die auf diese Weise gleichzeitig graphisch gezeichnete Fläche und durchlässiges Raumelement werden. »So absurd es auch klingt«, hat Jens Christian Jensen schon zur ersten bundesrepublikanischen Retrospektive des Werkes 1975 in Kiel notiert, »wenn man von zusammengeschweißtem Eisen spricht: diese Skulpturen sind von schweigender Musikalität; sie wirken leicht, sind von schöner Selbstverständlichkeit und wie ein Urmuster zu einem Mastenhimmel im Hafen. Läßt man sich aber verleiten, die Stücke herumzutragen, spürt man die unglaubliche Schwere des Materials.«[4] Die Schwere des Materials wird auch hier durch die fast graphische Linienführung optisch ins Gegenteil verkehrt. Dazu trägt auch die Verwendung von Farbe bei, die Jacobsen schon früh in seine Bildhauersprache aufgenommen hat. Die größten Partien sind hier Schwarz gestrichen, mit Rot und Blau werden zusätzliche Akzente gesetzt.
Jacobsen wählt diese Farben nicht willkürlich. Niemals käme ihm in den Sinn, etwa Grün oder Gelb in Zusammenhang mit einer Eisenplastik zu verwenden. Das verwendete Farbspektrum bleibt, wie hier, grundsätzlich auf Schwarz, Rot und Blau beschränkt. »Für Jacobsen...« so Thorsten Rodiek, »sind Blau und Rot die den Charakter des Eisens gewissermaßen unterstreichenden Farben. Blau bedeutet die Kälte des Metalls, Rot die Hitze, unter der das Material seine endgültige Form erhält. Die Nichtfarbe Schwarz dient bei Jacobsen häufig dazu, den graphischen Charakter und die Einheitlichkeit seiner aus unterschiedlichen Elementen zusammengesetzten Plastiken zu akzentuieren.«[5]
Jacobsen selbst hat in einem Interview deutlich gemacht, daß die Farben für ihn zumindest bis ans Grenzgebiet zum Symbolischen reichen. »Ich benutze das Schwarz, das Blau und das Rot. Sie entsprechen der Nacht, dem Himmel und dem Feuer (der Sonne), und ich benutze sie im Verhältnis dieser drei Merkmale. Das ist nicht exakt symbolisch, aber ich könnte es nicht anders machen. Gelb oder Grün einzuführen ist undenkbar: das wäre nicht die Polychromie; denn sie wäre jenseits meiner wirklichen Vorstellungen.«[6]
Der Spiegeleffekt, mitbedacht und klug eingesetzt, tut ein übriges dazu, daß die Schwere der Skulptur sich ins Leichte verwandelt. Die Glasplatten des Brückenbodens reflektieren das komplexe Gebilde aus dynamischen Linien und Ruhe schaffenden Flächen, so daß der

Betrachter scheinbar stets zwei Standpunkte einnimmt, den realen, der von unten nach oben schaut, und den im Spiegel, der scheinbar auf die Skulptur daraufschauen läßt und auf diese Weise oben und unten als relative Positionen ausweist.

Das Wasserspiel

Hier beweist sich Jacobsens geniale Fähigkeit, einfache Grundformen in eine spannungsvolle Skulptur zu verwandeln. Die Grundform ist eine dreieckige Kastenrahmenkonstruktion, die mit Bronzeblech verkleidet wurde und an deren Seiten insgesamt 49 Wasserdüsen installiert worden sind. Das gebogene, ungleichschenklige Dreieck der Skulptur variiert die Grundform in Beziehung auf die konkaven, konvexen Grundrisse des Wasserbekkens. Das geschieht nicht formalistisch, auch nicht mit didaktischem Akzent, sondern wie eine selbstverständliche Überleitung des Formschwungs in die Skulptur. Man spürt dieses Zusammenspiel intuitiv, auch wenn man sich keine genaue Rechenschaft über die Zusammenhänge gibt.
Aus dem im Dreieck ausgesparten Raum ist, wenn auch in der Form leicht verwandelt, der Fuß der Skulptur entstanden, der mit zwei leicht gewölbten und gestreckten Keilen die beiden Wasserbecken miteinander verbindet und dessen Spitzen in den gegenüberliegenden Becken aufgesockelt sind. In die beiden Becken, eines kreisrund, das andere in konkav-konvex geschwungener Linienführung, lenken die Bronzedüsen der Dreiecksskulptur in ebenfalls gebogenen Linien ihre Wasserstrahlen.

Das Wasserspiel von Süden

Die Wasserrampen-Skulpturen

Das Wasserspiel markiert einen Eckpunkt des der Straße gegenüber tiefer liegenden Platzes. Wenn man von hier aus an dem geschwungenen Wasserbecken entlangsieht, fällt das Auge auf drei hintereinander postierten Eisenrahmenkonstruktionen, die jeweils auf einer bzw. zwei Säulen stehen. Die Rahmen sind wie Fenster zu begreifen, in der Größe den Gesetzen der Perspektive folgend, je nach Standpunkt unmerklich größer bzw. kleiner werdend. Wer vom Wasserbecken her durch sie hindurchschaut, könnte glauben, durch ein umgekehrtes Fernrohr zu blicken. Man sieht in über das gewohnte Maß hinaus sich verkleinernde Ferne.

Die Skulpturen stehen in Augenhöhe für denjenigen, der auf der Straße entlanggeht oder den kleinen Steg benutzt, der zum tiefer gelegenen Platz führt, dort, wie schon gesagt, am westlichen Punkt der gesamten Installation. Wer vom Steg aus durch die Rahmen schaut, hat vor sich den kleinsten und könnte glauben, die übliche perspektivische Verkleinerung würde aufgehoben durch die Erweiterung des Blickwinkels aufgrund der kaum merklichen Größensteigerung der Rahmen.

Je nach Position sieht man eine Baumgruppe, die Wasserspiel-Skulptur oder ein Teil Architektur. Der Platz, seine Begrenzungen bzw. Installationen werden innerhalb der Rahmen Bildgegenstände, die der Betrachter selbst auswählt. Der Bildhauer Jacobsen hat selbst eine ausgeprägte Neigung zu Bildern, auch in der hier mitschwingenden Frage nach Schein und Sein.

Das Fenster und das in ihm erscheinende Bild ist ein beliebtes Thema der Kunst des 19. Jahrhunderts. Aber auch in der Plastik kann man Beispiele dafür finden. So fühlt man sich bei den Rahmenskulpturen von Jacobsen unwillkürlich an den ›Rahmenbau‹ erinnert, den Haus-Rucker-Co 1977 für die documenta 6 in Kassel errichteten, um mit diesem Stück ›provisorischer Architektur‹ zur Wahrnehmung von Umwelt beizutragen. In einer Zeit der Bilderferne machten die vor die Landschaft gestellten Rahmen – ein großer und davor, wie zum Focussieren, ein kleinerer gehängt – auf den möglichen Bildcharakter von Landschaft aufmerksam. Warum Bilder von Natur und Umwelt erfinden, hieß es damals, wenn man doch eigentlich erst einmal darangehen müßte, die schon vorhandenen bewußt zu machen: ein Stück konzeptueller Bildfindung.

Jacobsens Rahmenskulpturen ermöglichen Ähnliches, wenn auch nicht mit einem gar so großen didaktischen Fingerzeig wie die bei Haus-Rucker-Co demonstrativ thematisierte Focussierung. Die Abweichungen der Rahmen voneinander sind gering, sollen sich nicht überdeutlich aufdrängen, als sei das die zentrale Bedeutung. Es geht bei Jacobsen mehr um die unterschiedlichen Qualitäten, in denen der Platz erlebt werden kann, und um die spielerischen Möglichkeiten, damit umzugehen und sich z. B. bestimmte Ausschnitte aus der Totalen zu wählen und diese gleichsam zu isolieren.

Jacobsen macht mit seinen Rahmenskulpturen Achsen des Platzes sichtbar, wobei er diese als ein Angebot, nicht als Diktat von Blickwinkeln versteht. Gleichzeitig entwickelt der Betrachter Interesse für Details und lernt damit auch ohne schulmeisterliche Anleitung zumindest ein Grundprinzip der Arbeit des Künstlers kennen, von dem bereits die

Harvest
Eisen, 1971/72
96 cm hoch

Rede war, daß nämlich das Einzelne dem Ganzen zu-, aber nicht untergeordnet ist und so auch Aufmerksamkeit verdient.
Im oberen ›Balken‹ der Rahmen sind Düsen eingelassen, durch die Wasser fließt, das die ganze innere Breite der Fenster mit einem dünnen Wasserfilm ausfüllt und in den tragenden Säulen über die Rampe ins Wasserbecken abfließt. Auch hier Wasserspiel, aber mit Weichzeichnereffekt. Das verstärkt den Bildcharakter der Ausschnitte und thematisiert auf reizvolle Weise die dialektische Sprache des Bildhauers, hier in der Spannung zwischen den klar konturierten Vorgaben und ihrer bildlichen Verwässerung. Auch sie ist Ausdruck des Bewußtseins, daß es keine letzte Gewißheit gebe, für den Betrachter ebenso wenig wie für den Künstler. »Man kommt nie an das Ziel«, hat Jacobsen gesagt. »Wenn man es irgendwann erreicht, hat man seine Erfahrungen mißbraucht. Man ist am Ende.«[7] Die Irritationen, die Jacobsens Skulpturen einschließen, sind programmatische, nicht bloße Effektsteigerungen.

Skulptur vor dem Haupteingang

»Bildhauerei«, so heißt der oben zitierte Statement von Jacobsen weiter, »ist überhaupt keine Genie-Kunst, wo man früh etwas Großes erreichen kann. Sie ist vielmehr eine Sache von Erfahrungen. Wenn man genug von ihnen gesammelt hat, dann kann die selbständige Plastik entstehen.« Die große Skulptur vor dem Haupteingang des neuen Verwaltungsgebäudes ist ein weiteres außergewöhnliches Beispiel für den Erfahrungsreichtum, den der dänische Bildhauer in seinem langen Leben gesammelt hat und den er hier in einem Dialog mit der Gebäudearchitektur einsetzen kann, ohne die skulpturale Autonomie in Frage zu stellen. Die benutzten Formelemente sind freie Übersetzungen architektonischer Vorgaben, aber sie werden zu einer in sich geschlossenen, eigenständigen Skulptur verarbeitet mit allen Eigenarten und Merkmalen der Sprache von Jacobsen: dem Wechsel von Dynamik und Statik, der Darstellung eines eigenen Innenraumes und seiner vielfältigen Korrespondenz mit dem Umraum, dem Rückgriff auf geometrische Grundfiguren und deren skulpturale Abwandlung.

Zwei Wellenpakete – ein kürzeres und ein längeres – kreuzen und durchdringen sich gegenseitig rechtwinkelig zueinander. Der längere Teil ist aus drei Trägern in Doppel-T-Form gefertigt, einander überlagernd und nach oben in der Breite schmaler werdend, während die kürzere Welle aus – ebenfalls drei – Bändern gefertigt ist mit einem Mittelsteg jeweils an der Unterseite und entgegengesetzt zur gegenläufigen Welle von oben nach unten in der Breite abnimmt.

Die Wellenbündel sind an ihrem Ausschwung eingehängt und werden so getragen von einem Dreieck, einen Trapez und einem Oval. Die Kreuzung der Bündel erfolgt etwas verschoben zur Mitte der längeren Welle zwischen Dreieck und Trapez, die auf den Seitentrakt zuläuft. Die kürzere Welle, parallel zum Gebäude verlaufend, kragt über den Schnittpunkt ein gutes Stück aus.

Zwei Ellipsen mit demselben Durchmesser wie das stehende Oval verbinden die Wellen horizontal. An ihrem einen Endpunkt, vor der auskragenden Welle, tragen sie das Stück

Skulptur vor dem Haupteingang

einer schräg angeschnittenen Säule, das an ihnen befestigt weit über dem Boden in der Luft schwebt. An dieser Seite öffnet sich der ohnehin frei zugängliche Innenraum der Skulptur völlig dem Außenraum. Hier geschieht im freien Skulpturraum jener Austausch, der funktional den Charakter jeglichen Eingangs bestimmt.
Einerseits schafft diese Skulptur einen dynamischen Kontrast zu den dominierenden Horizontalen und Vertikalen in der Architektur, andererseits aber nimmt sie deren Formen sichtlich auf und gestaltet daraus eine neue Einheit. So schwingt der Bogen des Daches über dem Seitentrakt in den Wellenbündeln weiter. In dem zum Gebäude gewendeten Trapez sind die Rechtecke der Architektur dynamisch abgewandelt, im Dreieck spiegelt sich der Fassadenzuschnitt des Haupteingangs, im Oval das Rund des Treppenhausturms,

Skulptur vor dem Haupteingang,
im Hintergrund das Gewindemuseum

das man von unten als ein solches Oval wahrnimmt. Das Trapez stützt sich auf einen liegenden, roten Zylinder, der die rote Säulenummantelung in der Eingangsfassade zitiert und zwar annähernd in der Länge der Ausspannung zwischen ihrem oberen Ende und der Gebäudekante. Das Dreieck ist so auf dem Boden aufgestellt, daß seine Spitze abgeschnitten erscheint. Würde man die beiden Seiten bis zur Spitze verlängern, dann ergeben sie zusammengesetzt in etwa das Maß des am vierten Eckpunkt aufgehängten Säulenteils. Die Einschränkungen ›ungefähr‹ und ›in etwa‹ sollen dabei signalisieren, daß es sich hier – den Intentionen von Jacobsen entsprechend – um optische Analogien, nicht um mathematische Entsprechungen handelt. Das Maß des Zitats hat keinen Wert an sich, sondern muß sich im Kontext der Skulptur bewähren, womit Nachmessen mit dem Zollstock ein fruchtloses Unterfangen bleibt.
Es geht Jacobsen nicht nur um die Transformation von Architekturformen in skulpturale, sondern zugleich auch um eine eigene Widerständigkeit der Skulpturelemente gegen die vorschnelle Vereinnahmung durch das Auge. So arbeitet er mit immanenten Widersprüchen gegen Sehgewohnheiten und Formlogik. Das Dreieck ist aus dicken Röhren gebaut, während das Oval aus einem viereckigen Kastenprofil ausgebildet wurde. Das Trapez schließlich ist aus einem Dreieckprofil gemacht.
Diese Art von optischen Widerhaken setzen sich in der unterschiedlichen Aufhängung der Wellenbündel fort. Im Dreieck mit seinen Röhrenschenkeln werden die drei Bänder von einem viereckigen Stab gehalten, im Oval mit dem Kastenprofil dagegen von einem dreieckigen und im Trapez aus dreieckigen Rahmenteilen schließlich von einem runden. Das mag wie ein formalistisches Spiel erscheinen, doch so erzeugte Spannungen gehören zu den Lebenselexieren der Skulpturen von Jacobsen, indem sie das jeweils andere erst durch das Gegenteil in seiner ganzen Komplexität und auch Disponibilität sichtbar machen.

Die Portalskulptur

Das funktionale Denken und die daraus abgeleiteten Bauformen bzw. Möblierungen des Umraumes waren die historisch notwendige Kampfansage an einen Individualismus, der in seinem asozialen Anspruchsdenken zum Chaos führte. So jedenfalls glaubten es die Väter des Bauhauses. Allerdings hat dieser Funktionalismus viele andere jenseits des streng Rationalen sprudelnde Erlebnisquellen verschüttet, hat die mögliche Dimension von Handlungen extrem auf das bloß Nützliche beschnitten und jeglichen Bild- bzw. Metaphernwert verdrängt. Gemeint ist hier z. B. der Durchgang durch ein Tor, der Wechsel der Räumlichkeiten, die nicht nur physisch zu definieren sind, das Durchschreiten als ein Akt von Selbstbewußtsein und eigener Würde.
Torformen, wenn auch häufig versperrt durch eingehängte Flächen oder Linienbündel, kommen bei Jacobsen häufiger vor. Mit dem Tor vor dem Besuchereingang zum Museum hat es seine besondere Bewandtnis; denn es leugnet seine asiatischen Wurzeln erst gar nicht, sondern macht sie zum Thema der Skulptur. In China hat Jacobsen eine völlig

andere als funktionale und dennoch nicht individualistische Denkweise kennengelernt, die u. a. den Eingang selbst zu einer kleinen Hütte als Tor gestalten läßt, das den Benutzer würdigt, ihm Bedeutung zuerkennt. Alltägliche Handlungen wie das Durchschreiten einer Türe werden so nicht bloß unter dem Gesichtspunkt funktionalen Vorwärtsschreitens gesehen und möglich gemacht, sondern können sich als ein Moment der Reflexion über andere, geistige Dimensionen jenseits des Funktionalen darstellen, bewußt gemacht werden.

In diesem Sinne steht auch dieses Tor vor dem Zugang zu den Sammlungen: das Fremdartige läßt aufmerken, mag einstimmen darauf, daß hinter den Mauern dieses Gebäudetraktes noch etwas anderes als Büros zu erwarten ist, schafft eine gewisse Zelebrität und möglicherweise Lust auf das Unbekannte. Es ist zwischen dem Steg, der von der Straße auf den Platz führt und dem Gebäudeeingang postiert, so daß es den Zugang in zwei wenn auch ungleiche Abschnitte gliedert: eine schwere und dennoch durch die Krümmungen der breiten, vertikalen Pfosten dynamische, nicht erdrückende Konstruktion. Sein Dreiecksgiebel erinnert aufgrund einer leicht geschwungenen Seite an eine Pagode, eher als Zitat, in der geometrisch fundierten Sprache des Bildhauers, nicht als bloße Nachahmung fernöstlicher Architektur.

Als Zeichen bezeugt es die Präsenz des ›musée imaginaire‹ in der Kunst von Jacobsen, aus dessen Fundus immer wieder Zitate in seine Skulpturen einfließen. Schon früh waren es, wie schon beschrieben, die nordischen Mythen. Afrikanische Plastik, aber auch bayerische Devotionalien kamen als Bildquellen dazu. Bei der afrikanischen Plastik z. B. hat Jacobsen erläuternd in einem Gespräch gesagt, seien Phantasie und Formprobleme ungeheuer groß. »Die magische Welt, ihre Entwicklung, ihre Sprache ergibt eine Grundlage von Formen, die im Gegensatz steht zum Antiken, Klassischen, Europäischen.«[8] So hat er auch fernöstliche Kunst bzw. Architektur erlebt und assoziativ aufgenommen. Doch die Skulptur wirkt im gesamten Ensemble wie ein Akzent, nicht wie ein Fremdkörper, bleibt sie doch von Material, Offenheit und Vokabular dem Ganzen eng verbunden.

Ein Zitat zum Schluß

Lun Tuchnowski, der Mitarbeiter und Kollege, hat den Lehrer und Freund Jacobsen 1987 zu dessen 75. Geburtstag einige Sätze in den Mannheimer Katalog geschrieben, die Charakteristisches über den Künstler wie über seine Kunst und also schließlich auch über diese größte Installation des jetzt 80jährigen aussagen und dem nichts hinzugefügt werden muß: »Dialektik, ein Begriff, den er gerne benutzt, schlüsselt sich an ihm, seinem Werk, auf. Er ist all das, was auch in seinem Werk aufscheint. Ein Monolith, ein Volumen, aus dem Ansichten, Meinungen, Eindrücke herausgearbeitet werden können, eine Collage, die sich spielerisch aus Zufall und Überraschung, aus Bedeutendem, auch Belanglosem zusammensetzt, eine elegante, berechnete, kühl konzipierte Konstruktion, beinahe unnahbar. Und pragmatisch, phantasievoll, poetisch, persönlich.

Detail vom ›Flieger‹

Jede dieser Annäherungen fände ein Ziel in ihm, hätte Resonanz, und jede Festlegung entzieht sich sogleich auch wieder der Eindeutigkeit. Er ist dies alles – balancierte Vielschichtigkeit. Dialektische Prozesse wandeln sich in seinen Arbeiten zur Synthesis und in dieser zurück zu seiner Person.
Meine Bewunderung gilt eben diesen Widersprüchen, der Vielschichtigkeit.
Man erfährt an seinen expressiven Figuren strenge, konstruktive, kalkulierte Parameter; das konstruktiv Astrakte hat Spontaneität. Und Geste, Ausdruck und Wärme.«[9]

1 Katalog Robert Jacobsen, Städtische Kunsthalle Mannheim u. a., 1987, S. 127; siehe dazu auch: Lothar Romain, Robert Jacobsen in: Würth – Eine Sammlung, Künzelsau 1991, S. 163 ff.

2 Jens Christian Jensen über Robert Jacobsen, in: Künstler – Kritisches Lexikon der Gegenwartskunst, Ausgabe 4, 1988, S. 6

3 Ignace Meyerson, Wenn Eisen spricht, in: Katalog Mannheim a. a. O., S. 24

4 Jens Christian Jensen, Anmerkungen zu Robert Jacobsens plastischem Werk, in: Der Bildhauer Robert Jacobsen und seine Welt, Kunsthalle zu Kiel und Schleswig-Holsteinischer Kunstverein, Kiel 1975

5 Thorsten Rodiek, Das Unbekannte zwingen, Figur zu werden, in: Katalog Mannheim, a. a. O., S. 13

6 zitiert nach Thorsten Rodiek, ebda.

7 Gespräch zwischen Robert Jacobsen und Jens Christian Jensen, hier zitiert nach Robert Jacobsen, Le Créateur d'Espace, hrsg. von Hans Moestrup, Sparekassen SDS, Kopenhagen 1985, S. 191

8 ebda., S. 204

9 Lun Tuchnowski, Die Erfindung des Raumes, in: Katalog Robert Jacobsen, Städtische Kunsthalle Mannheim, u. a., S. 119

Das ›Würth-Projekt‹ aus technischer Sicht

von Willi Lindermair

Im März 1990 fand die erste Begegnung mit dem Künstler Lun Tuchnowski in seinem Münchner Atelier statt. Dort wurden uns die Modelle und Zeichnungen, für die zur Ausführung kommenden Plastiken für die Vorplatzgestaltung des neuen Würth Verwaltungsgebäudes vorgestellt. Der erste Eindruck war ein bißchen verwirrend und eine gewisse Ratlosigkeit machte sich breit, als es darum ging, die vorgestellten 5 Skulpturen auf werkstattgerechte Zeichnungen zu übertragen. In intensiven Gesprächen mit den Künstlern und dank deren Praxisnähe, gelang es schließlich, die Aufgabe konstruktiv zu bewältigen. Dennoch war damit die Frage, wie die Werkstatt es umsetzen würde noch nicht beantwortet. Mit Skepsis und der bohrenden Frage nach dem Gelingen, wurden dann die ersten Blechteile unter den kritischen und sachverständigen Augen der Künstler zugeschnitten. Nachdem dies im großen und ganzen den Vorstellungen von Lun Tuchnowski entsprach, wurden die so vorbereiteten Blechteile für die erste Skulptur dem ›Eingangsportal zum Museum‹ unter der fachkundigen Anleitung des eigens aus Dänemark angereisten Prof. Jacobsen und seines Kollegen Lun Tuchnowski zusammengeschweißt. Durch die Tatsache, daß nicht nur das Handwerkliche vom Erfolg gezeichnet war, sondern auch das Kunstwerk als solches allgemein beeindruckte, war die erste Scheu und Zurückhaltung, in dem sonst nur mit Millimeterangaben operierendem Betrieb gebrochen.
Die nächsten, weitaus komplizierteren Skulpturen, konnten somit in Angriff genommen werden. Bei der ›Skulptur vor dem Haupteingang‹ zum Verwaltungsgebäude war die Schwierigkeit, die Balance der beiden um 90° versetzten ineinander gehenden dreiteiligen Kurvenbündel zu erreichen. Die beiden Kurvenbündel von ca. 9 m, bzw. 7 m Länge sind gelenkig an 3 Punkten (ein ovaler Ring, ein Parallelogramm, ein Dreieck) aufgehängt. Hier wurden als erstes die 3 Auflageelemente gefertigt, welche aus Rohren, bzw. rechteckigen Blechteilen bestehen. Die Probleme hierbei lagen sowohl in der technischen Bewältigung aufgrund der komplizierten Verschneidungskurven bei den Rohranschlüssen der Auflagekonstruktion, als auch in der Herstellung. In der Werkstatt mußte trotz ›künstlerischer Freiheit‹ bei den beiden wellenförmigen 3er-Bündeln, als liegende T-Profile ausgeführt, extrem enge Toleranzen eingehalten werden, um die Symmetrie der Wellen untereinander zu gewährleisten. Die Wellen weisen unterschiedliche Radien auf, wobei die Verbindung der einzelnen Wellen untereinander fließend zu erfolgen hatte. Eine der

Fertigung der Kurven
des ›Fliegers‹
bei Maurer Söhne, München
im Sommer 1991

größten Schwierigkeiten bei dieser Konstruktion war, durch die große Anzahl von Schweißnähten, den daraus entstehenden Verzug in Griff zu bekommen, was teilweise nur durch aufwendige Richtarbeiten möglich war.
Dagegen war, so hatte es zumindest anfänglich den Anschein, das ›Wasserspiel vor der Durchfahrt‹ ein einfaches Bauteil. Das Wasserspiel ist in seiner Grundform ein gebogenes ungleichschenkliges Dreieck, welches an der Hypotenuse von einem keilförmigen Vieleck, das zugleich als Auflager dient, durchdrungen wird. Die kastenförmige Dreieckskonstruktion aus 10 mm starkem Blech dient als Unterkonstruktion für die Bronzeverkleidung. Auf jeder Seite des Dreiecks, welches zwischen 2 Wasserbecken steht, befinden sich je 24 bzw. 25 Düsen, welche über 2 innenliegende Verteiler einzeln regulierbar sind. Die Strahlwurfweite liegt bei einem Düsendurchmesser von 20 mm zwischen 1,5 m und 3,0 m. Der Wasserausstoß liegt bei ca. 210 Kubikmetern pro Minute. Auch hier war das größte Problem die Maßhaltigkeit durch den enormen Schweißverzug in Griff zu bekommen.
Die nachfolgend erläuterte Skulptur ›Durchfahrt Maienweg‹ war nicht nur wegen ihrer Größe (30 m freispannend und 9,10 m hoch) die schwierigste von allen, sondern hauptsächlich wegen ihrer künstlerischen Form. Mit dieser Skulptur wird eine öffentliche Straße diagonal überspannt. Sie stellt ein aus zwei 3teiligen ansteigend geschwungenen Kurvenbündel verbindendes Element dar, das das alte und neue Verwaltungsgebäude der Firma Würth verbindet. Die Auflagerung erfolgt an beiden Enden über 50 mm starke Fußplatten und einbetonierte Rundstahlzugstangen. Als Stützkonstruktion im Abstand

von ca. 3 m von den Auflagerpunkten wurden auf der einen Seite eine dazwischenstehende Rahmenkonstruktion gewählt, auf der anderen Seite zwei außenliegende gebogene Lochträger als Schweißprofil. Diese sind untereinander, oberhalb der Kurven, mit einem Rechteckprofil verbunden. Die beiden Kurvenbündel sind in ihrem Scheitelpunkt gelenkig untereinander verbunden. Weiter befinden sich auf der Seite der Lochträgerstützkonstruktion noch mehrere die Kurven begleitende und kreuzende ›Stahlsegel‹. Nachdem die geometrische Form nur annähernd Kreis- oder Parabelfunktionen haben, war die konstruktive Bewältigung dieser Aufgabe nur noch mit Hilfe von CAD-Anlagen überhaupt möglich. In ca. 800 Stunden Konstruktionsarbeit wurde diese Aufgabe gelöst. Die fertigungstechnischen Probleme waren hier im Vergleich zur Montage relativ gering, auch aufgrund der gewonnenen Erfahrung bei den anderen Skulpturen. Die Montage gestaltete sich hier hauptsächlich deshalb so schwierig, da die Konstruktion ca. 1,5 m unterhalb des bereits fertig verglasten Übergangs zu erfolgen hatte. Die Krananhängepunkte konnten demzufolge nicht nach Notwendigkeit gewählt werden, sondern nach den vorhandenen eingeschränkten Möglichkeiten. Als besondere Schwierigkeit stellte sich hierbei das Zusammenfügen der beiden Kurven am Scheitelpunkt heraus. Durch die geringe Ausgleichsmöglichkeit in Längs- und Querrichtung der Kurvenbündel mußte eines in montiertem Zustand um ca. 50 mm gekürzt werden um einen möglichst spannungsarmen Anschluß zu gewährleisten. Hierbei ist noch zu erwähnen, daß aufgrund der schlanken Konstruktion und der daraus resultierenden Gefahr von Schwingungen umfangreiche statische Berechnungen notwendig waren. Es konnte jedoch auch hier ein Kompromiß zwischen Kunst und Technik gefunden werden, um das äußere Erscheinungsbild so wenig wie möglich zu verändern.

Montage des Kurvenbündels über den Maienweg im Herbst 1991

Aufstellung der Skulptur am Haupteingang, Sommer 1991

Hier noch einige technische Daten der gesamten Baumaßnahme: Es wurden in ca. 2000 Arbeitsstunden 60 Werkstattzeichnungen erstellt, die statische Berechnung umfaßt 180 Seiten und im gesamten wurden 75 Tonnen Stahl verbaut. Für die Konstruktion waren ca. 1000 Laufmeter Schweißnaht erforderlich. Die Gesamtdauer der Maßnahme betrug ca. 2 Jahre.
Zum Schluß möchte ich es nicht versäumen mich bei den, am Gelingen dieser für uns so interessanten wie anspruchsvollen Aufgabe, maßgeblich Beteiligten, zu bedanken. Dieses Bauvorhaben hat sich für uns wesentlich von allen anderen technischen Bauten der Vergangenheit unterschieden, sowohl was die Aufgabenherstellung und den Ablauf betrifft, als auch von der menschlichen Seite, die aus dem Verhältnis Auftraggeber/Auftragnehmer eine Freundschaft werden ließ. Dafür herzlichen Dank.
Im besonderen Prof. Jacobsen und Lun Tuchnowski für ihre intensive und vertrauensvolle Zusammenarbeit mit uns, sowie C. Sylvia Weber von der Firma Würth für ihre tatkräftige Unterstützung auf der Baustelle und in den vielen administrativen Dingen.

Werkteile in München vor der Montage

Über Robert Jacobsen

von Jens Christian Jensen

Robert Jacobsens Werk hat sich aus zwei künstlerischen Grundhaltungen entwickelt, die sich an seiner Biographie ablesen lassen. Die erste wurde ihm, dem vielseitigen und draufgängerischen, dabei feinfühligen und intelligenten Autodidakten durch Asger Jorn, Richard Mortensen und deren Künstlerfreunde vermittelt. Sie alle werden zur dänischen Bewegung gerechnet, die zu Überzeugungen geführt hat, wie sie die Gruppe COBRA in den Jahren 1948 und 1951 vertrat, Überzeugungen, die so lebenskräftig waren, daß sie bis zum Tod von Asger Jorn (1973) immer wieder der Malerei Nordeuropas starke Impulse gegeben haben. COBRA – das war ein Zusammenschluß dänischer (Copenhagen), belgischer (Brüssel) und niederländischer (Amsterdam) Maler und Literaten, die nach den Schrecken des Zweiten Weltkrieges die Kunst erneuern wollten. »Unsere Kunst ist die Kunst einer Umbruchperiode, gleichzeitig die Reaktion auf eine untergehende Welt und die Ankündigung einer neuen...«[1] Die Künstler wollten den weder durch Stildiktate noch durch Schönheitsbegriffe eingeengten wilden und explosiven unmittelbaren Ausdruck. Ihre Bilder sollten keinen ästhetischen Normen gehorchen, nicht Eliten ansprechen, sondern alle erreichen. Unmittelbaren Ausdruck und nicht von der Zivilsation verstellte Kraft, das fand man in der afrikanischen und ozeanischen, sogenannten primitiven Kunst, in Kinderzeichnungen, in den bildnerischen Arbeiten der Geisteskranken, in der Volkskunst.

Entscheidendes kommt noch hinzu: alle Akteure von COBRA kamen ja aus Ländern, die die deutsche Wehrmacht überfallen und besetzt hatte. So besannen sich die dänischen Künstler auf ihre altgermanische Geschichte, auf Runen und Symbole, auf die romanischen Steingestalten von Menschen und Tieren, auf die Edda und die Sagen von Trollen und Zauberinnen, auf die einfachen Geräte und Ornamente der vorindustriellen Zeit. Sie kehrten zurück unter dem Druck der Besatzungsmacht zum Behauen, zum Schnitzen und zu einer starkfarbigen, elementaren Malerei mit klaren, einprägsamen, symbolhaltigen Gegenständen. So setzten sie der Nazifaselei von Volkstum und Rasse ihre über Jahrhunderte gewachsene nationale Eigenständigkeit und wahrhaftige Lebenskraft entgegen, die sich in Werken der Kunst und des Brauchtums konkretisiert hatten.

Die in den Kriegsjahren und bis gegen 1947 entstandenen Plastiken aus Stein oder Holz von Asger Jorn oder Henry Heerup sind von denen Robert Jacobsens kaum zu unter-

Gulliver
Eisen, 1989
Inv. 1584
Sammlung Würth, Künzelsau

scheiden. Sie sind alle urtümliche Dämonen, die wie das Tiergeschlecht an den Portalen romanischer Dome oder die Fabeltiere in den verschlungenen Bändern altnordischer Ritzzeichnungen oder Reliefs den fremden Eindringlingen ein trotziges Halt entgegensetzten.
Jacobsen hat diesen Geist des Widerstandes und dessen Geburt aus der Wiederentdekkung dänischer Frühgeschichte und Volkskunst nie vergessen, sondern er hat sich in seinen collagierten Eisenfigurinen immer wieder und bis heute ausdrücklich auf dieses künstlerische Grunderlebnis bezogen als den Kern seiner schöpferischen Identität.
Mit der zweiten künstlerischen Grundhaltung wurde er in Paris durch den Kreis der Künstler konfrontiert, die sich im ›salon des réalités nouvelles‹ zusammengefunden hatten, in dem seit 1947 die Maler Auguste Herbin, Sonia Delaunay, Jean Dewasne, Albert Gleizes und die Plastiker Jean Arp und Antoine Pevsner eine bestimmende Rolle spielten. Die Auffassung dieser Künstler, die sie selbst als »non-figurativ, abstrakt, konkret und konstruktivistisch« bezeichneten, bildete geradezu den Gegenpol zu der emotionalen, aggressiven und gegenständlichen Kunst von COBRA. Die ›Nouveaux Réalistes‹ wollten objektivieren »soweit wie möglich außerhalb und abseits der Erscheinungen der Welt« und lehnten ausdrücklich jede Gegenständlichkeit ab. Seit 1947 wurden diese Stilrichtung und diese Künstler von der Galerie Denise René in Paris vertreten. Schon aus dem Jahr 1948 gibt es Fotos, die Jacobsen zusammen mit den Malern Serge Poliakoff, Hans Hartung, Jean Deyrolle, Jean Dewasne und Victor Vasarély zeigen. Jacobsen muß also, wie sein Freund Richard Mortensen, sehr bald nach ihrer nahezu gemeinsamen Ankunft in Paris[2] mit den Künstlern des ›salon des réalités nouvelles‹ bekannt, ja befreundet gewesen sein. Es gibt aus den Jahren 1947/1948 abstrakte Steinskulpturen von Jacobsen, die besonders die Einwirkung von Antoine Pevsner zeigen, ohne sich aus allgemeinen Stilbezügen zur Eigenständigkeit lösen zu können. 1949 dann hat Jacobsen das ihm gemäße Material, das Eisen, gefunden, und im gleichen Jahr sind seine ersten, scharflinigen und raumumspannenden Skulpturen entstanden, die unverwechselbar die eigene Handschrift und charakteristische, eigenständige, bildkünstlerische Imagination zeigen.
Für Mortensen wie für Jacobsen brachte die Begegnung mit den Künstlern der ›réalités nouvelles‹ die Ablösung von den künstlerischen Grundsätzen ihrer dänischen Freunde mit sich. So finden wir sie nicht mehr unter den Künstlern, die am 8. November 1948 im Café des Hotel Notre Dame in Paris COBRA gründeten (obwohl freundschaftliche Beziehungen bestehen blieben). Mortensen, der heute 82jährige, ist nie wieder auf seine surrealistischen und vitalistisch-expressiven Werke der 30er, der 40er Jahre zurückgekommen.
Für Jacobsen jedoch stellte sich das Problem, zwei Extreme in sich und in seinem Werk in Einklang zu bringen: das gegenständlich-expressive und allem abstrakten Gestalten feindliche der Vor-COBRA-Bewegung und das konkret-abstrakte, non-figurative der ›réalités nouvelles‹. Ich weiß nicht, ob er diesen Widerspruch je reflektiert hat. Fest steht, daß er, unbekümmert um den Aufschrei seiner non-figurativen Freunde, seit um 1952 seine aus Eisenfundstücken zusammengeschweißten Figuren geschaffen hat, seine »Puppen«, wie er sie genannt hat, die das Erbe seiner dänischen Erweckungsjahre auf geistvoll-augen-

Skulptur
Marmor, um 1945
63 x 30 x 20 cm
Privatbesitz, Rinsted

zwinkernde Weise fortsetzten – und zwar neben seinem geometrisch-abstrakten Werk. Sie wurden außerdem neuerlich angeregt durch afrikanische Idole, durch Ahnenfiguren der Bobo und Masken der Dan, Kurumba, Yoruba und anderen, die Jacobsen seit seiner Ankunft in Paris fanatisch gesammelt hatte.[3]

Phantastische Lust

Altdänische und afrikanische Werke haben denselben Grund wie die gesamte, sogenannte primitive Kunst: Religion, die noch durchwachsen ist vom magischen Weltbild – hier begegnen sich die Runensteine mit den afrikanischen Ahnenfiguren. In Jacobsens »Puppen« werden diese großen Traditionen spielerisch und zugleich mit bösem Humor zu neuem Leben erweckt. »Ich betrachte die Gestalten Jacobsens und weiß, daß es Figuren der Sage sind. Ich begreife, daß sich in ihrer äußerlichen Kunstlosigkeit äußerste Sorgfalt, eine entwaffnende Geschicklichkeit zeigt: sie kommt aus einer Technik, sicherlich – eigentlich kommt sie aus seiner Seele. Diese Gestalten bedrücken uns, sprechen zu uns, spiegeln uns, deuten uns. Sie bestätigen uns, denn sie sind komisch, dramatisch, realistisch oder symbolisch, sie sind Karikaturen und sind vor allem sehr lebendig«, so Eugène Ionesco über Jacobsens »Puppen«.[4]

In meinen Augen ist das, was Jacobsen getan hat mit seinen Puppenmonstern, die sich in den letzten Jahren zu Heiligenfiguren und Altarreliefs gemausert haben, etwas Ur-Skandinavisches. Dieses Zutrauen zur eigenen Lust am Machen, ohne nach links oder rechts zu schauen, ohne auf das Kopfschütteln der Kunstinterpreten und Kunstkenner zu achten,

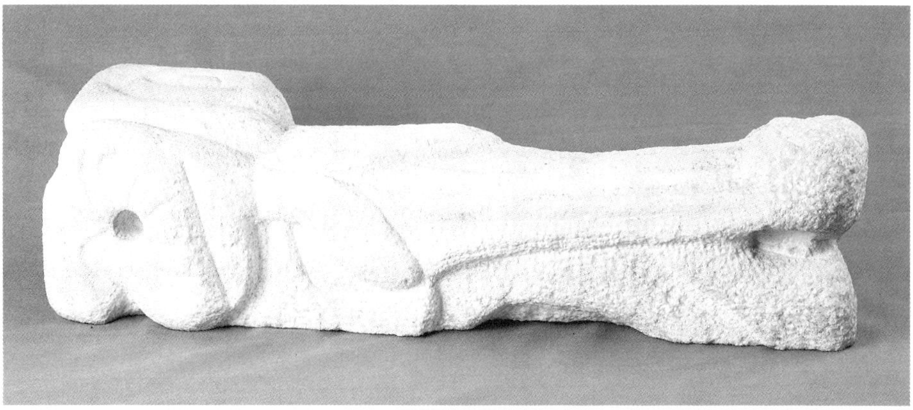

Atomtier
Granit, 1945
17 x 65 x 17 cm
Inv. 617
Sammlung Würth, Künzelsau

hat Jacobsen innere und schöpferische Freiheit gegenüber allen Stilen, auch gegenüber den heftigen Auseinandersetzungen zwischen figurativ und non-figurativ verschafft, Freiheit, die seine künstlerische Position innerhalb der Skulptur nach 1945 erst verständlich macht. Es ist aber nicht zu verkennen, daß ihn gerade diese Figurencollagen im Kreis seiner Künstlerfreunde isoliert haben, und auch in der Kunstgeschichtsschreibung herrscht bisher eine gewisse Ratlosigkeit, die immer dann auftritt, wenn einer nicht der Stilreinheit, sondern seiner eigenen phantastischen Lust vertraut.

Deshalb bin ich hier besonders auf diesen erstaunlichen und in gewisser Weise schockierenden Schaffensdrang im Werk Jacobsens eingegangen. Aber stehen denn diese Figuren wirklich unvermittelt und unverbunden neben dem Hauptstrang des Werkes, den geometrisch-abstrakten Eisenplastiken? Ich meine, man muß diese Frage entschieden verneinen. »Wenn Magie gegenwärtig ist und ein Bild eine magische, kultähnliche Ausstrahlung hat, dann ist das Bild, die Skulptur überzeugend« – so hat es Jacobsen ausgesprochen.[5]

Fabeldyr
Granit, 1946
48 x 78 x 20 cm
Privatbesitz, Rinsted

Ami fidèle
Eisen, 1949
70 cm hoch
Privatsammlung, Paris

Von hier, von dem Bereich, den Jacobsen »magisch« nennt, gehen die beiden Werkstränge aus, hier treffen sie sich, hier ist ihre Quelle. Man darf dieses ›Magische‹ präzisieren als den Punkt, wo das Unbewußte in der Künstlerpersönlichkeit Jacobsens zusammentrifft, einerseits mit der fast visionären Vorstellung scharf formulierter, geradezu rationaler, raumumspannender reiner Formen und andererseits mit einer phantastischen, wuchernden Bildhaftigkeit von Menschengestalten und Getier.
Auch Jacobsens Eisengeometrien sind nicht rational oder streng nach Modul und geometrischen Grundverhältnissen errechnet, sondern in ihnen wird die Umgrenzung des Raumes intuitiv durch Eisenwände und präzise Bögen, durch schräggestellte Flächenteile und durchstoßende Verklammerungen festgelegt, ohne ersichtliches Konzept und ohne rational erfaßbares System. Die Figurinen leben das vital aus, was sich in den Eisen-Abstraktionen diszipliniert hat. Vitalität mündet in Vergeistigung – oder umgekehrt. Dieses Pendeln zwischen äußerster Formenstringenz und ausschweifendem Sich-gehen-lassen sind die zwei Seiten desselben: des elementaren Dranges zur gestalthaften Skulptur.
Jacobsen also entwickelte seit 1948/49 ein strenges geometrisch-abstraktes Formenarsenal im Medium des Eisens in freier intuitiver Kombinatorik.

Innere Logik

Dies ist bis heute die tragende Säule des gesamten Werkes. Das Eisen, das er selbst schmiedet, mit dem Brenner zuschneidet und zusammenschweißt, ist sein Werkstoff. Die schwarzen Linien, die schwarzen, manchmal rot bemalten Flächen, die sorgfältige Patinierung der Oberflächen errichten eine Raumgestalt von höchster Präzision und strenger innerer Logik. Mit ›innerer Logik‹ meine ich, daß Jacobsen kein rechnender Konstruktivist ist, der etwa ausgehend von einem Modul systematisch durch Summierung, Reihung oder Reduzierung seine Bildfigur zusammenfügt – den Schritt seines Freundes Vasarely hat er nicht vollzogen. ›Innere Logik‹ bedeutet, daß er aus dem Erbe des Bildvorgehens von Kandinsky, Malewitsch und Klee die Bestätigung gezogen hat, seine Vorstellung von figuraler Architektur und raumgreifender Plastik mit und durch Eisen zu verwirklichen. So sind seine Eisengestalten von klassisch zu nennender schöner, wie selbstverständlicher Logik. Ich kann es schwer beschreiben, was mich an dieser Plastik so fasziniert. Da ist Eisen zur scharfen Linie zugeschmiedet, deren gespannte Kraft einen ganzen Raum den Konzentrationspunkt setzt. Da ist eine gebogene Fläche im raumbegrenzenden Gestänge einerseits gebläht wie ein Segel und andererseits gespannt vor vibrierender Energie wie eine Membrane, die Schwingungen auffängt, die aus dem unendlichen Raum andrängen. Da stehen auf festen Vierkanteisen, die schildhafte Scheiben tragen, Eisengestalten vor uns, als habe sie ein Architekt für einen utopischen Bau als Modell entworfen. Da erhebt sich mit mächtigen Pfosten meterhoch eine Eisenfigur, deren unverrückbare Schwere man nicht allein physisch empfindet, sondern auch wie sich die Last in sich zur Leichtigkeit entlastet. Keiner wie er, Jacobsen, kann mit Eisen Plastiken schaffen, denen er Namen gibt wie ›Verfolgte Poesie‹, oder ›Peaceful Machine‹, oder ›L'Espace en Liberté‹, oder ›Bewegung mit unbe-

Ohne Titel
Eisen auf Holz, 1960
64,5 x 77 x 12 cm
Privatbesitz, Kopenhagen

Espaces bouclés
Eisen und Holz, 1961
49 x 69 cm
Privatbesitz, Holte

kanntem Ziel‹, oder ›Vibrierender Raum‹, oder ›Ehrung für den Ballettmeister Lander‹. Wenige wie er beherrschen die Dialektik von Schwere und Leichtigkeit, Stehen und Schweben, unangreifbarer Ruhe und aggressiver Bewegung, Leidenschaft und Andacht. Aus diesem Feld menschlicher Empfindung, Emotionen, aus Denken und haptischer Einfühlung entstehen diese Plastiken, Geschöpfe eines großen, freiheitsdurstigen Herzens, das um die Notwendigkeit gesetzter Ordnung weiß. Gesetze – Gesetztes: der Bildhauer, der Plastiker als derjenige, der Setzungen wagt, Gesetztes in die anarchische Vielfalt des Lebendigen stellt.
Dieses Werk hat eine deutliche Entwicklung. Seit Jacobsen 1948/49 begann, abstrakt-geometrisch in Eisen zu arbeiten, hat er mit rationalistischem Feuer das für ihn neue Material und die für ihn neue konstruktivistische Direktive nach ihren Möglichkeiten abgeklopft und ihre Gesetzmäßigkeiten schöpferisch erforscht. Ganz reduzierte Plastiken, die ein graphisches, schritthaftes Zeichen in den Raum stellen und so einfach sind, als buchstabierten sie das ABC von der Eroberung des Raumes mit den Mitteln eines zugeschmiedeten Eisenbandes, wechseln sich ab mit architektonisch verstrebten, dichten Eisenkonstruktionen, die, fest aus Geraden und Horizontalen gebaut, mit schräggestellten oder konkav gebogenen Flächen so ineinander verklammert sind, daß sie eine Gesamtform bilden, die Raum in sich hineinzieht, festhält und aus sich entläßt. Das geschieht mit einer musikalischen Beschwingtheit, die diesen Plastiken jede konstruktive Kälte nehmen. Sie sind vielmehr aus einer fließenden Bewegung gleichsam erstarrt, bewahren aber alle Möglichkeiten zur atmenden Entfaltung.

Allseitige Ansicht

Wichtig ist das, was auch bei den Stein- und Holzfiguren der Vor-COBRA-Zeit auffällt: Die Plastiken sind auf umfassende Sicht angelegt. Sie haben weder eine Vorderansicht, noch besitzen sie einen Rücken oder definierbare Seiten. Allseitig – wobei auch die Ansicht von oben miteinbezogen ist – stellen sie sich in immer neuen, überraschenden Kombinationen dar. Obgleich sie zumeist einen ausgeprägten Stand besitzen, kann man sie fast beliebig stellen. Die dynamischen Kräfte dieser Plastiken sind nach innen gerichtet, sie fahren nicht eigentlich aus. Vor allem das unterscheidet Jacobsens Werk von der Plastik von Hans Uhlmann, die dieser in Draht, Eisenblech und, nach 1945, in Stahl und Eisen geschaffen hat. Bei Uhlmann kann man von Raumeroberung durch flächige oder scharflineare Formen sprechen, die in den Raum vorstoßen und ihn durch verhaltene Formenexplosionen ausgreifend bestimmen.
Bis 1958 hält sich die Plastik in maßvollen Grenzen. Viele sind kopfgroß, bis zu 30, manchmal 40 Zentimeter hoch, und sie haben auch etwas, das an Kopfformen erinnert. Selten wachsen sie bis zu einem Meter auf.
Um 1958/1960 bahnt sich eine neue Entwicklung an. Die Plastik der Kunsthalle zu Kiel, ›Vibration spatiale‹, mit ihrer Höhe von fast zwei Metern, markiert deutlich die Veränderung. Jacobsen erweitert nun die im überschaubaren Format durchgespielten Möglichkei-

Forme organique et mécanique I
Eisen 1966
60 cm hoch
Gladsaxe Kommune, Søborg

Hommage à Fernand Léger
Eisen, 1979–80
181 x 137 x 46 cm
Inv. 221
Sammlung Würth, Künzelsau

Bewegung mit unbekanntem Ziel
Eisen, 1974
80 cm hoch
Galerie Ostler, München
zur Leihgabe in der
Städtischen Kunsthalle, Mannheim

ten. Er strebt eine gewisse Monumentalität an. Das läßt sich sowohl an den Abmessungen ablesen – die Durchschnittshöhe liegt jetzt um einen Meter – als auch am Material selbst. Die Eisenteile werden kompakter, die Flächenteile verwenden 1 bis 2 Zentimeter dicke Eisenplatten, die Eisenverstrebungen sind kräftige Vierkantstücke oder massive Rundeisen – in den 50er Jahren bestand das Material aus dünngespannten Flächen aus Eisenblechen oder aus geschmiedeten Eisenbändern, die Stege waren scharfkantig und grazil. Seit den 60er Jahren werden auch des öfteren auf der Drehbank zugeformte, spindelförmige Kupfer- oder Eisenstücke in die Eisenarchitekturen eingelassen. Die Plastiken breiten sich in der Fläche aus, können zu möbelhaften additiv kombinierten Assembles werden. Jetzt wird auch manchmal die allseitige Ansicht aufgegeben. Die Plastiken haben des öfteren eine Hauptansicht. Erst durch die Kombination mit anderen, fest verbundenen Plastikteilen eines Assembles wird eine allseitige Ansicht wieder hergestellt.
Die Kieler Plastik verwendet noch gefundene Eisenstücke wie gestanzte Eisenbleche oder – im Kieler Fall – eine mächtige Feder, die von einer Maschine stammt. Nach 1960

Vagtparade
Eisen, 1976
63,5 x 65 x 45 cm
Inv. 220, Sammlung Würth, Künzelsau

Triptique
Eisen und Messing, 1975
103 x 67 x 40 cm
Inv. 222, Sammlung Würth, Künzelsau

Relief in painted wood
Holz, 1965
65 x 61 x 10 cm
Privatbesitz, Kopenhagen

jedoch werden in der Regel vorgefertigte Platten und Verstrebungsteile selbst in der jetzt großen Werkstatt bearbeitet. Der Künstler hat materiell einen Stand erreicht, der ihm die Möglchkeit gibt, das ihm gemäße Material zu beziehen und auf eigenen Maschinen zu bearbeiten.
Mit dem Umzug nach Dänemark und der Einrichtung einer großen Werkstatt bekommt der Wille zur Monumentalität neue Schubkraft. Seit 1970 entstehen große Freiplastiken. ›KA 13‹ von 1976 ist ein Beispiel, das an Luginbühls Maschinenplastiken erinnert, sich aber deutlich durch Formenstrenge von den gewalttätigen Eisenmonstern des Schweizers unterscheidet.
Seit um 1960 gibt es noch eine andere Gestaltungsweise. Ich meine die aus schweren Eisenplatten und -balken zusammengeschweißten Plastiken mit stachlig-rauhen Oberflächen, die die Schärfen der Flächen und Konturen gleichsam organisch aufbrechen, man vergleiche ›Organische und mechanische Formen‹ (1964), die beide Prinzipien einander gegenüberstellt. Damit wird der Versuch gemacht, die strenge Linearität und ihre Verklammerung mit klaren Flächen aufzugeben und zu körperhaften Volumen zu gelangen. Damit hängen die mächtigen Figuren aus massivem Eisen zusammen, gleichsam vergrößerte »Puppen«, deren Dimensionen den Charme der Figurinen völlig verdrängen zugunsten einer fast bedrohlichen Aggressivität. Doch hat Jacobsen diesen Weg nach 1970 kaum noch beschritten.
In den 60er Jahren entstehen auch z. T. wandgroße Holzreliefs, Bohlenwände, auf die Formenteile genagelt sind, die auf Jean Arps Reliefs zurückgehen. Die Oberflächen dieses Reliefs bleiben rauh, werden aber mit Farbe akzentuiert. Das robuste Material wird auf diese Weise entmaterialisiert und bildhaft eingebunden, ohne seine Präsenz zu verlieren.

Gegensätze ohne Dissonanz

Stupende Kraft kennzeichnet das Werk des 70-, des 75jährigen Jacobsen. Es gibt kein Ermatten der Imagination. Vielmehr gelingt es ihm bis heute, die massige Brutalität der schweren, gebogenen oder in Senkrechte oder Waagerechte, durch Eisenpfosten gehaltenen Eisenstücke nicht nur zu einer Raum einfangenden und Raum bestimmenden Gestalt zusammenzubinden, sondern die mächtigen Gewichte werden leicht, stützen sich gegenseitig ab, als sammelte sich eine Ballett-Compagnie zum Sprung. Das Auge nimmt nur die Demonstration vollendeten Gleichgewichts wahr oder das unabänderliche so und nicht anders Ausgerichtete oder das in den Raum Gruppierte. Auch die ineinander verklammerten Eisenmassen, die, gerüsthaft gefügt, wie Denkmale einer zukünftigen Zeit wirken, schneiden sich aus dem Raum ihren Bereich nachdrücklich, sicher und mit großer Überzeugungskraft aus, umstellen und öffnen, verschränken und entlassen.
Gern hat Jacobsen das Gegeneinander von architekturhaften geometrischen Formenstücken und freien, organischen, spielerischen Formteilen in einer Figur zusammengefaßt. Das Gegensätzliche geht ohne Dissonanz in der Gesamtform auf.
Die Oberfläche der Eisenplastiken sind bis um 1970 zumeist sorgfältig patiniert, doch

werden schon seit 1949 die Plastiken schwarz, seltener rot angestrichen, so daß die Formen so klar wie möglich definiert sind. Es kommen auch hin und wieder schwarz bemalte Stücke vor, bei denen Formenteile rot oder blau signalhaft hervorgehoben sind. Nach 1970 sind die Plastiken in der Regel mit schwarzer Farbe übergangen, es gibt daneben jedoch auch rote oder rostrote und bei kleineren Formaten patinierte.

Ich habe von den spindelförmigen Kupferstücken schon gesprochen. In den letzten zehn Jahren hat Jacobsen immer wieder mit diesem Material versucht, die Eisengebilde anzureichern. Ich halte diese Versuche mit wenigen Ausnahmen für nicht geglückt: denn das fremde Material trägt in die Eisenkonstruktionen ein schmückendes Element, das die Konstellationen der Eisenformen verunklärt, vor allem dann, wenn es sich um kupferne Flächenteile handelt. (Die Spindelformen ordnen sich dagegen bruchlos ein.)

Es sei nur angemerkt, daß Jacobsen bis heute auch kleine Plastiken schafft, er ist also keinem Zwang zur Monumentalität verfallen.

Theatrical Relief
Eisen und Holz, 1960–62
63 cm hoch, Privatbesitz Bobby Jacobsen, Tågelund

Relief polychrome
Holz, 1965
67 x 70 x 10,5 cm
Privatbesitz, Kopenhagen

Victoire invisible
Eisen, 1957
69 x 38 x 35 cm
Fonds National d'Art Contemporain
Sammlung FNAC, Puteaux

Rot-Schwarz
Relief, 1949
51 x 67 x 17 cm
Privatbesitz Maria Jacobsen, Tågelund

Polychrome relief
Holz, 1976–77
242 cm hoch
Galerie Ostler, München
zur Leihgabe im Skulpturen-
museum Glaskasten, Marl

La nuit des longs nez
Holz und Stoff, 1975–76
103 x 95 cm
Privatbesitz Maria Jacobsen, Tågelund

Wille zur Harmonie

Vielleicht bezeichnet der Begriff des Poetischen Jacobsens Vorgehen am besten, zumal hier die beiden Stränge des Werkes unter dem Dach einer Benennung gleichermaßen zu ihrem Recht kommen. Bei ihm jedoch bezeichnet das Poetische nicht nur die Spannweite zwischen streng Gebautem und freiem Spiel und das Verhältnis, in dem beides je zueinander in Beziehung gesetzt ist, sondern auch den Willen zur Ausgewogenheit, um nicht zu sagen: zur Harmonie. Gerade letzteres unterscheidet Jacobsens Werk von dem um sechs Jahre älteren Amerikaner David Smith und seiner Auffassung von Skulptur. Smiths Werk ist gekennzeichnet durch das Spiel mit der Aufhebung der Schwerkraft und durch die Unabhängigkeit seiner Vorstellungen von Plastik. Dazu bedarf es zumeist eines anderen Materials als Eisen. Demgemäß baut Smith seine Plastik häufig aus hohlen Stahlkörpern, die es ermöglichen, überraschende und gewagte Balance-Akte zu demonstrieren. Jacobsen dagegen verwendet immer massive Eisen- oder gedrehte massive Kupferstücke. Ich glaube, nie hat er eine Hohlform benutzt. Gerade dies bindet Jacobsens Werk an die skulpturale Tradition. Ihm, Jacobsen, geht es um Maß und abgestimmte Maßverhältnisse. Die Plastiken von David Smith dagegen sind von unruhiger Kühnheit, sie erregen Erstaunen und lassen die Tradition hinter sich, um Neuland zu erobern. Sie vertrauen technischem Fortschritt und machen ihn plastisch sinnfällig.

Näher steht Jacobsen der 1924 geborene Spanier Eduardo Chillida, dessen Werk zwar von einer verwandten Auffassung vom Material ausgeht, jedoch in Aggressivität und Eindeutigkeit weit von der komplizierten Sensibilität des Dänen entfernt ist.

In Paris lernte Jacobsen vermutlich um 1950 auch den Italiener Berto Lardera kennen. Dessen Plastiken, aus zugeschnittenen Eisenplatten angeordnet, kommen aus derselben geometrisch-abstrakten Pariser Bewegung des ›salon réalité nouvelles‹ wie die Jacobsens. Doch reichen sie weder an die schöne Einfachheit, noch an die geistvolle Kompliziertheit der Werke Jacobsens heran und erscheinen uns heute dem Nierentischstil der 50er Jahre nahe, in ihrem wie aus Papier ausgeschnittenen Formenarsenal. Lardera wurde in Deutschland sehr bekannt, nachdem ihm das Museum Haus Lange in Krefeld 1956 eine große Retrospektive ausgerichtet hatte.

Das Zeichnen – und gelegentlich – das Radieren hat in diesem Werk eine untergeordnete Funktion, zumal da Jacobsen seine Plastik ohne jede zeichnerische Vorbereitung im unmittelbaren Umgang mit dem Material selbst erarbeitet. Doch gibt es knappe, kürzelhafte Tuschblätter, die an chinesische Schriftzeichen erinnern, außerdem Folgen starkfarbiger Aquarelle und Gouachen.

Brief an Sacharow
Eisen, 1982/83
210 cm hoch
Inv. 1280
Sammlung Würth, Künzelsau

Eindrucksvoll sind die Radierungen, die zumeist die rüde bearbeitete Platte im Druck gegenwärtig halten und auf diese Weise aus der Materialität ihre Überzeugungskraft ziehen. Kein Zweifel, Farbblätter und Radierungen gehören mit ihren urtümlichen Figuren und Gesichtern in den Wirkungsbereich der dänischen COBRA-Freunde. Es gibt auch in den 70er Jahren aus Kunststoff- und Textilabfällen collagierte Reliefs, die aus diesem Bereich stammen, phantasievolle Arbeiten, voller Humor und versteckter Bedrohlichkeit, die aus den gleichen Vorstellungen kommen wie die »Puppen«.
Bis heute also behauptet Robert Jacobsen seine Freiheit. So hat er es schon 1975 ausgesprochen: »Ich mache keine Reproduktionen eines von mir einmal erfundenen Stils, sondern vieles ist möglich, das Leben und ich selbst sind vielschichtig. So setze ich immer neu und von anderen Voraussetzungen an. Stil ist für mich Monotonie.«

1 So Constant, Zitat siehe: Ausst.-Katalog ›COBRA‹, Hamburger Kunstverein, 1982, S. 38
2 Vgl. Ausst.-Katalog ›Richard Mortensen. Gemälde, Wandteppiche, Reliefs, Graphik‹, Kunsthalle zu Kiel und Schleswig-Holsteinischer Kunstverein, 1971, dort die Biographie
3 Vgl. Stücke seiner Afrika-Sammlung, in: Ausst.-Katalog ›Der Bildhauer Robert Jacobsen und seine Welt‹, Kunsthalle zu Kiel und Schleswig-Holsteinischer Kunstverein, 1975, braune Seiten; – die Sammlung ist in den letzten Jahren bis auf wenige Stücke verkauft und durch eine ostasiatische ersetzt worden
4 Vgl. Ausst.-Katalog Kiel 1975, siehe Anm. 3, dort den Text des Dichters
5 Vgl. Ausst.-Katalog ›Raum und Zeichen. Werke des Bildhauers Robert Jacobsen‹, Städtische Kunsthalle Mannheim u. a. m., 1987, S. 126

Der Text ist ursprünglich erschienen in: ›Künstler – Kritisches Lexikon der Gegenwartskunst‹, hrsg. von Lothar Romain und Detlef Blümler, München, Bruckmann 1988 ff.

Reliefskulptur
Eisen, 1992
195 x 224 x 85 cm
Privatbesitz des Künstlers

Ohne Titel
Eisen, 1991
40 x 30 x 20 cm
Inv. 1694
Sammlung Würth, Künzelsau

Ohne Titel
Eisen, 1991
50 x 30 x 17 cm
Inv. 1692
Sammlung Würth, Künzelsau

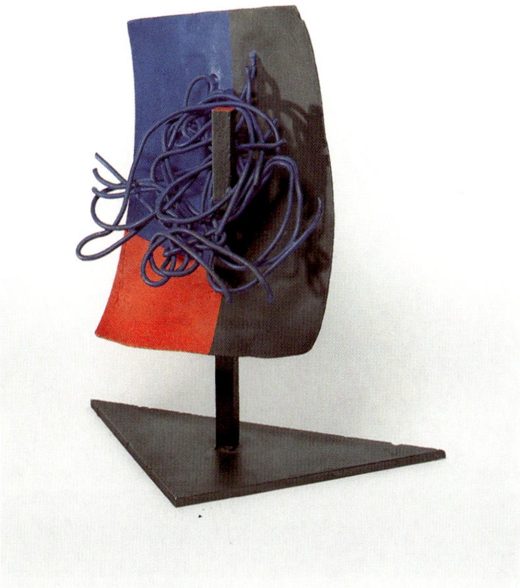

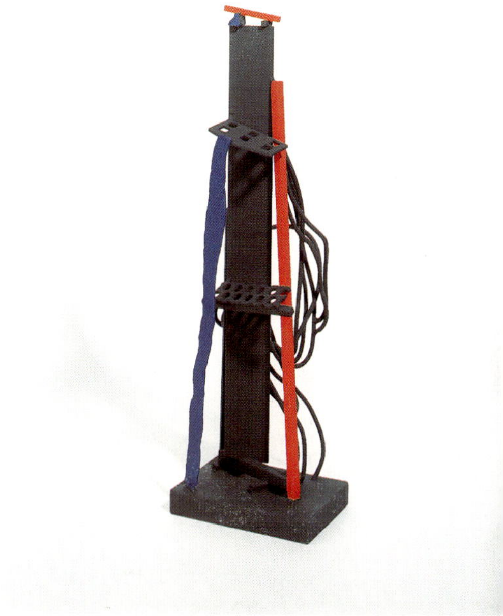

Ohne Titel
Eisen, 1991
40 x 40 x 20 cm
Inv. 1693
Sammlung Würth, Künzelsau

Ohne Titel
Eisen, 1991
53 x 16 x 11 cm
Inv. 1695
Sammlung Würth, Künzelsau

Ohne Titel
Zeichnung, um 1947
40 x 52 cm
Privatbesitz, München

Fragen an Robert Jacobsen

Aufzeichnung eines Interviews zwischen Jens Christian Jensen und Robert Jacobsen im Jahr 1975

JCJ Herr Jacobsen, seit 1930, seit also 45 Jahren, machen Sie Plastiken in Holz, in Stein, in Eisen. Sie arbeiten als Graphiker, als Collageur, als Maler. Würden Sie heute sagen, Sie haben das erreicht, was Sie sich vorgenommen haben?

RJ Man kommt nie an das Ziel. Wenn man es irgendwann erreicht, hat man seine Erfahrungen mißbraucht. Man ist am Ende. Bildhauerei ist überhaupt keine Genie-Kunst, wo man früh etwas Großes erreichen kann. Sie ist vielmehr eine Sache von Erfahrungen. Wenn man genug von ihnen gesammelt hat, dann kann die selbständige Plastik entstehen.

JCJ Wie sah und wie sieht das aus, was man als ihr künstlerisches Ziel bezeichnen könnte? Und: Haben sich Ihre Ziele in der Kunst mit den Jahren geändert oder sind sie dieselben geblieben?

RJ Mein Ziel ist dasselbe geblieben: das Unbekannte zwingen, Figur zu werden. Eine Kraft in mir, die ich nicht erklären kann, sondern die ich leben muß, treibt mich dazu, Kunst zu machen. Das hat nichts Weihevolles, Missionarisches, es hat vielmehr auch eine handfeste materielle Seite: ich muß mit dem, was ich mache, überleben. Dieses Ziel, besser: diese Wahrheit ist immer schwerer zu bewältigen, denn mit der Zeit wächst die Verpflichtung der eigenen Entwicklung gegenüber. Ob man will oder nicht, man wird mit den Jahren sich selbst und dem gegenüber, was man gemacht hat, immer verantwortungsbewußter.

JCJ Sie arbeiten eruptiv, eine Imagination packt Sie und läßt Sie etwas machen. Im Gegensatz dazu stehen aber kühle, man könnte sagen konstruktive Arbeiten, die offenbar auf längeren Überlegungen beruhen. Ist das so, oder sehen Sie das ganz anders?

RJ Ich bin ein Mensch, der sucht. Weder das Eruptive noch das Kalkül in mir befriedigen mich – für sich genommen. Beides bin ich, beides ist in mir. Ich mache keine Reproduktionen eines von mir einmal gefundenen Stils, sondern vieles ist möglich, das Leben und ich selbst sind vielschichtig. So setze ich immer neu und von anderen Voraussetzungen aus an. Stil ist für mich Monotonie.

JCJ Es wird seit einigen Jahren von bestimmten Gruppen Wirksamkeit (Relevanz) der Kunst für die Gesellschaft gefordert. Wie ist Ihre Meinung dazu?

RJ Kunst ist immer gesellschaftskritisch, denn sie ist außerhalb der Gesellschaft, außerhalb des Humanen weder denkbar noch möglich. Der aber, der sich irgendeiner staatlichen oder ideologischen Zensur unterwirft, hört auf, kreativer Künstler zu sein.

JCJ Meinen Sie, daß Kunst eine Funktion in unserer Gesellschaft hat, womöglich eine politische? Oder wie würden Sie diese Funktion definieren?

RJ Wenn Kunst in einer Demokratie geschaffen wird, ist Freiheit Kunst, denn die Kunst ist es (neben manchem anderen), die die Freiheit definiert. In einer Diktatur ist Kunst Freiheit, denn Kunst muß um die Freiheit kämpfen, um zu sich selbst zu kommen. – Hitler hat viel von der modernen Kunst verstanden: er hat sie verboten.

JCJ Sie haben im dänischen Widerstand gegen Hitler-Deutschland gekämpft. Hatte Ihr Widerstand Gründe, die mit Ihrer Kunstauffassung zusammenhingen?

RJ Selbstverständlich. Dabei habe ich nicht gegen Deutschland oder gegen die deutsche Kultur gekämpft, sondern gegen die Hitler-Diktatur. Auch als Künstler, denn es ging nicht um die Freiheit meines Landes, sondern auch die Freiheit der Kunst, um Freiheit überhaupt. Dabei war bei mir nicht irgendwie eine persönliche Auffassung von Ästhetik im Spiel: Ich habe für die totale Freiheit des künstlerischen Ausdrucks und damit für die Freiheit aller menschlichen Verwirklichungsmöglichkeiten gekämpft.

JCJ Sie sind seit 10 Jahren Lehrer an der Münchner Akademie. Wie beurteilen Sie Aufgaben und Möglichkeiten der Akademien für die Kunst in unserer Zeit?

RJ Kunst ist nicht lehrbar. Akademien sollen also nicht Kunst lehren, sondern deren technische und analytisch-theoretische Grundlagen und Möglichkeiten. Heute ist der Unterricht an den Akademien deshalb so schwierig, weil man nur ungesicherte Thesen aufstellen kann, die sich erst bewähren müssen, die Antithesen provozieren und bestenfalls zu Synthesen führen können. Man muß sich selbst und seine Schüler immer fragen: Warum tust du das gerade so und nicht anders.

JCJ Was bringen Sie Ihren Schülern bei, was sind Ihre Lehrziele?

RJ Ich lehre zuerst einmal das Technisch-Handwerkliche. Dabei versuche ich, bei meinen Studenten Phantasie zu entwickeln oder anzuregen. Phantasie soll nicht national, nicht international, sie soll universell sein. Sie geht jeden Menschen an. – Ich hoffe, den Studenten meinen Begriff von Freiheit und Individualität vermitteln zu können.

JCJ Gibt es Probleme, die Ihre Schüler besonders beschäftigen? Haben Ihre Studenten bei eigenen Arbeiten charakteristische Schwierigkeiten?

RJ Meine Studenten finden schwer ihre Position in der Gesellschaft. Die ganz ungesicherte Zukunft bedrückt sie. Das kommt wohl daher, daß es für die gegenwärtige experimentelle Kunst in Deutschland wenig Verständnis in der Gesellschaft gibt. Der äußere Schein der kleinen »eingeweihten Kreise« täuscht da. Vielleicht ist der Grund dafür das schlechte Gewissen aus der Nazizeit, das dazu führt, daß man einerseits alles toleriert, ja mit Beifall bedenkt, andererseits alles mißversteht, verdammt. Der eine deutsche Industrielle z. B. hält Beuys für einen Nicht-Künstler, einen Scharlatan, der andere betet ihn geradezu an und kauft ganze Ausstellungen auf. Immer wenn Rezeption von Kunst kultische Züge annimmt, wird's mir unheimlich.

JCJ Wie sehen Sie die Rolle der Münchner Akademie im Vergleich mit den anderen Kunsthochschulen in der Bundesrepublik, ich nenne zum Beispiel die Akadamie in Düsseldorf?

RJ Die Münchner Akademie ist selbstverständlich traditioneller eingestellt als etwa die in Düsseldorf. Sie ist in gewisser Weise Kunstschule geblieben. In den letzten 10 Jahren hat die Münchner Akademie aber endlich die Tür zur Umwelt geöffnet, und hoffentlich kommt der »Blaue Reiter« eines Tages durch diese Tür geritten.

JCJ Wie muß Ihrer Meinung nach heute Kunst in der Bundesrepublik Deutschland im internationalen Rahmen gesehen werden?

RJ Die deutsche Kunst steht heute da, wo sie immer stand: in der Mitte. Im Augenblick ist die deutsche Kunst sehr wichtig für die internationale Entwicklung, weil sie den Anschluß an ihre experimentelle Tradition (Bauhaus, Klee, Kandinsky; Max Ernst, Macke, Belling, Schwitters) gewonnen hat. Sie hat jetzt neue Bereiche erschlossen.

JCJ Es fällt uns auf, daß Ihre Landsleute in Dänemark ihre Künstler besonders lieben, ja man kann sagen: achten. Stimmt dieser Eindruck, und wenn er zutrifft, woher meinen Sie kommt das?

RJ Unsere Demokratie ist alt. Und die Künstler haben bei uns immer zum Volk gehört, nicht zu einer besseren Klasse. Sie waren eigentlich immer Demokraten und also immer ihrem Volk verbunden. Außerdem ist Kunst bei uns immer intensiv diskutiert worden, sie war im öffentlichen Leben immer wichtig.

JCJ Ich habe den Eindruck, daß in unserem Land das Verhältnis vom Künstler zum Publikum anders, kühler, ja fast manchmal feindlich ist. Was meinen Sie?

RJ Die Deutschen wollen immer gleich einen Fetisch haben. Einfache, spielerische, phantasiereiche, vielleicht nur vernünftig durchdachte Kunst genügt ihnen nicht. Deshalb akzeptieren sie ihre Kunst und ihre Künstler so schwer.

JCJ Sie sind leidenschaftlicher Sammler. Was fasziniert Sie zum Beispiel an afrikanischer Plastik?

RJ Phantasie und Formprobleme sind hier ungeheuer groß. Die magische Welt, ihre Entwicklung, ihre Sprache ergibt eine Grundlage von Formen, die im Gegensatz steht zum Antiken, Klassischen, Europäischen. Diese afrikanische magische Welt ist

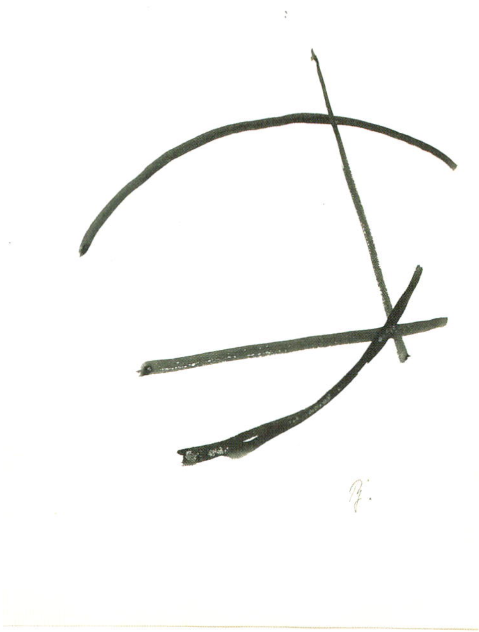

Ohne Titel
Zeichnung, 1949
42 x 34 cm
Inv. 1364
Sammlung Würth, Künzelsau

Ohne Titel
Zeichnung, 1949
42 x 34 cm
Inv. 1365
Sammlung Würth, Künzelsau

Ohne Titel
Zeichnung, 1947
49 x 52,5 cm
Inv. 1367
Sammlung Würth, Künzelsau

unendlich, nicht so diszipliniert, begrenzt, damit eingeengt und belastet wie die unsere. Das fasziniert mich.

JCJ Und wie kommen Sie dazu, bayerische Devotionalien zu sammeln?

RJ Hier entdecke ich dieselbe Magie wie in der afrikanischen Kunst. Ohne diese Volkskunst sind für mich Schwitters oder Max Ernst nicht möglich. Was man oft an diesen Künstlern als verrückt kritisierte und wohl manchmal heute noch kritisiert, ist dort schon vorhanden.

JCJ Welche Künstler der Gegenwart bedeuteten oder bedeuten Ihnen Entscheidendes? Wem verdanken Sie Anregungen, neue Erkenntnisse?

RJ Paul Klee und Antoine Pevsner – unter anderem dann meinen Freunden Magnelli, Dewasne und Deyrolle.

JCJ Welchen lebenden Künstlern fühlen Sie sich besonders verwandt oder besonders verbunden?

RJ Der Kontakt zu meinen Studenten ist mir das Wichtigste, unsere gemeinsame Arbeit. Hier liegt für mich die Zukunft, auch meine Zukunft.

Ohne Titel
Stahl und Eisen, 1950
17,5 x 17,5 cm
Privatbesitz, Solrød

KBA 60
Eisen, 1954
57 x 40 x 60 cm
Galerie Denise René, Paris

Die Skulpturen von Robert Jacobsen

von Werner Hofmann

»Bildhauerei ist Wahrheit, Malerei Traum: Das eine ist Darstellung, das andere magische Erzählung...« Dieser Satz steht in der Abhandlung von Johann Gottfried Herder mit dem Titel ›Bildhauerei. Bemerkungen zu Form und Gestalt aus dem plastischen Traum von Pygmalion‹ (1778). Um diesen Gedanken als Diagnose zu verstehen, ist die Situation der Kunst zu hinterfragen, aus der dieser Gedanke stammt. Im fünfzehnten Jahrhundert hätten die Worte von Herder keinen Sinn gehabt, sie hätten im Widerspruch zum inneren Verständnis der beiden Künste gestanden, die bei der objektiven Erfassung der Wirklichkeit in gleicher Weise vorgehen. Erst später verzweigen sich ihre Wege, und die Dynamik des beweglichen Pinsels überholt die formalen Vorgehensweisen der Bildhauerei, die viel langsamer ist. Die Malerei, die sich der Möglichkeiten der Farben, die sich vermischen und ineinander übergehen, bewußt geworden ist, ergreift kühn den unendlichen Phänomenenkomplex der Welt. Sie macht die Materie körperlos, umhüllt jedes Ding mit atmosphärischen Strahlungen und läßt die Gegenstände sich mit Licht und Luft vollsaugen. Herder sieht deutlich, wo die Kraft des Malers liegt und anerkennt, daß ihm das Geschehen, das Schauspiel der unwiederbringlichen Augenblicke, die dramatischen und lyrischen Enthüllungen der Natur zugeordnet sind. Deshalb merkt man in seiner Apologie der Landschaftsmalerei, daß hier nicht von fester, objektiver und statischer Konsistenz der Natur gesprochen wird, sondern an das Vergängliche, Schnellebige und Aufblitzende, Inkonstante und Bewegte in ihr appelliert wird: »Sie (die Bildhauerei) kann dem Schatten und der Morgenröte, dem Blitz und Donner, dem Bächlein und der Flamme keine Form geben, wie die Hand diese Phänomene nicht ertasten kann: Warum sollte man dies jedoch der Malerei absprechen? Welche anderen Gesetze kennt die Malerei, welche andere Macht und welche Aufgabe, wenn nicht diejenige, das große Bild der Natur mit allen ihren Phänomenen in ihrer herrlichen und großen Sichtbarkeit zu beschreiben? Und mit welcher Faszination sie es macht! Diejenigen, die die Landschaftsmalerei, die Zweige der Natur im großen Schöpfungsprozeß verachten, in den Staub ziehen oder sie dem Künstler sogar verbieten, sind nicht weise...« Dies ist eine Erklärung der Prinzipien des Impressionismus ungefähr ein Jahrhundert vor dessen Entstehen.
Als Herder die Grenzen zwischen Bildhauerei und Malerei zog, dachte er natürlich an die edlen Formen der menschlichen Gestalt. Für ihn ist die Statue das Modell der schönen

Ohne Titel
Stahl und Eisen, 1950
25 x 34 cm
Privatbesitz, Solrød

Form. »Die Formen der Bildhauerei sind gleichmäßig und ewig wie die einfache und reine menschliche Natur.« Aber gleichzeitig bemerkt er, worin die wirkliche und tatsächliche Dimension der Bildhauerei besteht: Sie ist tastbare Wirklichkeit, begrenzte Form. (Daher die Abneigung gegen die Skulpturengruppe, deren Verknüpfung sich der Malerei nähert, die ein ›continuum‹ ergibt).

Ein Dogma, wird man einwenden, eine willkürliche Eingrenzung der plastischen Möglichkeiten auf die enge Plattform des Wesens in Ruhe, eine gefährliche Beschränkung auf das, was fest und unleugbar ist. Gewiß ist es eine Beschränkung, aber eine Beschränkung, die sich von Zeit zu Zeit als heilsam erweist.

Im neunzehnten Jahrhundert gerät die strenge Herder'sche Unterscheidung – hier der Tastsinn, dort das Sehen, hier ›Wahrheit‹, dort ›Traum‹ – in Vergessenheit. Die Faszination der Malerei zieht die Bildhauerei mit, macht sie weich und führt sie zu duktilen körperlichen Aphorismen, die die tastende Hand nicht erfassen kann. Das Erlangen formaler Mobilität ist grandios und die Entdeckung neuer prämorphischer, elementarer Schichten immens. In den Werken von Medardo Rosso und Rodin zeigt sich, wie die Bildhauerei bis auf den Grund von dynamischen und metamorphischen Kräften durchdrungen und von ihnen revolutioniert wird. Dieser Strom, entstanden aus der Trunkenheit einer großen

Ohne Titel
Stahl und Eisen, 1949/51
76 x 36 x 25 cm
Privatbesitz, Solrød

Befreiung, schickt seine Wellen ins Unendliche. Ein leidenschaftlicher Sog des Raumes ergreift die Körper, überwindet deren materiellen Widerstand und reibt sie auf wie die Brandung am Felsen nagt, bis er sie in sich eindringen läßt.
Seit jener Zeit schnitt die Bildhauerei unseres Jahrhunderts auf unterschiedlichsten und abenteuerlichen Wegen fort. Die Herder'sche Antithese hat sehr viel von ihrem kategorischen Entweder-Oder verloren, da sich Begegnungen und Symbiosen von Malerei und Bildhauerei ereigneten, die zu den aufregendsten Kunsterfahrungen unseres Jahrhunderts zählen. Auch wenn sie abgeschwächt ist, so hat doch die Unterscheidung zwischen tastbaren Formen und optischen Phänomenen eine neue und unerwartete Aktualität erlangt. Es trifft zu, daß heute sozusagen alles Bildhauerei sein kann: Räumliches Gewebe, Linienarabeske, vibrierender Rhythmus und Kontinuum von Bewegungsphasen, hart gewordene Haut und gläserner und transparenter Lack... Sie besitzt Hunderte von Möglichkeiten, interessant, kapriziös, andeutend und rätselhaft zu sein, aber sie hat auch etwas anderes wieder entdeckt: Die ruhende Existenz, die kondensierte Form, die sichere Festigkeit. Durch die Hervorhebung des Kontrastes zur Malerei hat Herder der Bildhauerei die Fähigkeit zugesprochen, eine »gänzliche Darstellung« zu sein. Wir drücken uns normalerweise anders aus. Wenn wir die feste, eindeutige und geprägte Besonderheit der drei-

dimensionalen Figur begrifflich erklären wollten, würden wir eher von ›Stabilisierungen‹ sprechen.

Die von Jacobsen geschaffenen Eisengebilde sind genau dies: ›Stabilisierungen‹; ich könnte kein anderes Wort finden, um ihren klaren, rigorosen und definitiven Formcharakter zu definieren.

Hier ist Eisen vollkommen ohne das chromatische und barocke Element bearbeitet. Jacobsen bedient sich keiner amorphen und entfesselten Materialsituationen, er verläßt sich nicht auf die gefällige Suggestion dessen, was ungenau und bruchstückhaft ist. Jede autonome Aktivität des Werkstoffs bleibt ausgeschlossen. Und gerade diese Askese ruft das einzigartige Pathos dieser Skulpturen aus Eisen hervor: Das Pathos der Nüchternheit.

Seit den Zeiten der Romantik – oder besser gesagt, nach Diderot – sieht die Kunstkritik im gestalterischen Akt eine schrittweise und progressive Bewußtwerdung. Man ist dem Künstler wohlgesonnen, der in der fertigen Form als sichtbare Erinnerung die anfängliche und provisorische Form durchblicken läßt. Die ›malerische‹ Sicht mit der Vorgehensweise nach Entwürfen überlagert in Gedanken die Etappen, die der Künstler von der ersten Idee bis zur perfektionierten Form durchlaufen hat.

Jacobsen dagegen bricht die Brücken ab, die zur ursprünglichen Idee zurückführen könnten. Seine Skulpturen weisen keine Überbleibsel auf, ihre embryonale Phase ist verschwunden. Es gibt keine langsamen und fließenden Übergänge von einer Form zur anderen, es gibt kein organisches Wachsen, kein Reifen. Alles kommt einem so vor, als ob es mit einem Schlag der Phantasie entsprungen wäre. Die Form besitzt eine gespannte Nacktheit, die das Auge spürt, als ob es keine Bezugspunkte hätte. Sie zeigt sich ohne Umschweife, mit direkter Kälte. Sie schneidet, zielt und verletzt. Sie rahmt ein und bekleidet. Sie stutzt und bricht.

Das plötzliche Auftreten dieser Formen enthält eine Energie, die den Betrachter verzaubert. Wie in der Form ein Abschnitt den anderen festigt, also stabilisiert, so ist auch der Betrachter gezwungen, seine Aufmerksamkeit darauf zu richten. Nichts erfolgt langsam Schritt für Schritt, es gibt keine Schattierungen. Es handelt sich um bewußt formulierte Kombinationen, plötzlich zusammengefügt. Wo immer sich zwei Formelemente treffen, ist das Zusammentreffen scharf umrissen, deutlich hervorgehoben. Auf diese Weise entsteht ein oft harter, manchmal offensiver, wieder ein anderes Mal elastischer Dialog zwischen Geraden und Kurven, zwischen rechten Winkeln und Wölbungen, jedoch ohne Vermischungen oder Geheimnisse. Jedes formale Prinzip erhält seinen eigenen Wert innerhalb des Gesamtrahmens.

Diese drei – die Unmittelbarkeit des Werkstoffeffekts, der plötzliche Charakter und das Fehlen von Bezugspunkten an der kombinierten Form – sind näherungsweise Bezeichnungen der hauptsächlichen Eigenschaft, die diesen Skulpturen eigen ist. Man spürt, bevor man es begrifflich erfassen kann, daß sich diese Schöpfungen auf ein Prinzip stützen. Hier wird im wörtlichen Sinne etwas festgehalten.

Problème de forme
Eisen, 1951
44 cm hoch
Galerie Ostler, München

Nr. 214
Eisen, 1952/53
45,5 x 43 x 30 cm
Städtische Kunsthalle, Mannheim

Ohne Titel
Stahl und Eisen, 1954
29 x 27 cm
Privatbesitz, Solrød

Was wird festgehalten?

Die Skulpturen von Jacobsen stehen mit der Heftigkeit einer Provokation im Raum und halten ihrerseits den Raum fest. Man könnte auch sagen, daß sie den Raum zwischen Platten und Balken einschweißen.
Diese Aussage ist überprüfbar, wenn man sich auf einen längeren Rundgang einläßt. Wer ein Objekt betrachtet, orientiert sich und untersucht die antastbare gegenständliche Objektivität nach Leitformen. Das Auge setzt den zentralen Kern auf den Punkt, an dem die materielle Masse am sichtbarsten erscheint, d. h. wo sie am gedrängtesten, am konzentriertesten ist. Bei den Skulpturen von Jacobsen wäre es schwierig, diese Kraftzentren zu lokalisieren. Und es ist beinahe unmöglich, zwischen den Formen ersten Grades und Formen zweiten Grades zu unterscheiden oder zum Beispiel zu bestimmen, ob dieses Segment wegen jenes Querbalkens vorhanden ist oder umgekehrt. Und hier kommen wir wieder zu der Tatsache, daß die Abfolge der Entstehungsphasen gewollt verborgen ist. Diese Formen – von denen jede ihre Wirkung als ›Sektor‹, als Sektion, als abgetrennter Teil ausdrückt – stützt sich gegenseitig und überkreuzen sich in dem Maße, daß es absurd wäre, von Haupt- und Nebenformen, von Zentrum und Umgebung zu sprechen.

Hengist
Eisen, 1953
73,5 cm
Musée d'Art Moderne, Liège

Multiples espaces
Eisen, 1952–53
76 x 70 x 48 cm
Privatbesitz, Noerum

Passages
Eisen, 1955
59,5 x 54,5 x 47 cm
Statens Museum for Kunst, Kopenhagen

Hier kann das romantische Schema des Drinnen und Draußen, der Schale und des Kerns nicht verwendet werden. Diese Schöpfungen begrenzen kein körperliches Zentrum, sondern den Raum. Genauer gesagt: Sie bedecken nicht, sondern sie ›umschreiben‹, sie umhüllen nicht, sondern machen sichtbar. Aus diesem Grund ist der Raum nicht das geheimnisvolle ›Innere‹ dieser Figuren: Er wird nackt und unverschleiert dargeboten. Wer mit romantischen Begriffen die Intensität des Raumes definieren wollte, beginge einen großen Fehler. Es gibt hier keine Enthüllungen oder Beschwörungen des Raumes, es handelt sich nicht um räumliche Magie, dunkle Abgründe und dynamische Öffnungen. Der Raum ist umrissen, umarmt, umfaßt und deshalb festgehalten.
Auf diese Weise haben wir die Aufgabe umschrieben, die den Elementen, aus denen die Form besteht, zugeteilt ist. Und man kann deren Funktion im Hinblick auf den Raum definieren: Sie bilden räumliche Spangen, Raumgelenke, Klammern und Riegel um den Raum. Aus diesen formalen Elementen kombiniert Jacobsen seine Figuren. Ihre Einspannung (nicht Verflechtung!) nenne ich gegenseitiges Ineinander-Eingehängtsein.
Mit anderen Worten: Jedes Element ist deutlich von den anderen abgesetzt. Die Ränder sind nie verwischt, sondern bleiben immer sichtbar und explizit. Sie müssen zum Ausdruck bringen, daß diese Gegenstände vom Menschen manipuliert, geschnitten und geschweißt worden sind. Die Skulpturen von Jacobsen scheinen im Raum selbst montiert zu sein.
Diese Art von formaler Dialektik, die jedem Element die Würde eines separaten bildhauerischen Buchstabens erhält, reicht geschichtlich zurück auf die von den Kubisten eingeführte Vorgehensweise, die gegenständliche Welt zu zerstückeln und zu perforieren, also ihre Anatomie so auseinanderzunehmen, daß das Auge von einem Zeichen zum nächsten springen muß. Es gleitet nicht über die Figur, sondern wird sprungweise geführt. Aus dieser Vorgehensweise, die Lipchitz bei seinen zerlegbaren Plastiken anwendete, leitete Jacobsen die plötzliche ruckartige Bewegung ab. Bemerkenswert ist, daß die durchgehenden, in makelloser Strenge unbeweglichen Formen – das Quadrat, der Kreis, das gleichschenklige Dreieck – einen sehr unbedeutenden Anteil haben. Jacobsen bevorzugt die ›Sektionen‹, da diese sich nicht in sich selbst schließen, sondern zu anderen Formen in Bezug treten. Außerdem besitzen die ausgeglichenen geometrischen Figuren die Perfektion des Transhumanen. Platon hat ihnen nicht zufällig ihr Domizil in der Ideensphäre zugeordnet. Dieser Bereich befindet sich jedoch außerhalb der Ziele, die sich unser Bildhauer gesteckt hat. Er befindet sich außerhalb der menschlichen Wesenheit, die er seinen Schöpfungen verleiht. Dieser Künstler ist kein experimentieller und puristischer Manipulator: Jede seiner Arbeiten ist ein Zeugnis der Kraft und Stärke des menschlichen Bewußtseins. Alle seine Arbeiten enthalten die Leuchtkraft und Klarheit eines beherrschten Daseins. Deshalb ist ihre Absolutheit so wichtig, und man sieht das Absolute des Menschen, der diese Formen schaffen kann. Jacobsen ist ein mitreißender Gesprächspartner, die mit ihm verbrachte Zeit verstreicht wie im Fluge; wenn er sich jedoch über seine Skulpturen ausdrückt, ist er sehr viel wortkarger. Gefangen in der Form wird seine Menschlichkeit halblaut. Man erkennt sie gleich, wenn man gewahr wird, daß jede dieser Konstellationen beinahe etwas Hartnäckiges hat.

Ideomotorisk problem nº 2
Eisen, 1952
63 cm hoch
Privatbesitz Nell Jacobsen, Tågelund

KBA 62
Eisen, 1955
30 x 30 x 24 cm
Galerie Denise René, Paris

Man spürt dann andererseits, daß die Härte, die Spannung und der absolute Charakter dieser Formen vollkommen illusionslos sind. Und dies ist vielleicht die wichtigste Dimension, die sich unser Künstler im Universum geschaffen hat.
Jacobsen wurde gerade 48 Jahre alt. Seit 1947 lebt er in Paris. In diesen letzten dreizehn Jahren hat er eine Entwicklung durchlaufen, die man in drei Perioden aufteilen könnte. Die Formen der ersten Periode, die bis in die frühen Fünfziger Jahre reicht, rufen einen sehr scharfen Effekt hervor: Man denkt dabei an Sensen und Sicheln, getränkt mit vibrierender Elastizität. Die Skulptur der Sammlung Sørensen ist ein gutes Beispiel hierfür. Eine gewisse Anzahl an Bewegungslinien kreuzen und überschneiden sich und heben auf diese Weise den statischen Effekt der drei vertikalen Elemente auf. Die Gesamtkonfiguration erscheint gewagt, durch Stöße unruhig gemacht. (Andere Arbeiten dieser Jahre weisen ein labiles Gleichgewicht auf). Die Bewegungsbahnen besitzen eine blitzhafte Geschicklichkeit. Ihr Verlauf ist nicht zentrifugal, sondern sammelt sich in einer komplexen Umrandung des Raumes, die verhindert, daß die kreisförmigen und senkrechten Kräfte ausbrechen und in den Raum hinein laufen. In seinen ersten Jahren, in denen er als Bildhauer mit Eisen arbeitete, greift Jacobsen gerne auf die Spannung zwischen positiven und negativen Formen zurück. Die Nichtform, d. h. der Raum zwischen den Flächen aus Eisen, wird sehr stark hervorgehoben. Die Einspannung der Elemente erfolgt vor allem in den Diagonalen, in denen jedoch schon auf die treppenförmige Durchdringung hingewiesen wird, die wir in seinen späteren Werken wiederfinden.
In den ersten Jahren nach 1950 wird der diagonale Rhyhtmus nach und nach durch einen strengeren, konstruktiveren Rhythmus verdrängt, in dem die Senkrechten und Waagrechten in vorherrschender Weise auftreten. Zusammen mit dieser Konsolidierung der Formen schreitet die Betonung des Werkstoffes voran. Das Eisen manifestiert sich nun als körperliche Masse. Wenn die vorhergegangenen Werke manchmal den Eindruck erweckten, ihre Mobilität sei das Ergebnis einer spontanen Entscheidung, wird nun der kalten und abgewogenen Reflexion die größere Verantwortung überlassen. Hier drängt sich die konstruktive Berechnung der Formen auf. So könnten die charakteristischen Züge der zweiten Periode beschrieben werden. Man wird ihrer sofort gewahr, wenn man die erwähnte Skulptur von 1950-51 mit einer anderen aus dem Jahre 1952 vergleicht. Diese Arbeit ist das Ergebnis eines radikalen Reduktionsprozesses. Ausnahmsweise wird dem rechten Winkel, der auch die Verhältnisse der sich untereinander überschneidenden Raumachsen bestimmt, eine vorherrschende Position eingeräumt. Der Strenge des rechten Winkels steht das ›Raumgelenk‹ gegenüber, das am inneren Rechteck angebracht ist. Es ›greift‹ den Raum, während die drei anderen Formen ihn verfestigen. Der Willensakt dieses ›Gelenks‹ unterscheidet diese Arbeit von der ausschließlich geometrischen Welt des Neo-Plastizismus und führt ein suggestives Element in die genaue objektive Darstellung ein. Wenn wir dieses Werk mit den vorhergehenden Werken vergleichen, ist der Zugewinn an räumlicher Intensität beträchtlich. Das gesamte Objekt ist von einer beinahe klassischen Einfachheit.
Auch die anderen Arbeiten dieser Jahre zeigen dieselben charakteristischen Züge, auch wenn sie sehr oft eine reichere Orchestrierung aufweisen: Der Raum ist in horizontaler

und vertikaler Richtung versperrt; die Figuren besitzen eine sehr ausgeprägte Stabilität; feine und lineare Formen stehen in Kontrast zu breiten und abgeflachten Formen; schwingende und spitz zulaufende Elemente werden mit einer größeren Sparsamkeit verwendet als früher, haben aber zum Ausgleich dazu einen größeren Effekt. Einige Lösungen zeigen Kontakte mit dem Werk von Magnelli, der zu den Freunden von Jacobsen zählt. Wenn die erste Periode als dynamisch, die zweite als statisch (also buchstäblich ›stabilisierend‹) definiert werden kann, so hat die dritte Periode offensichtlich einen komplexen Charakter. Man könnte sich dies mit der Tatsache erklären, daß sie sich sowohl mit der ersten als auch mit der zweiten Periode verbindet. Man kann sagen, daß sie beinahe die zweite Hälfte des Jahrzehnts zwischen 1950 und 1960 einnimmt.

Sculpture en fer forgé
Eisen, 1959
48,5 cm hoch
Louisiana Museum, Humlebaek

Polychrome III
Eisen, 1971–72
160 cm hoch
Gladsaxe Kommune, Søborg

Wie könnte man diese Jahre zusammenfassend beschreiben? Der rechteckige Rahmen gerät in den Hintergrund, während die Funktion des Umgebens und Einschließens den Kurven überlassen wird. Die Schwingungen sind jedoch härter als vorher, denn sie haben das verloren, was elastisch und biegsam an ihnen war. Keiner dieser Kurven könnte zu einem Kreis weitergeführt werden. Das Auge merkt es sofort, und der Betrachter erhält den Eindruck der Willkür und Gewalt. Er merkt, daß hier absichtlich auf die harmonische und perfekte Form verzichtet worden ist. Auch der Dialog zwischen den Kurven und den von geraden Linien begrenzten Elementen ist enger als in der zweiten Periode. Dies erinnert manchmal an frühere Werke. Man merkt jedoch, daß die Wirkung der körperlichen Masse des Eisens nun eine sehr viel größere Bedeutung hat. Die Spannung zwischen Platten und Querstangen, d.h. zwischen flachen und linearen Elementen ist geringer. Das Eisen nimmt den Charakter eines Riegels oder einer Traverse an.
Hinzu kommt, daß die Konstruktionen kontrahiert sind. Ihrem Rhythmus fehlt die große und höhere Leitfigur. Jacobsen trennt sie Schritt für Schritt von der konstanten Oberfläche und führt sie an einen Festpunkt wie bei der Skulptur von 1949 ›Mouvement en accélération‹. Das Senkrechte nimmt zu, die Figuren scheinen in senkrechter Richtung im Raum angeordnet zu sein.
Um eine Vorstellung des formalen Prozesses dieser fünf Jahre zu erhalten, braucht man nur eine Skulptur von 1954 mit einer Arbeit aus dem Jahr 1959 zu vergleichen. Bei der älteren Arbeit steht oft die Form der Spindel beinahe losgelöst neben der rechteckigen Form, während bei der jüngeren Skulptur zwei kurvenförmige Schließen die rechteckige Zelle umarmen, die zu einer Innenform wird. Ungefähr in der Mitte zwischen diesen beiden Schöpfungen steht ›Cara‹ (1958), eines der reifsten Werke der dritten Periode.
Jacobsen selbst hat eines Tages das Verhältnis präzisiert, das zwischen ihm und seinen Zeitgenossen besteht. Man muß sich an dieses ›statement‹ halten, wenn der Künstler in die heutige Situation der Bildhauerei integriert werden soll: »Depuis des années mon but a été de créer des sculptures spatiales... et le matérial employé (en l'occurence le fer) est le seul point de rapprochement qui existe entre Gonzales et moi ainsi qu'avec nombre de sculpteurs contemporains qui emploient actuellement ce même matériau. Bien entendu mon admiration est très grande envers l'œuvre de Gonzales...«
Ich habe diese ›Selbstdefinition‹ angeführt, aber ich bin überzeugt, daß sie den Kritiker nicht der Aufgabe enthebt, die Grenzen zwischen der besonderen ›Räumlichkeit‹ von Jacobsen und der anderer Künstler, beispielsweise des Kreises der russischen Konstruktivisten, zu ziehen. Von diesen unterscheidet er sich durch die Begrenzung auf eingespannte räumliche Zellen und durch den vollständigen Verzicht auf Harmonieeffekte oder Effekte axialer Symmetrie.
Aus dem Umstand, daß Jacobsen den Raum als sein zentrales Problem definiert und sich ein wenig vom Eisen entfernt, mit dem er nun seit dreizehn Jahren arbeitet, kann man eine kreative Umorientierung ableiten. Tatsächlich ist der Künstler auf dem Wege zu einer neuen formalen Stufe. Das Raumproblem drängt ihn dazu, neue Werkstoffe experimentell zu erfahren, und fordert Lösungen, für die sein Eisen nicht mehr ausreicht. Jacobsen hat vor kurzem begonnen, polychrome räumliche Skulpturen zu schaffen, und er ver-

sucht eine formale Auseinandersetzung zwischen Eisen, Edelstahl und farbigen Synthetikwerkstoffen. Aber dies befindet sich alles noch ›au stade de l'expérimentation‹.
Während des gesamten von uns hier besprochenen Jahrzehnts wurde die Reihe räumlicher Skulpturen begleitet von einer großen Zahl an scherzhaften Schöpfungen, die gewöhnlicherweise ›Puppen‹ genannt werden. Die Definition erscheint mir nicht glücklich, denn sie impliziert ein vollkommen ungerechtfertigtes Verhältnis von Sympathie und Vertraulichkeit zwischen der Schöpfung und dem Betrachter. Jacobsen stellt uns hier keine naiv-unschuldigen Spielzeuge vor. Es handelt sich vielmehr um fremdartige Hybridwesen, manchmal schrecklich, manchmal grotesk, die oft etwas Magisches an sich haben. Über diese Figuren ist schon sehr viel geschrieben worden. Was im übrigen nicht verwundert, denn sie machen dem Interpretierenden, dem sie mit ihrer pittoresken Objektivität entgegentreten, die Aufgabe einfach. Es sind ›interessante‹ Figuren, deren Formen gesprächiger sind als die der Raumskulpturen, die zwar kein Geheimnis enthalten, aber trotzdem ein wenig verschlossen sind. Aber es wäre falsch, diese Schöpfungen angeblichen Puristen zu zeigen und die Ambivalenz von Jacobsen einer kleinlichen Kritik auszusetzen. Um den Ursprung und den Sinn dieser Figuren, die ich ›Caprichos‹ nennen würde, zu verstehen, braucht man nur an die Jahrzehnte zurückzudenken, die seinem Aufenthalt in Paris vorausgingen. Um 1930-31 sah Jacobsen in Kopenhagen Werke von Paul Klee und den deutschen Expressionisten. Dieser Erfahrung schreibt er den entscheidenden Impuls zur Entscheidung zu, sich den Problemen der Bildhauerei zuzuwenden. In den darauffolgenden Jahren gab es vor allem Holzskulpturen, später auch Skulpturen aus Stein, einem Werkstoff, dessen expressive Magie in seltsamer Weise zu abstrakten Formen paßt. Folge des Umzugs nach Paris war, daß die formalen Probleme drängend wurden und eine eindringlichere Untersuchung erforderten. Aber nicht aus diesem Grund fällt die magische Seite, die geheime Beziehung zum Idol in Vergessenheit: Was geschieht, ist nur, daß sich von diesem Moment an die Bereiche deutlich und über jedes Mißverständnis erhaben trennen. Aus dieser Trennung stammt die Reihe der ›Caprichos‹.
Trotzdem glaube ich, daß zwischen den räumlichen Skulpturen und den kleinen Figuren Querverbindungen bestehen, die nicht vergessen werden sollten, wenn die Unterschiede (die ziemlich schnell ins Auge springen) analysiert werden.
Man gewahrt es, wenn man beispielsweise die Skulptur ›A‹ (1959) dem ›L'homme futur‹ gegenüberstellt. In beiden Fällen ist das Zentrum umarmt, in beiden Fällen tritt man in eine magische Dimension ein. Natürlich zwingt die kleine Figur den Betrachter in eine frontale Position, was bei der großen nicht der Fall ist. ›L'homme futur‹ schließt sich in

Hommage à Vasarély
Eisen, 1982
225 cm hoch
Inv. 1281
Sammlung Würth, Künzelsau

Lille Konkret
Stahl und Eisen, 1983
19 x 14 cm
Privatbesitz, Solrød

Hommage à Degas
Eisen, 1987
61 x 40 cm
Städtische Galerie im Lenbachhaus, München

Collage
Eisen und Messing, 1984
107 cm
Inv. 1098
Sammlung Würth, Künzelsau

einer Maske ein, seine Magie ist gegenständlich, während die der großen Skulptur räumlich ist. Das heißt, daß die ›Caprichos‹ Äußerungen der gegenständlichen Welt und ihrer Abfälle sind, während die räumlichen Skulpturen besonders in den letzten Jahren Äußerungen des Raums sind.

Aber auch die folgende Unterscheidung hat ihre Bedeutung: Bei den räumlichen Skulpturen äußert sich das Eisen wie ein Werkstoff ohne Vergangenheit; bei den ›Caprichos‹, die vollkommen aus aufgefundenen Teilen bestehen, die zu ihrer Zeit einen genau bestimmten Zweck hatten, stehen hinter dem Eisen eine Herkunft, ein Alter und verschiedene Erfahrungen. Die Zeit hat ihre Spuren hinterlassen. Diese Teile verleihen den Figuren eine gewisse Physiognomie und machen den Werkstoff (der in den räumlichen Skulpturen unnahbar und unantastbar wirkt) gesprächig und ›kreaturverwandt‹. Es gibt Bezüge zu menschlichen Verhältnissen, zur Dekadenz und zur Vergänglichkeit. Denn der Mensch hat eine zeitliche Dimension, trägt auf seinen Schultern die unveräußerliche Last der Erinnerungen, er hat wie das Eisen seine Risse, seinen Rost, seine abgewetzten und korrodierten Stellen.

Bei den ›Caprichos‹, die eine Vielfalt von Themen ansprechen (in einer Ausstellung im letzten Jahr) war mehr als eine bedrohte und beunruhigte Menschheit im Kampf mit der Erdennatur zu sehen; bei den räumlichen Skulpturen dagegen ›Fixierungen‹ der menschlichen Energie, die sich durch die Schaffung einer Ordnung und die Stabilisierung der Formen die Welt unterjocht. Hier ist das Eisen neutralisiert, befreit von jeder Romantik.

Nach meinem Empfinden ist diese Ambivalenz von Form und Gedanken im Schaffen von Jacobsen sehr bedeutungsvoll, denn sie stellt die subjektiven plastischen Energien den objektiven gegenüber.

Zuerst erschienen als:
›Un Scultura di Robert Jacobsen‹ in:
Biennale di Venezia 39, 1960
(Leider konnte der Aufsatz nicht
mit der ursprünglichen Bebilderung gedruckt
werden. Anmerk. d. Hrsg.)

Husalter
Reliefskulptur, um 1984
48,5 cm hoch
Eisen, blattvergoldet
Privatbesitz, Schwäbisch Hall

Die Puppen von Jacobsen

von Eugène Ionesco

Wenn man etwas liebt, fällt es einem oft schwer zu erklären, warum man es liebt. Auf die Gefahr hin, Banales zu äußern, werde ich trotzdem versuchen zu schildern, warum ich die Puppen von Jacobsen liebe.

Ich liebe sie, weil sie in der modernen Bildhauerei nichts anderem gleichen und mir dennoch außerordentlich vertraut sind, oder sind sie mir vielmehr gerade deshalb vertraut, weil sie nichts anderem gleichen. Man könnte sagen, daß Jacobsen ein wahrhaft originärer Künstler ist. Es gab vor nicht allzu langer Zeit einen sogenannten primitiven Manierismus. Die archaischen Werke des alten Ägypten, der Urgeschichte, aus Kleinasien und aus China wurden imitiert, doch waren diese Modelle für gewöhnlich das Ergebnis einer unendlich raffinierten, »alexandrinischen« Zivilisation, wenn man mir diesen Ausdruck gestattet. Es gab auch die Entdeckung der sogenannten afrikanischen Kunst. Dieser scheint Jacobsen sich anzuschließen, aber auf eine ganz natürliche, spontane Art, vermutlich ohne sie gekannt zu haben. Tatsächlich ist dieser Primitivismus nichts anderes als die Wiederentdeckung gewisser fundamentaler Gegebenheiten; gewisser innerer Bilder, die nicht das Ergebnis einer Kulturgeschichte sind, sondern die wertbeständig sind und ihren Platz in einer historischen Welt haben, einer Welt der Quellen, die die kulturelle Geschichte speisen und ohne die jede lebende Kultur zugrunde geht. Es gibt in uns eine Frische, eine Kindlichkeit, die Jacobsen zu entdecken und uns zurückzugeben verstanden hat, die wir auch in uns über ihn erkennen. Die Vereinfachung, die einige Maler oder Bildhauer verwirklicht haben, entsprang dagegen nur der klaren technischen Vorstellung eines oberflächlichen Formalismus.

Ich sprach davon, daß die Welt von Jacobsen sich außerhalb der Geschichte befindet. Ist aber nicht alles Geschichte? Wahrscheinlich nicht. Die Puppen von Jacobsen sind die Projektion, der Ausdruck, die Gesichter, die Besessenheit von Träumen und Ängsten und der Art zu sein und zu sehen, die für alle Zeiten gültig sind und die die Zeit durchdringen.

Die Strukturen dieser mentalen Realität bewegen sich nicht. Sie können glücklicherweise aber wiedergefunden werden. Dank Jacobsen kann ich wahrnehmen, daß wir bei einigen Künstlern Werte finden und schätzen, weil es ihnen – wie auch Jacobsen – gelungen ist, eine gewisse grundlegende und grundsätzliche Intuition auszudrücken, die uns zu enthüllen die Kunst als Ziel hat. Daher liebe ich »Rouault«, weil ich erkenne, daß in dieser abgezehrten Figur von Jacobsen, die zugleich reiche, gesättigte wie auch brüchige Farbtöne aufweist, eine ungewollte aber tatsächliche Begegnung zwischen Rouault und Jacobsen zu finden ist. Eine andere Skulptur des dänischen Künstlers, ein Körper ohne Fülle, von der Leere ebenso zerfressen wie vom Rost des Materials, verdeutlicht mir das metaphysische skulpturale Gedankengut eines Giacometti und bestätigt es. In anderen Figurinen von grausamem Humor, die zugleich grotesk und wild, kindlich und tiefgründig sind, erkenne ich die burlesken Personen von Alfred Jarry. Oft läßt mich Jacobsen auch an die byzantinische Stilisierung denken. Dies ist die Kunst von Jacobsen, bei der sich die Schärfe und die Reinheit des Primitiven mit der erlesenen Raffinesse des höher Zivilisierten verbindet. Er konnte dem Aufwendigen und Komplizierten der Mechaniker und der Automaten des Nichtfigurativen entrinnen, ohne den Verfahren der vulgären figurativen Kunst und des einseitigen Realismus anheimzufallen. Die Einseitigkeit ist das Gegenteil von Einfachheit, der Realismus ist das Gegenteil des realen Bewußtseins, das Primitive steht im Widerspruch zum Ursprünglichen. Die Intellektualität ist das Gegenteil der Bücherweisheit, Intelligenz bedeutet Kühnheit, Freimachen von Schulen und die Fähigkeit, die Dinge ursprünglich, wie zum ersten Mal, zu sehen. Das Originäre verbindet sich mit dem Authentischen, wenn es nicht ursprünglich Exzentrik ist. Nur in völliger Wahrhaftigkeit, außerhalb aller Einflüsse, sind Werte zu finden, da Einflüsse nur Lüge, übernommenes Gedankengut, intellektuelle und kreative Impotenz sind. Aber ich werde in dieser Richtung nicht fortfahren. Ich mag Jacobsen wegen seines Humors, wegen seines Feingefühls und seiner Zurückhaltung. Ich mag seinen Sinn für das Zeremonielle und seine Noblesse. Ich mag an ihm seine Bescheidenheit, die sich auf außerordentlich subtile Art und Weise mit dieser Noblesse verbindet. Es gibt nichts bescheideneres, nichts armseligeres als die Materialien, die er verwendet, Alteisen, verrostete, ausgemusterte Werkzeuge, Teile von Werkzeugen, formlose Objekte einer aufgelösten Gesamtheit, der er, wie um sie zu rehabilitieren, eine neue höhere Verwendung gibt und die er in eine neue Zusammenstellung integriert. Es handelt sich hierbei um eine erneute Vergeistigung der Materie, eine Veredelung dessen, was verfallen war, einen höheren Nutzen, der über den unmittelbaren Nutzen hinaus zurückerobert wurde: Angst und Zauber der Welt.

Animal de fable
Granit, 1943
75 cm hoch
Privatbesitz Maria Jacobsen, Tågelund

In seltenen Augenblicken der Gnade scheint das Universum, das heißt, die Dinge, die um mich sind, in einem völlig neuen Licht zu strahlen. Die Kochtöpfe, die Hüte, die Stühle, die alten Putzlappen, eine Schere, eine Streichholzschachtel lösen sich aus einer nützlichen Gesamtheit und schaffen eine andere. In diesem Augenblick erhält alles, was beeinträchtigt war, eine unbeschreibliche, offenbar unerklärliche Schönheit. Alles was tot war, lebt wieder. Gleichgültig welcher Gegenstand oder welches Stück eines Gegenstandes erhält eine Seele, eine Existenz, einen Ausdruck. Diese Schönheit kann Angst, Aufruhr oder Zartgefühl sein. Das Wichtige daran ist, daß nicht nur nichts mehr banal ist, sondern auch nichts mehr traurig oder tot. Alle Gegenstände nehmen an einer Art Fest teil; oder an einer Art elementarem Drama, das umso wahrer ist, als es sich der unmittelbaren Rationalität, das heißt den Grenzen, die wir uns auferlegt haben, und der Einförmigkeit zugunsten einer Vielzahl unbegrenzter Formen entzieht. Die Kunst von Jacobsen ist der Ausdruck dieses Zustandes dauerhafter Gnade, dieses inneren Reichtums. Sie ist ein höherer Animismus von einer Fülle, die die Routine der gewöhnlichen abgenutzten Phantasie nicht mehr zuließ.

Slave Piskeren
Stahl und Eisen, 1960
36 x 30 cm
Privatbesitz, Solrød

Wiking
Stahl und Eisen, 1960
98 x 25 cm
Privatbesitz, Solrød

Christuspuppe
Eisen, blattvergoldet, ca. 1986
80 cm hoch
Inv. 1386
Sammlung Würth, Künzelsau

Portrait d'un innocent
Eisen, 1974
90 cm hoch
Tårnby Kommune, Kastrup

P 6
Eisen, 1979
30 cm hoch
Privatbesitz des Künstlers

Précolumbiansko
Stahl und Eisen, 1957/58
28 x 56 cm
Privatbesitz, Solrød

Wenn man die Figuren von Jacobsen gesehen hat, wenn man sie gespürt hat, fällt es einem danach schwer, bei den Skulpturen in Marmor, Bronze oder Gold etwas zu empfinden. Was kostbar und edel war, scheint uns nun von flüchtiger Pracht und von falschem Adel zu sein. Der Marmor oder die Bronze wirken ausdruckslos. Da Jacobsen dem Minderwertigen Größe verliehen hat, kann alles nur über das Minderwertige Größe erhalten und die Größe selbst wird erbärmlich.

Ich schaue die Figuren von Jacobsen an und weiß, daß es Figuren der Sage sind. Ich weiß, daß unter einer scheinbaren Ungeschicktheit eine außerordentliche Präzision und eine verwirrende Fähigkeit zutage treten, die natürlich von seiner Technik herrühren, aber vor allem seiner Seele entspringen. Diese Personen gehen uns nicht aus dem Sinn, sie spre-

Die Gewalt
Eisen, 1971
37,5 x 37 cm
Inv. 5
Sammlung Würth, Künzelsau

Hans im Glück
Eisen, 1966/67
60 cm hoch
Inv. 738
Sammlung Würth, Künzelsau

P 7
Eisen, ca. 1982
31 cm hoch
Privatbesitz des Künstlers

chen zu uns, sie bewegen uns, sie stellen uns hervorragend dar und bewegen uns, sie sind komisch, dramatisch, realistisch, symbolisch, sind Karikaturen und vor allem sehr lebendig, sie halten sich in keinster Weise an Wertvorstellungen und Dogmen. Diese Personen sind Erzählungen, sind Geschichten, ohne Angst zu haben Geschichten zu sein, sie verstehen es, den Humor und den Spaß mit der Tragödie zu verbinden und beweisen uns dabei, daß die Wahrheit nur in der Phantasie, im Phantastischen existiert. Nur das Erdachte ist wahr. Die Skulpturen von Jacobsen, diese ausdrucksstarken ›Gestalten‹, sind somit im besonderen Sinne theatralisch. Sie stehen bereit, sich in Bewegung zu setzen. Eine Sammlung der Werke von Jacobsen stellt somit ein eindrucksvolles Ensemble dar, eine Welt von überraschenden und unterschiedlichen Personen, die auf eine bestürzende Art einschmeichelnd sind, eine Theaterinszenierung, bei der die Welt zum Schauspiel wird, das in uns und dennoch von uns getrennt lebt, wo wir als Zuschauer Schauspieler betrachten, obgleich wir selbst diese Schauspieler sind; dies ist die Zeremonie dieses Schauspiels, eine nicht durch Symbole ausgedrückte Realität. Es ist Theater im Urzustand, das auf Ideologie und Beweisführung verzichtet, es sind Personen, die keine schwerverständlichen Reden halten, sondern konkrete Realität und die verkörperte Darstellung des Offensichtlichen sind.

Jacobsen lehrt mich auf diese Weise, daß das Theater verdient zu existieren, da es die große Kunst par excellence ist. Jacobsens Werk ist theatralisch, da es der Welt ihre Würde und ihren Zauber wiedergibt.

Vielleicht wird man mir zum Vorwurf machen, über Jacobsen nur als Autor von Theaterstücken gesprochen oder ihn nur als solchen aufgefaßt zu haben, und daß dies nur ein Weg ist, um Zugang zu ihm zu finden. Es ist vielleicht der direkteste.

Eugène Ionesco: »Les poupées de Jacobsen«
in: Robert Jacobsen, Stedelijk
Museum, Amsterdam, 1960 und in:
XXe Siècle, No 15, Paris, 1960.

Anhang

Kurzbiographie

1912 in Kopenhagen geboren
ab 1926 verschiedene Berufe: Barkeeper, Badmintonspieler, Seemann, Banjospieler, Schauspieler usw.
1930–1940 arbeitet autodidaktisch als Bildhauer
1931 kommt als Seemann nach USA
1933–1944 lernt bei einem Holzschnitzer und bei einem Steinmetz, Gelegenheitsarbeiten
1940 erste Ausstellung im »Herbstsalon« in Kopenhagen
1947 geht mit einem Stipendium des französischen Staates nach Paris, wird dort bis 1955 von der Galerie Denise René vertreten
1952 Kunstpreis der Zeitung »Politiken«
1955 wird Künstler der Galerie de France
1962–1981 Professor für Bildhauerei an der Akademie der Bildenden Künste in München
1966 Großer Preis der Biennale Venedig für Plastik zusammen mit seinem Freund Etienne Martin
1967 erhält er die Thorvaldsen-Medaille
1976 Professor i mur og rumkunst an der Königlich-Dänischen Kunstakademie in Kopenhagen
1976 Mitglied der Künstlervereinigung Gronningen, Dänemark
1980 Offizier der Ehrenlegion der Académie Française
1981 Ehrenmitglied der Akademie der Bildenden Künste in München
1983 Kommandeur von Danebroge
1987 Commandeur des arts et des lettres

Lebt und arbeitet in Tågelund bei Egtved
in der Nähe von Kolding in Dänemark

Ausstellungen von Robert Jacobsen

Einzelausstellungen Auswahl

1950 Galerie Denise René, Paris.
1951 Galerie Birch, Kopenhagen.
1952 Galerie Denise René, Paris,
Galerie La Hune, Paris.
1953 Galerie Denise, Paris.
1954 Palais des Beaux-Arts, Bruxelles.
A.P.I.A.W., Liège.
1955 Stedelijk Museum, Amsterdam.
Galerie Dujardin, Roubaix.
Galerie Evrard, Lille.
1957 Galerie de France, Paris.
Musée des Beaux-Arts, Rouen.
Musée des Beaux-Arts, Nantes.
1958 Kunsthalle, Basel.
Galerie de France.
1959 Musée de La Chaux de Fonds.
Galerie de l'Ancien, Montreux.
Louisiana Museum, Humlebaek, Dänemark.
1960 Moderna Museet, Stockholm.
Stedelijk Museum, Amsterdam.
1961 Hall SDS, Malmö, Schweden
Kunstnernes Kunsthandel, Kopenhagen.
Gummesons Konstgalerie, Stockholm.
1962 Kootz Gallery, New York.
1963 Galerie Hybler, Kopenhagen.
Galerie de France, Paris.
Galerie d'Eendt, Amsterdam.
Galeria della Boussola, Turin.
1964 Kunstpavillon, Esbjerg, Dänemark.
1965 Galerie Stangl, München.
Galerie de France, Paris.
Galerie Madoura, Cannes.
1966 Galerie Chalette, New York.
1967 Galerie Birch, Kopenhagen.
Maison de la Culture, Toulouse.
1969 Galerie Haaken, Oslo.
Galerie Birch, Kopenhagen.
Galerie Haaken, Oslo.
Galerie Moderne, Silkeborg.
1970 Kunstpavillon, Esbjerg, Dänemark.
Blagards Seminarium, Gladsaxe.
1972 Nordjyllands Kunstmuseum, Aalborg.
Fyns Stifts Kunstmuseum, Dänemark.
Galerie FIS, Moss, Norwegen.
Galerie Edeling, Kopenhagen.
1975 Retrospektive, Kunsthalle, Kiel.
Didrichsenin Taidemuseo, Helsinki.
1976 Kulturhuset, Stockholm.
Galerie Asbaek, Kopenhagen.
1977 Nationalgalerie, Reykjavik.
1978 *Robert Jacobsens verden,*
Kunstmuseum, Århus.
Haderslev Museum.
1979 Ausstellungen in USA.
Galerie Edeling, Kopenhagen.
1980 Nationalgalerie, Reykjavik.
Nordjyllands Kunstmuseum, Aalborg.
Galerie Edeling, Kopenhagen.
Galerie Asbaek, Kopenhagen.
1981 Galerie Birch, Kopenhagen.
1982 Retrospektive, Sophienholm, Dänemark.
Nordjyllands Kunstmuseum, Aalborg.
Galerie Birch, Kopenhagen.
1983 Galerie Edeling, Stockholm.
1984 Musée d'Art, Toulon.
Musée des Beaux-Arts, Rennes.
Galerie Edeling, Kopenhagen.

1985 Musée Rodin, Paris.
Galerie Denise René, Paris.
Galerie Ostler, München.
1987 *Rosenborg-Suite,* Kopenhagen.
Steinskulpturen 1940–1947 Ny Carlsberg Glyptotek Kopenhagen.
Galerie Edeling, Kopenhagen.
Konstmuseum, Göteborg.
Städt. Kunsthalle, Mannheim, Emden, Marl.
1988 *Thèms chinois,* Fondation Cartier, Jouy-en-Josas.
Cartiera, New York.
Galerie Edeling, Kopenhagen.
Borsen, Charlottenborg.
1989 Galerie Edeling, Kopenhagen.
Galerie Knud Grothe, Charlottenlund.
Galerie *Bel Art,* Stockholm.
1990 Galerie Denise René, Paris.
Galerie Durban, Caracas.
1991 Galerie André Simoens, Knokke.
Art avec verre, Sophieholm, Kopenhagen.
Rétrospective, Abbaye Saint-André, Centre d'Art Contemporain, Meymac.
1992 *Rétrospective,* Musée Matisse, Le Cateau-Cambrésis; Musée de Rodez; Centre d'Art Contemporain, Saint-Priest; Centre d'action Culturel et Musée d'Evreux.
Arbeiten aus 50 Jahren, Museum Würth, Künzelsau.

Gruppenausstellungen Auswahl

1940 Herbstsalon Kopenhagen.
1942–1945 Expose dans le cadre de l'Association des Artistes.
Kunstnernes Efterarsudstilling, Kopenhagen.
1946 Galerie Tokanten, Kopenhagen.
1948 Galerie Denise René, Paris.
1949 Kunstforeningen, Kopenhagen.
Salon de Mai, Paris (1949–1962).
Salon de Jeune Sculpture, Paris.
Linien, Kopenhagen.
1950 Expose avec Vasarély à *Artex,* Helsinki.
Samlaren, Stockholm.
Génie Français, Pavillon Français, Paris.
1951 *Formes et couleurs murales,* Galerie Denise René, Paris.
Klar Form, Kopenhagen, Stockholm, Helsinki, Liège.
1952 Salon de la Jeune Sculpture, Paris.
Salon des Réalités Nouvelles, Paris.
Salon du Génie, Paris.
1953 Salon de la Jeune Sculpture, Paris.
Völkerkundemuseum, Hamburg.
Salon des Réalités Nouvelles, Paris.
1954 Salon des Réalités Nouvelles, Paris.
Eisenplastik, Kunsthalle, Berne.
1955 *Arte Nordica Contemporanea,* Rome.
Evolution, Musée d'art Moderne de la Ville de Paris.
Art Abstrait, Muséo de Arte, Cuba.
Source de l'Art Moderne, Stedeljik Museum, Amsterdam.
Frankreich Galerie, Nürnberg.
1956 Exposition internationale des sculpture contemporaine, Musée Rodin, Paris.
Liljevalchs Konsthalle, Stockholm.
1957 Musée des Beaux-Arts, Rouen.
Architekturmuseum, Berlin.
Musée des Beaux-Arts, Nantes.
1958 Kunsthalle, Basel, Kopenhagen, Odense.
Musée d'Art Wallon, Liège.
Carnegie Institute, Pittsburgh.
1959 *Documenta II,* Kassel
1960 *100 sculptures de Daumier à nos jours,* Musée d'Art, Saint-Etienne.
1963 *Master of Modern Sculpture,* Galerie Seibu, Japan.
1964 *La figure depuis Picasso,* Gent.
Grands et Jeunes d'Aujourd'hui, Musée d'Art Moderne de la Ville de Paris.
Danish abstract Art, Dallas Museum of Fine Art; Carnegie Institute, Pittsburgh; Kunstpavillonen, Esbjerg.
1965 Galerie Hybler, Kopenhagen.
International Scultpure, Guggenheim Foundation, New York.
1966 *27. Biennale,* Venedig.
Louisiana Museum, Humlebaek.
1967 *Exposition de la Biennale,* Bergen; Oslo.
1973 Kunstpavillon, Esbjerg.
1977 Palazzo Reale, Milano (mit Egill Jacobsen, Arnogorgen Hauren Sorensen).
1981 *Paris-Paris,* Musée National d'Art Moderne, Paris.

1985 *Les années 50, L-Art abstrait,*
Abbaye Saint-André.
Centre d'Art Contemporain, Meymac.
1986 *Qu'est-ce-que la Scultpre Moderne?,*
Musée National d'Art Moderne, Paris.
1990 Musée Pouchkin, Moskau.
Seit 1981 vertreten auf der FIAC, Grand Palais Paris und den anderen internationalen Kunstmärkten in Köln, Basel und Tokio.

Skulpturen auf öffentlichen Plätzen

1962 Kunstpavillon Esbjerg.
1972 Luntofte Université, Lyngby, Kopenhagen.
1975 Fabrique Lego, Billund.
1977 Danish Radio und TV in Gladsaxe.
1979 Fontaine, Gladsaxe Commune, Kopenhagen.
1979 Roskilde, Dänemark.
1986 Tientsin, China.
1987 Sieben Tage, Axeltorv, Kopenhagen.
1987–1991 Man of Tørskind (zusammen mit Jean Clarebondt), Vejle
1988 Olympiapark, Séoul.
1990 Schiffswerft Lenø, Odense.
1991 Meymac, Commande Publique.
1991/1992 Skulptureninstallation Würth, Künzelsau.

Werke in öffentlichen Sammlungen

Belgien
Musée d'Ixelles, Brüssel
Musée d'Art Wallon, Liége
Brasilien
Museo de Arte Moderna. Sao Paulo
Dänemark
Nordjyllands Kunstmuseum, Aalborg
Aarhus Kunstmuseum, Aarhus
Ny Carlsberg Fondation, Aarhus
Louisiana Museum, Humlebaek
Ny Carlsberg Glyptotek, Kopenhagen
Fyens Stiftsmuseum, Odense
Kastrup Museum, Kastrup
Statens Museum for Kunst, Kopenhagen
Esbjerg Statsskole, Esbjerg
Deutschland
Kunsthalle zu Kiel, Kiel
Städtische Kunsthalle, Mannheim
Neue Pinakothek, München
Städtische Galerie im Lenbachhaus, München
Von der Heydt Museum, Wupptertal
Museum Würth, Künzelsau
Skulpturenmuseum Glaskasten Museum, Marl
Finnland
Didrichsenin Taidemuseo, Helsinki
Frankreich
Musée d'Art Contemporain, Dünkirchen
Musée de Peinture et de Sculpture, Grenoble
Musée National d'Art moderne, Paris
Musée des Beaux-Arts, Rennes
Musée de la Princerie, Verdun
Fond National d'Art Contemporain
Niederlande
Stedelijk Museum, Amsterdam
Gemeentemuseum, La Haye
Rijksmuseum Kröller-Müller, Otterloo
Stedelijk Museum, Schiedam
Norwegen
Bergens Billedgalleri, Bergen
Sonja Henies og Niels Onstads Stiftelser, Hovikodden
Nationalgalerie, Oslo
Stavanger Museum, Stavanger
Österreich
Museum des 20. Jahrhunderts, Wien
Schweden
Arkiv für Decorativ Kunst, Lund
Moderna Museet, Stockholm
Schweiz
Musée des Beaux-Arts, La Chaux-de-Fonds
Ungarn
Magyar Nemzeti Muzeum, Budapest
USA
Museum of Art, Carnegie Institute, Pittsburgh
Hirshhorn Museum and Sculpture Garden, Washington

Bibliographie

Ole Sarving: *Richard Mortensen og Robert Jacobsen.* Tokanten, Kopenhagen 1946.
Jean Dewasne: *Le Sculpteur.* Editions Galerie Denise René, Paris, 1951.
Pola Gauguin: *Robert Jacobsen.* Galerie Birch, Kopenhagen, 1951.
Léon Dégand: *Robert Jacobsen.* Art d'Aujourd'hui, série 2 n° I, série 3 n° I, série 4 n° I, Paris, 1951.
J. Alvard: *Robert Jacobsen.* Art d'Aujourd'hui, série n° 4, Paris, 1952.
Léon Dégand: *Exposition Jacobsen à Paris.* Art d'Aujourd'hui 26, Paris, 1952.
Karl G. Hulten: *Robert Jacobsen.* Art d'Aujourd'hui, série 4 n° 7, Paris, 1953.
Roger Bordier: *Premier Salon de la Scultpure Abstraite.* Robert Jacobsen. Paris, 1954.
Enquête sur la technique – Robert Jacobsen. Art d'Aujourd'hui, Paris, 1954.
Léon Dégand: *Vorwort zum Katalog.* APIW. Liège 1954.
Karl G. Hulten: *Robert Jacobsen.* XX'siècle, Paris, 1954.
Walter Schwartz: Robert Jacobsen. Verdens Billedkunst efter 1800, Politikers Kunstleksikon bd 2, Kopenhagen, 1955.
Morgens Transberg: *Den er smede overalt.* Kopenhagen, 1955.
Rolf Södenberg: Vorwort zum Katalog n° 219. Liljavalhs Konsthal, Stockholm, 1956.
Walter Schwartz: *Robert Jacobsen, Nyeste Arbejder.* Kunst n° 9, Kopenhagen, 1957.
Ignace Meyerson: *L'espace de Robert Jacobsen.* Vorwort zum Katalog. Stedelijk Museum, Amsterdam, 1957.
Pola Gauguin: *Robert Jacobsen. Unsichtbare Kräfte in der Natur.* Edition Galerie Birch, Kopenhagen, 1957.
Ignace Meyerson: *Robert Jacobsen – Figures. Quand le fer parle.* Edition Galerie de France. Chr. Sørensen, Kopenhagen 1957.
Léon Dégand: *Robert Jacobsen.* Vorwort zum Katalog. *Robert Jacobsen und Serge Poliakoff.* Kunsthalle Basel, 1958.
Léon Dégand: *Jacobsen.* Musée d'Art Wallon, Liège. 1958.
Bertel Engelstoft: *Robert Jacobsen.* Mobilia, Kopenhagen, 1959.
Jean Laude: *Betnagtninger over nogle nylight udfonte tenniner af Robert Jacobsen.* Birch, Kopenhagen, 1959.
Pierre Guğuen: *Jacobsen ou l'âge du fer géométrique.* XX'siècle n° 21, Paris, 1960.
Werner Hofmann: *Sculptura di Robert Jacobsen,* in: Katalog zur Biennale Venedig, 1960.
Eugéne Ionesco: *Les Poupées de Jacobsen.* In XX'siècle, Paris 1960.
Pierre Descargues: Vorwort zum Katalog. Musée de La Chaux-de-Fonds, 1960.
Kristian Romare: *Robert Jacobsen: Bildsvetsaren.* Catalogue SDS-Hallen, Malmö, 1961.
Ernst Mentze: *Robert Jacobsen.* Berlingkse. Kopenhagen, 1962.
Jean Laude: *Paroles Peintes.* Editions O. Lazare-Vernet, Paris, 1962.
Michel Ragon: *Robert Jacobsen.* Gimaise n° 58, Paris, 1962.
Pierre Descargues: *Entretien avec Robert Jacobsen.* Galerie de France, Paris, 1963.
Pierre Volboudt: *Jacobsen ou le nouvel âge du fer.* XX'Siècle 21, Paris, 1963.
Ejner Johansson: *Robert Jacobsen.* Katalog Galerie Hybler, Kopenhagen, 1963.
Ejner Johansson: *Robert Jacobsen nye relieffer.* Nord I, Hasselbalch, Kopenhagen, 1964.
Denys Chevalier: *Robert Jacobsen.* Aujourd'hui n° 45, Paris, 1964.
Jean Grandjean: *Robert Jacobsen nye relieffer.* Konstrevy, Stockholm, 1964.
Jens-Jorgen Thorsen: *Modernisme i dansk kunst, specielt efter 1950.* Thanning og Appel, Kopenhagen, 1965.
Pierre Descargues: *Gedanke von Pierre Descargues über Robert Jacobsen.* Galerie Stangl, München, 1965.
Ignace Meyerson: *The Space in the sculpture of Robert Jacobsen.* Galerie Chayette. New York, 1966.
Michel Ragon: *Robert Jacobsen.* Galerie Chayette, New York, 1966.
Ejner Johansson: *Robert Jacobsen.* Louisiana Museum, Humlebaek; Bergens Kunstforening, Bergen; Kunstnernes Hus, Oslo, 1967.
Knud W. Jensen: *Robert Jacobsen udstillingen i Norden.* Ebda.
Gunnar Jespersen: *De abstrakte.* Berlingske. Kopenhagen, 1967.
G. Marchiori: Jacobsen et Etienne Martin à la Biennale de Venise. XX'Siècle n° 24, Paris, 1967.

Henning O'Strit: *Robert Jacobsen Vaerksteder.* Marins Forlag/Winthers Forlag, Kopenhagen, 1968.
Henning S. Moller: *Oplynsningsforbundenes Kunsttillaeg.* Nr. 43, Kopenhagen, 1971.
Pierre Lübecker: *Jernets Patriark.* Kontakt, oktober 1972. Galleri F 15, Moss, Norwegen, 1972.
Asbjorn Andresen: *Velkommen, Le gros Robert.* Ebda.
Masters of Modern sculpture. Gallery Seibu, Japan, 1973.
Lars Rostrup Boyesen: *Robert Jacobsen om sin kunst.* Nordjyllands Kunstmuseum Bulletin Nr. 3 Alborg, 1973.
Ejner Johansson: *Tegninger i jern.* Ebda.
Interview avec Robert Jacobsen. Cras IX, Kopenhagen, 1975.
Jens Christian Jensen: *Vorwort zum Katalog.* Kunsthalle zu Kiel, Kiel, 1975.
Jens Christian Jensen: *Fragen an Robert Jacobsen.* Ebda.
Gunnar Jespersen: *Der Bildhauer Robert Jacobsen.* Ebda.
Jens Christian Jensen. *Anmerkungen zu Robert Jacobsens plastischem Werk.* Ebda.
Gunnar Jespersen: *Kunstnere omkring os.* GEC Gads Forlag, 1976.
Asger Sessingo: *Robert Jacobsen. Photos.* Kosan Kunstforening, Koge, 1976.
Poul Borum og Yngve Jan Trede: *Roberts Sange.* Galerie Asbaek, Kopenhagen, 1977.
Kristian Jacobsen: *Robert Jacobsen Verden, préface du catalogue.* Århus Kunstmuseum, Arhus og Haderslev Museum, Haderslev, 1978.
Gunnar Jespersen: *Robert Jacobsen. Photographs.* Borgens Forlag, Kopenhagen, 1978.
Gunnar Jespersen: *Robert Jacobsen.* Stenersens Forlag, Oslo, 1978.
Gunnar Jespersen: *Robert Jacobsen.* Borgens Forlag, Kopenhagen, 1979.
Ole H. Villadsen: *Vi besoger en billedhugger.* Robert Jacobsen. GEC Gad, Kopenhagen, 1980.
Walter Schwarz, Eugène Ionesco, Ignace Meyersen, *Robert Jacobsen Dukkerne.* Statens Museum for Kunst, Kopenhagen, 1980.
Lothar Romain: *Gezeugte und adoptierte Söhne. Über Robert Jacobsen.* Hefte der Akademie der Bildenden Künste, München Nr. 1 (1981).
Gunnar Jespersen: *Den Konstruktive Robert Jacobsen.* Sophienholm, Lynby-Tarbaek Kommune, 1982.
Jens Christian Jensen: *Robert Jacobsen, Der Plastiker.* Galerie Ostler, München, 1984.
Jean Clareboudt: *La sculpture dans tous ses états.* Interview, Catalogue de la rétrospective Robert Jacobsen, Musée de Toulon, Musée des Beaux-Arts de Rennes, Musée Rodin, Paris, 198. Cité dans le catalogue *Les années 50. L'Art Abstrait.* Abbaye Saint-André. Centre d'Art Contemporain, Meymac, 1985.
Robert Jacobsen – le créateur d'espace, hrsg. von Hans Møstrup in Zusammenarbeit mit sds Kopenhagen, Odense 1985.
Claude Bouyeure: *Jacobsen, un Viking à Paris.* Galerie Denise René, Paris, 1985.
Jean Clareboudt: *Robert Jacobsen: é-mouvoir l'espace.* Art-Press n° 89, février 1985.
Paul Borum: *Robert Jacobsen, 44 Fabler Centrum.* Jyllands-Posten Forlag, Århus, 1987.
Théme Chinois. Katalog Göteborgs Kunstmuseum, 1987.
Ulrik Gräs: *Robert Jacobsen zum Anlaß* seines *Geburtstags. Ed. Egtved. Egtved, 1987.*
Mogens Bencard: *Robert og Rosenborg.* Rosenborg, Kopenhagen, 1987.
Robert Jacobsen – Raum und Zeichen, Werke des Bildhauers. Mannheim, Emden, Marl, 1987–88.
Rolf Söderberg: *Robert Jacobsen: Créateur d'Espace.* Järnskulturer Fran 80-Talet. Kaleejdoskop Forlag, 1988.
A. Magnelli: *Jacobsen, œuvres graphiques.* Maison de la culture. Le Grand Huit. Rennes, 1988.
Robert Jacobsen, Skulptur. Rippon Boswell Galerie, Wiesbaden, 1990.
Hubert Besacier: *Constructions Spontanées 1984–1985.* Bonstadt, 1990.
Carlos Silva, Jean Dewasne. Eugéne Ionesco, Robert Jacobsen. *Latest Sculptures.* Galerie Durban, Caracas, 1991.
Hans Edward Norregard-Nielsen: *Jacobsen.* Ny Glaskunst i Samerbejde. Ed. Hebsgaard, 1991.
Jean Paul Blanchet. B Ceysson. X. Girard: Robert Jacobsen, *Rétrospective 1948–1989.* Abbaye Saint-André. Centre d'Art Contemporain de Meymac. Centre d'Art Contemporain de Saint-Priest. Musée Matisse. Le-Cateau-Cambresis. Musée de Rodez. Musée d'Evreux, 1991–1992.

Verzeichnis der ausgestellten Werke

Die Ziffern verweisen auf die Seiten

Ami fidèle 52
Eisen, 1949
70 cm hoch
Privatsammlung, Paris

Animal de fable 111
Granit, 1943
75 cm hoch
Privatbesitz Maria Jacobsen, Tågelund

Atomtier 50
Granit, 1945
17 x 65 x 17 cm
Inv. 617
Sammlung Würth, Künzelsau

Bewegung mit unbekanntem Ziel 59
Eisen, 1974
80 cm hoch
Galerie Ostler, München
zur Leihgabe in Städtische Kunsthalle, Mannheim

Brief an Sacharow 71
Eisen, 1982/83
210 cm hoch
Inv. 1280
Sammlung Würth, Künzelsau

Christuspuppe 114
Eisen, blattvergoldet, ca. 1986
80 cm hoch
Inv. 1386
Sammlung Würth, Künzelsau

Collage 106
Eisen und Messing, 1984
107 cm hoch
Inv. 1098
Sammlung Würth, Künzelsau

Die Gewalt 118
Eisen, 1971
37,5 x 37 cm
Inv. 5
Sammlung Würth, Künzeslau

Espaces bouclés 55
Eisen und Holz, 1961
49 x 69 cm
Privatbesitz, Holte

Fabeldyr 51
Granit, 1946
48 x 78 x 20 cm
Privatbesitz, Rinsted

Forme organique et mécanique I 57
Eisen 1966
60 cm hoch
Gladsaxe Kommune, Søborg

Grisbi o. Abb.
Eisen, 1952
47 cm hoch
Privatbesitz, Kopenhagen

Gulliver 46
Eisen, 1989
Inv. 1584
Sammlung Würth, Künzelsau

Hans im Glück 119
Eisen, 1966/67
60 cm hoch
Inv. 738
Sammlung Würth, Künzelsau

Hengist 92
Eisen, 1953
73,5 cm
Musée d'Art Moderne, Liège

Hindou o. Abb.
Eisen, 1952
47 cm hoch
Moderna Museet, Stockholm

Hommage à Degas 105
Eisen, 1987
61 x 40 cm
Stätdtische Galerie im Lenbachhaus, München

Hommage à Fernand Léger 58
Eisen, 1979–80
181 x 137 x 46 cm
Inv. 221
Sammlung Würth, Künzelsau

Hommage à Vasarély 102
Eisen, 1982
225 cm hoch
Inv. 1281
Sammlung Würth, Künzelsau

Husalter 108
Reliefskulptur, um 1984
Eisen, blattvergoldet, 48,5 cm hoch
Privatbesitz, Schwäbisch Hall

Ideomotorisk problem nº 2 96
Eisen, 1952
63 cm hoch
Privatbesitz Nell Jacobsen, Tågelund

KBA 60 84
Eisen, 1954
57 x 40 x 60 cm
Galerie Denise René, Paris

KBA 62 97
Eisen, 1955
30 x 30 x 24 cm
Galerie Denise René, Paris

La nuit des longs nez 69
Holz und Stoff, 1975–76
103 x 95 cm
Privatbesitz Maria Jacobsen, Tågelund

Lille Konkret 104
Stahl und Eisen, 1983
19 x 14 cm
Privatbesitz, Solrød

Nr. 214 90
Eisen, 1952/53
45,5 x 43 x 30 cm
Städtische Kunsthalle, Mannheim

Ohne Titel o. Abb.
Eisen auf Holz,
28 x 54 x 1,1 cm
Privatbesitz, Kopenhagen

Ohne Titel o. Abb.
für das Verwaltungsgebäude
konzipierte Wandplastik
Messing, Bronze, Kupfer und rostfreier Stahl
100 x 100 cm
Inv. 223
Sammlung Würth, Künzelsau

Ohne Titel 76
Zeichnung, um 1947
49 x 52 cm
Privatbesitz, München

Ohne Titel 81
Zeichnung, 1947
49 x 52,5 cm
Inv. 1367
Sammlung Würth, Künzelsau

Ohne Titel 80
Zeichnung, 1949
42 x 34 cm
Inv. 1364
Sammlung Würth, Künzelsau

Ohne Titel 80
Zeichnung, 1949
42 x 34 cm
Inv. 1365
Sammlung Würth, Künzelsau

Ohne Titel 87
Stahl und Eisen, 1949/51
76 x 36 x 25 cm
Privatbesitz Solrød

Ohne Titel 86
Stahl und Eisen, 1950
25 x 34 cm
Privatbesitz, Solrød

Ohne Titel 83
Stahl und Eisen, 1950
17,5 x 17,5 cm
Privatbesitz, Solrød

Ohne Titel 91
Stahl und Eisen, 1954
29 x 27 cm
Privatbesitz, Solrød

Ohne Titel 54
Eisen auf Holz, 1960
64,5 x 77 x 12 cm
Privatbesitz, Kopenhagen

Ohne Titel o. Abb.
Aquarell, um 1970
8 x 8 cm
Privatbesitz, München

Ohne Titel o. Abb.
Aquarell, um 1970
6 x 8 cm
Privatbesitz, München

Ohne Titel o. Abb.
für das Verwaltungsgebäude
konzipierte Wandplastik
Messing, Bronze, Kupfer und rostfreier Stahl, 1975
150 x 100 cm
Inv. 225
Sammlung Würth, Künzelsau

Ohne Titel o. Abb.
für das Verwaltungsgebäude
konzipierte Wandplastik
Messing, Bronze, Kupfer und rostfreier Stahl, 1976
100 x 100 cxm
Inv. 224
Sammlung Würth, Künzelsau

Ohne Titel o. Abb.
Aquarell, nach 1980
11 x 23,5 cm
Inv. 623
Sammlung Würth, Künzelsau

Ohne Titel o. Abb.
Aquarell, nach 1980
15 x 11 cm
Inv. 1362
Sammlung Würth, Künzelsau

Ohne Titel o. Abb.
Aquarell, nach 1980
11 x 15 cm
Inv. 1363
Sammlung Würth, Künzelsau

Ohne Titel o. Abb.
Aquarell, nach 1980
8,5 x 12 cm
Inv. 1373
Sammlung Würth, Künzelsau

Ohne Titel o. Abb.
Aquarell, nach 1980
11 x 15 cm
Inv. 1374
Sammlung Würth, Künzelsau

Ohne Titel o. Abb.
Aquarell, 1987
16 x 22,5 cm
Inv. 1110
Sammlung Würth, Künzelsau

Ohne Titel 74
Eisen, 1991
50 x 30 x 17 cm
Inv. 1692
Sammlung Würth, Künzelsau

Ohne Titel 74
Eisen, 1991
40 x 40 x 20 cm
Inv. 1693
Sammlung Würth, Künzelsau

Ohne Titel 75
Eisen, 1991
40 x 30 x 20 cm
Inv. 1694
Sammlung Würth, Künzelsau

Ohne Titel 75
Eisen, 1991
53 x 16 x 11 cm
Inv. 1695
Sammlung Würth, Künzelsau

P 6 116
Eisen, 1979
30 cm hoch
Privatbesitz des Künstlers

P 7 120
Eisen, ca. 1982
31 cm hoch
Privatbesitz des Künstlers

Passages 94
Eisen, 1955
59,5 x 54,5 x 47 cm
Statens Museum for Kunst, Kopenhagen

Polychrom 10 12
Eisen, 1992
280 cm
Privatbesitz des Künstlers

Polychrome III 100
Eisen, 1971–72
160 cm hoch
Gladsaxe Kommune, Søborg

Polychrome relief 68
Holz, 1976–77
242 cm hoch
Galerie Ostler, München
zur Leihgabe im Skulpturenmuseum Glaskasten, Marl

Portrait d'un innocent 115
Eisen, 1974
90 cm hoch
Tårnby Kommune, Kastrup

Précolumbiansko 117
Stahl und Eisen, 1957/58
28 x 56 cm
Privatbesitz, Solrød

Problème de forme 89
Eisen, 1951
44 cm hoch
Galerie Ostler, München

Relief in painted wood 62
Holz, 1965
65 x 61 x 10 cm
Privatbesitz, Kopenhagen

Relief polychrome 65
Holz, 1965
67 x 70 x 10,5 cm
Privatbesitz, Kopenhagen

Reliefskulptur 72
Eisen, 1992
195 x 224 x 85 cm
Privatbesitz des Künstlers

Rot-Schwarz 67
Relief, 1949
51 x 67 x 17 cm
Privatbesitz Maria Jacobsen, Tågelund

Rummoder o. Abb.
Stahl und Eisen, 1980
37 x 50 x 32 cm
Privatbesitz, Solrød

Sculpture en fer forgé 99
Eisen, 1959
48,5 cm hoch
Louisiana Museum, Humlebaek

Skulptur 49
Marmor, um 1945
63 x 30 x 20 cm
Privatbesitz, Rinsted

Slave Piskeren 112
Stahl und Eisen, 1960
36 x 30 cm
Privatbesitz, Solrød

Theatrical Relief 64
Eisen und Holz, 1960–62
63 cm hoch
Privatbesitz Bobby Jacobsen, Tågelund

Triptique 61
Eisen und Messing, 1975
103 x 67 x 40 cm
Inv. 222
Sammlung Würth, Künzelsau

Vagtparade 60
Eisen, 1976
63,5 x 65 x 45 cm
Inv. 220
Sammlung Würth, Künzelsau

Victoire invisible 66
Eisen, 1957
69 x 38 x 35 cm
Fonds National d'Art Contemporain
Sammlung FNAC, Puteaux

Wiking 113
Stahl und Eisen, 1960
98 x 25 cm
Privatbesitz, Solrød

Die Sammlung Würth hat insgesamt 128 Werke von Robert Jacobsen in ihrem Besitz. Bei den nicht in der Ausstellung gezeigten Arbeiten handelt es sich überwiegend um druckgraphische Arbeiten, die nicht vornehmlich in der Ausstellung berücksichtigt wurden.

Photonachweis

Seite 12, 19, 54, 64, 67, 72, 116, 120:
Atelier Egtved
14, 20/21, 26/27, 29, 31, 32, 35, 36 oben,
39, 80, 81, 114: Philipp Schönborn, München
22, 42, 43, 44: Lun Tuchnowski
17, 34, 65, 62: Bjarnhof og Hviid
36: Hanne Richter
46, 74, 75, 76, 106, 108, 119: Harald Reich
49: Inger Wellejus, Humlebaek
50, 60, 61, 71, 102, 118: Kathleen Mengede,
Mülheim
51: Ole Woldbye
59: *nach* Robert Jacobsen, Le createur d'espace,
herausgegeben von Hans Moestrup in
Zusammenarbeit mit ›sds‹ Kopenhagen,
Odense 1985
84: Denise René
83, 87, 86, 91, 104, 112, 113, 117: Privat
90: Galerie Teufel

Wir danken Centre d'impression in Frankreich
für die Überlassung der Abbildungslithos:
52, 55, 57, 58, 66, 68, 69, 83, 84, 89, 92, 93, 94,
96, 97, 99, 100, 105, 111, 115

Robert Jacobsen

Herausgegeben
vom Museum Würth
durch Lothar Romain
und C. Sylvia Weber

Robert Jacobsen

Biographische Skizzen

Mit Beiträgen von
Pierre Descargues,
Denise René und
C. Sylvia Weber

Jan Thorbecke Verlag
Sigmaringen

Die Deutsche Bibliothek – CIP-Einheitsaufnahme

Robert Jacobsen:
[hrsg. vom Museum Würth durch
Lothar Romain und C. Sylvia Weber]. –
Sigmaringen: Thorbecke
ISBN 3-7995-3620-5
NE: Romain, Lothar [Hrsg.]
Bd. 1. Biographische Skizzen/
mit Beitr. von Pierre Descargues... –
[Übers. aus dem Franz. von Wolfgang Dieter]. – 1992
NE: Descargues, Pierre

Übersetzung aus dem
Französischen von Wolfgang Dieter
Typographie und Gestaltung:
Peter Langemann

Gesamtherstellung:
Jan Thorbecke Verlag GmbH & Co.,
Sigmaringen

Printed in Germany
ISBN 3-7995-3620-5

Inhalt

Vorwort

Zwanzig Jahre nahe Bekanntschaft verbindet die beiden, den Unternehmer und Museumsinitiator Reinhold Würth und den dänischen Künstler Robert Jacobsen. Kennengelernt haben sie sich in den 70er Jahren durch ihren gemeinsamen Freund Paul Swiridoff, den Photographen aus Schwäbisch Hall. Er kannte Sepp Ruf, den Münchner Architekten, der wiederum zu dieser Zeit den zweiten Bauabschnitt des Verwaltungsgebäudes für die Firma Würth in Künzelsau Gaisbach leitete und den privaten Wohnsitz der Familie Würth, Schloß Hermersberg im Hohenlohischen gelegen, mitgestaltete.
Aus dieser fast zufälligen Begegnung von Reinhold Würth und Robert Jacobsen wuchs eine Freundschaft und hieraus entstand die Initiative, anläßlich Roberts 80. Geburtstag eine Ausstellung im seit Weihnachten 1991 eröffneten Museum Würth zu präsentieren. Neben der Ausstellung in seinem Jubiläumsjahr im Museum Würth, kann von jetzt an die größte Skulptureninstallation Roberts auf dem rund 6000 m^2 großen Vorplatz des ebenfalls 1991 fertiggestellten dritten Verwaltungsbauabschnittes begangen werden. Roberts Wunsch war es, die mit Pierre Descargues über lange Jahre hinweg geführten Gespräche in Tågelund, Kopenhagen, Suresnes, Montfermeil, Schloß Courtry und Meymac zu veröffentlichen, was mit diesen Momentaufnahmen seines Lebens zusammengefaßt, erfolgt.
»Ich habe einfach nur versucht, ein Mann des 20. Jahrhunderts zu sein.« Dieses Zitat schmückt den Vortitel des französischen Kataloges ›Retrospective‹ anläßlich einer 1991 begonnenen Wanderausstellung für Robert Jacobsen durch Frankeich. »Lieber würde ich allerdings noch ein Mann des 21. Jahrhunderts bleiben, muß man mal sehen«, ergänzte er, als er es las. Kaum ein Herausgeber eines Kataloges kann der Provokation, ihn wörtlich zu zitieren, widerstehen. Niemanden wundert dies, der ihn und seine einmalige persönliche Befähigung in den drei Sprachen dänisch, französisch und deutsch – im übrigen meistens gleichzeitig – zu sprechen, kennt. Ein Mann des 20. Jahrhunderts ist er wohl, einer der wichtigsten Künstler, der bekannteste dänische Bildhauer »und der Populärste in Dänemark« wie Steen Bjarnhof, sein Freund und Sammler aus Kopenhagen sagt.
Ein Schwerpunkt in dieser Publikation liegt auf Roberts Zeit in Frankreich, was wohl im wesentlichen mit der Auswahl der vom Autor außer Robert befragten Personen zu tun hat. In ziemlich chronologischer Abfolge wird über die einzelnen Stationen seines Lebens

Robert Jacobsen

berichtet, den Wandel in seiner Kunst, seine Erinnerung an die Zeit mit den Studenten. Es ist zu Beginn nicht ganz einfach, sich mit all den ihm Vertrauten gleichermaßen bekannt zu werden, jedoch bereiten die weiteren Anekdoten seines Lebens beim Lesen oft Vergnügen. Die vielen verschiedenen Facetten seines Lebens schildert er phantasievoll in bunten Farben, sein Leben stellt sich genauso reich und vielfältig dar, wie die von ihm geschaffenen zahlreichen Skulpturen, die Puppen, Figuren, von denen er nicht selten als Personen spricht.

An dieser Stelle sei allen gedankt, die zur Publikation der biographischen Aufzeichnungen beigetragen haben, insbesonders Denise René, die sich sehr kurzfristig zu einem Text für den Freund Robert bereit erklärt hat, sowie dem Übersetzer der französischen Originaltexte und Lun Tuchnowski, der manche Sprachbesonderheit Jacobsens zu deuten wußte.

C. Sylvia Weber

Robert der Bildhauer

von Pierre Descargues

Gespräche mit Robert Jacobsen
in Dänemark und Frankreich
von 1947 bis 1991.

Aussagen nach Berichten
von Nell Bernard, Steen Bjarnhof,
Jean Clareboudt, Jean Dewasne,
Jean Esther, Hélène Jakobsen,
Lykke Jacobsen, Maria Jacobsen,
Bernard Léauté, Denise René
und Jan Sivertsen

**Für Catherine Val,
Bildhauerin, der Robert
seine Werkbank überlassen hat,
bevor er Frankreich verließ.**

Roberts Stationen von 1912–1958 in Kopenhagen.
Ab 1947 in Suresnes in Frankreich.
Der Umzug 1958 nach Montfermeil.

Feuerwehrmann, Schornsteinfeger und Trödler waren die Berufe, die in seiner Familie ausgeübt wurden; Berufe, die am Abend reichlich Gesprächsstoff ins Haus brachten. Der Großvater, der in der Marine der Vereinigten Staaten war, war nach Dänemark zurückgekommen. *Mein Großvater war mit den Händen unglaublich geschickt. Er arbeitete mit Holz. Er baute Modellyachten für die Direktoren. Mein anderer Großvater erzählte mir von der Segelschiffahrt. Er hatte dreimal das Kap der Guten Hoffnung umsegelt und erzählte mir, wie hart das war. Nachdem er Feuerwehrmann geworden war, gründete er einen Boxclub. Da war auch noch die Großmutter Nilsine Petrine, die wir Basse (die Kolossale) nannten und deren Ehemann immer auf hoher See war. Sie lebte bei meinen Eltern, und hat mich großgezogen. Ich war ein Einzelkind und nicht immer brav. Es gab nach der Schule Prügeleien. Ich wußte mich zu behaupten. Meine Mutter grämte sich, aber Basse sagte immer: das ist ein ordentlicher Junge. Und mein Großvater meinte, ich sei ein echter Wikinger. Als ich sechs Jahre alt war, nahm mich Basse einmal im Monat in die Glyptothek mit.* Dort gab es die Skulpturen des 19. Jahrhunderts zu sehen, die Bronzeskulpturen von Jules Dalou, Meunier, Carpeaux, die antiken Skulpturen, die Niobiden, die Büsten der großen Griechen. *Sie nahm mich auch ins Nationalmuseum mit, dorthin wo die Afrikaner und die Wikinger waren, der silberne Becher, der Bronzewagen, die Kriegshörner und die Runenschriften. Ich werde immer gerne daran zurückdenken. Basse war eine Bäuerin. Sie gab mir die Ratschläge, die Bauern ihren Kindern geben. Sie hatte einen schwedischen Matrosen geheiratet, der Schweden verabscheute. Er war immer auf See* (es ist der, der dreimal das wohlbekannte Kap umrundet hatte).
Meine Mutter Ingrid Bénédicte, die Grace genannt wurde, hatte eine Zeitlang in Brüssel gelebt und dort während der Weltausstellung eineinhalb Jahre für eine dänische Firma gearbeitet. Als sie zurückkam, sprach sie kaum noch dänisch. Sie hat Robert Arent, den Schornsteinfeger, geheiratet. Sie haben im April 1912 geheiratet und ich kam im Juni auf die Welt. Meine Großmutter fand diese Frist etwas kurz. Sie hat mit meinem Vater nie darüber gesprochen, aber sie hat es nie vergessen. Dies ist seine Familie. Welche Zukunft erträumt sie sich für diesen Jungen?
Robert hat geschickte Hände, wie sein Großvater, der mit dem Messer Modellschiffe schnitzt. Soll er später Möbeltischler werden? Ein Lehrer schlug ihm vor, hier und da in

den Werkstätten zu helfen. Dann arbeitete er bei einem Geigenbauer, der Gitarren anfertigte. *Dieser Mann hat mir Vorstellungen von Formen gegeben, und vielleicht hätte ich es in diesem Beruf zu etwas gebracht. Aber wenn ich etwas mache, möchte ich einer der Besten sein. Und wenn ich merke, daß ich es nicht werden kann, interessiert es mich nicht mehr. So war es auch mit der Musik. Ich habe Banjo gespielt. Ich habe es wieder aufgegeben. Ich habe mich umgeschaut. In der belgischen Armee im Kongo gab es Dänen, und eines Tages kam ein Soldat mit afrikanischen Skulpturen zurück. Ich hätte gerne eine gekauft. 10 Francs, 20 Francs? Spottbillig. Aber ich hatte nicht einen Sou. Ein Freund von mir hat sie erstanden. Ich war gekränkt. Aber er hat sie mir zu meinem 60. Geburtstag geschenkt. Ich habe sie immer noch. Diese afrikanischen Skulpturen haben mir sofort gefallen.* Als er im Alter von 13 Jahren die Schule verließ, mußte er sich entscheiden. Möbeltischler? Das war nicht das Richtige für ihn. Also steckte man ihn in eine Lehre. Er sollte Metzger werden. Heute erinnert er sich daran, wie er sich geweigert hatte, länger in die Schule zu gehen und sieht dies von zwei Seiten.

Einerseits war es einfach so, und er ist später im Leben ziemlich gut zurechtgekommen. Also war sein Entschluß, möglichst früh ins aktive Leben einzutreten, nicht falsch. Andererseits ist er gegenüber den anderen ins Hintertreffen geraten. *Ich kann keinen Brief schreiben,* meint er und fügt schmunzelnd hinzu: *aber ich bin Professor geworden.* Er ist auch überzeugt, daß er nie an die Akademie gekommen wäre, wenn er den normalen Studiengang gewählt hätte, und wer weiß, wie es dann weitergegangen wäre? Wenn er von der Zeit spricht, als er 14 Jahre alt war, denkt er an seinen Vater. *Weißt Du, mein Vater war ziemlich unglücklich. Seine Kaminfegerkollegen fragten ihn: Nun, was macht Dein Sohn? Und mein Vater wußte nicht, was er antworten sollte. Denn ich habe alles mögliche gemacht, ich war Laufbursche, ich arbeitete im Hafen und habe bei Erdarbeiten geholfen. Schön, ich war das schwarze Schaf. Und dann gab es noch die Schlägereien in den Straßen, wo mir der Boxunterricht meines Großvaters zugute kam. Es bereitete meiner Mutter Kummer und machte meinen Vater unglücklich, daß ich keinen ehrbaren Beruf hatte. Heute erzählt man sich in Kopenhagen, daß meine Familie gehofft hatte, ich würde Postbeamter werden und daß ich das nicht geschafft hätte. Es stimmt, ich habe es nicht geschafft.*

Ich habe tatsächlich nie einen Beruf gehabt. Mein einziger Beruf ist, im Leben zurechtzukommen. Das ist schwierig. Man muß alles können und ich habe alles gelernt. Ich bin heute nicht stolz darauf, ein kleiner Strolch gewesen zu sein. Aber es half mir, in einem Box-Club groß geworden zu sein. Verschmitzt fügt er hinzu: *Und ich hatte flinke Beine: zum Weihnachtsessen gab es bei uns immer eine Gans.*

Robert glaubt, daß seine Schulverweigerung ihn letztendlich nicht behindert hat. Trotzdem muß man festhalten, daß die Künstler seiner Generation (Jorn, Bille, Pedersen) ihr eigenes Werk vor ihm begonnen haben, weil sie in der für sie günstigen Umgebung lebten. Auch waren Maler wie Bille und Mortensen reif genug, um nach 1934 zum Lernen nach Berlin zu gehen und Egill Jacobsen nach Paris. Sie haben Zeitschriften gegründet, theoretische und polemische Texte veröffentlicht. Aber Robert konnte das Wagnis des Schreibens nicht eingehen.

Auf anderen Gebieten hatte er allerdings Vorsprung: er war stark im Badmintonspiel und geschickt mit dem Banjo. Er war mit seinen Händen außerordentlich begabt, wurde sogar Croupier an einem Spieltisch, dann gleich darauf Schauspieler. Er spielte Rollen in experimentellen Filmen.Eines Tages begegnete er dem Sohn eines seiner zeitweiligen Arbeitgebern. Dieser war Geiger. *Er hieß Rasmussen und spielte Geige wie Stéphane Grapelli. Er war ein großer Künstler und ich liebte den Jazz. Eines Tages schickte sein Vater mich quer durch die Stadt, und im alten Kopenhagen betrat ich einen Laden, in dem sich einige junge Leute trafen, Schauspieler, Sänger und Dichter und um sie herum Gemälde und Skulpturen. Sie waren älter als ich. Ich war 17 oder 18 Jahre alt. Ich habe ihnen erzählt, daß ich Waffen sammle. Ich machte das seit meinem 10. Lebensjahr. Ein junger Schauspieler namens Christiansen sagte zu mir: Sie sind ja verrückt, Waffen, das bringt's doch nicht. Interessieren Sie sich für die Kunst. Ich habe daraufhin alles, was sie machten, minutiös verfolgt. Ich war fasziniert. Anfangs habe ich von dem, was in dieser Umgebung gesprochen wurde, kein Wort verstanden. Ich habe also begonnen, eine neue Sprache zu erlernen.* Er kaufte Reproduktionen von Picasso, Gabo, Pevsner, Arp, Giacometti und hefetete sie in sein Zimmer. Wer sucht, findet Kunst überall. Robert erinnerte sich an seinen Großvater: mit Holz und einem Messer kann man ein Boot schnitzen, kann man alles schnitzen. *Ich habe von 1928-29 Holz geschnitzt und geglaubt, es sei Kunst.*

Seit 1929 traf er regelmäßig Max Müller, einen Maler, der seinen Lebensunterhalt mit Gravuren verdiente. *Mit ihm zusammen habe ich Asger Jorn und Egill Jacobsen entdeckt. Wir arbeiteten zusammen. Wir verbesserten einander. Eines Tages habe ich in einem Interview von Max als einem Schriftenschneider gesprochen. Oh Gott! Er war doch Maler! Das hat ihm weh getan. Er ist böse geworden. Das war umso bedauerlicher, da wir gerade seinen 60. oder 70. Geburtstag feiern wollten. – Ich erinnere mich an ihn als einen wunderbaren, immer fröhlichen Freund.*

Dann wurde in Kopenhagen im Jahre 1932 eine Ausstellung über die Blauen Reiter von München eröffnet. Er sah Klee, Kandinsky, Marc, Macke. Er war 20 Jahre alt, als er einem jungen Bildhauer namens Hiller begegnete. Dieser erzählte ihm, daß sein Vater in Verdun gewesen war. Als August Macke getötet wurde, wußten dies alle auf beiden Seiten der Front, und alle begriffen es als großes Unglück. Robert meinte: *Der Vater von Bernard Léauté, sein Assistent, war auch in Verdun, aber auf der anderen Seite. Der Tod von Macke war ein großes Ereignis. Aber kann die Kunst das malen? Nein. Man kann nicht Naturalist sein. Als ich zum Unterrichten nach München ging, sagte man mir, daß ich in der Werkstatt von Hiller arbeiten würde. Ich übernahm seine Professur.*

Im folgenden Jahr entdeckte er auf einer anderen Ausstellung in Kopenhagen Hans Arp, Joan Miró, Piet Mondrian und Théo van Doesburg. Er fand alles wunderbar; dies war nun seine Welt. Im Gegensatz zu manch anderen empfand er nichts als skandalös. Der junge Mann von 21 Jahren kam wie selbstverständlich mit der Kunst der 40jährigen Künstler in Berührung. Die abstrakte Kunst und der Surrealismus kamen nicht über das Museum, dessen Direktor Picasso nicht mochte, nach Kopenhagen, sondern über inoffizielle Ausstellungen. Auf diesem Weg etablieren sich Kulturen; man hätte in den dreißiger Jahren einem Studenten der Akademie für bildende Künste keine Kunstwerke der afrikanischen, modernen oder Wikinger Kunst nahegebracht. Man hätte ihn die Werke der Renaissance,

vielleicht des Realismus oder des Impressionismus studieren lassen, aber vermutlich nichts von dem, wofür sich der Sohn des Kaminfegers und der Trödlerin interessiert hatte, der mit beiden Füßen voraus in das hineingesprungen war, was ihn eigentlich nichts anging. Robert hatte aus eigenem Antrieb das ausgewählt, was die offiziellen Stellen aus dem Bereich der bildenden Künste heraushielten: afrikanische und Wikingerkunstgegenstände fand man nur in der Ethnologie-Abteilung und die moderne Malerei und Bildhauerei sollte erst viel später die Mauern der Akademie passieren. Wenn Robert heute daran zurückdenkt, findet er es eher sinnvoll, die Schule früh verlassen zu haben.
In Dänemark organisierten sich die Künstler. Zusammen mit dem Künstler und Schriftsteller Wilhelm Bjerke-Petersen leiteten Richard Mortensen und Ejler Bille die Zeitschrift »Linien«, die einmal im Monat erschien und Reproduktionen von Werken von Klee, Kandinsky, Miro, Arp, Giacometti, Braque, Picasso und Léger in Umlauf brachte. Die Gruppe hatte sich als »abstrakt – surrealistisch« einen Namen gemacht und stellte nach 1934 Henry Heerup aus, der mehrere Skulpturen, die aus Abfällen gefertigt waren, präsentierte. Die Bewegung »Cobra« war noch nicht geboren, aber Heerup wurde zusammen mit Egill Jacobsen ihr Begründer. 1938 stellte er ein Bild vor. Er meinte dazu: *Das ist es, was Du in Deinem Bewußtsein hast, wenn Du Deine Energie derart verdichtet hast. So etwas hatte man noch nie gesehen!* So hatte Kopenhagen schon lange vor »Cobra« eine überschäumende Kreativität. Das seltsame Paar »Abstraktion« und »Surrealismus« hatte Bestand. Im Jahre 1937 organisierte »Linien« eine Ausstellung, deren Katalog einen Artikel von Kandinsky und den Text »Evidence poétique« von Paul Eluard enthielt. Natürlich hielt diese Verbindung nicht sehr lange, aber die folgende Trennung hinderte die beiden Tendenzen nicht, sich gleichberechtigt gegenüberzustehen. Dies war das Milieu, in dem sich Robert entwickelte. Dann kam der Krieg. Dänemark wurde am 9. April 1940 besetzt und der Künstler steckte nun in der Uniform.
Ein Künstler bleibt Junggeselle. Dies galt nicht für Robert. Er war bereits Familienvater. Mit Alma hatte er im Alter von 21 Jahren seine erste Tochter und mit 23 Jahren seine zweite, Hanne und Nell. Robert hat mir von Alma nichts erzählt. Ich habe Nell gefragt. *Mein Vater arbeitete im Tivoli, dem Vergnügungspark von Kopenhagen. Dort hat er meine Mutter Alma kennengelernt. Sie waren beide zu jung und unreif. Eine meiner Kindheitserinnerungen ist, daß er uns jeden Tag wunderbare Dinge mitbrachte. Er versteckte sie unter unseren Kopfkissen und wir entdeckten sie am Morgen beim Erwachen. Unsere Eltern haben sich getrennt.* Dann heiratete er Agathe, die Dot gerufen wurde. Im Jahre 1940, als er 28 Jahre alt war, bekam er seine dritte Tochter Mette. Das zum Leben nötige Geld? Es war nun mal wie es war. Man schaut, daß man über die Runden kommt. Er machte seit fünf Jahren Skulpturen. Seit der Zeit, als er mit den Künstlern zusammen gewesen war, die er in dem Laden im alten Kopenhagen getroffen hatte, wagte er sich an den Gedanken, daß seine Holzschnitzarbeiten vielleicht Kunst seien. Gegen 1937 wandte er sich dem Metall zu. Er nahm das Unterteil eines Fahrradsattels mit seinen Federn, stellte es aufrecht und hatte ein Wesen, das auf zwei Pfoten gestützt beide Arme öffnete und einen doppelten Schnabel zum Boden senkte. Zur gleichen Zeit fügte er ein Tischbein aus gedrechseltem Holz, den Belag eines Bügeleisens, ein Zahnrad und den Schalltrichter eines Grammophons zusammen. Mit all

dem, was seine Mutter in ihrem Trödelladen nicht verkaufen konnte, schuf er Werke, die als Vorgänger seiner Puppen der fünfziger Jahre angesehen werden können. Und die Menschen, die ihn umgaben, erkannten dies als Kunst an. Aus einem Holzpfosten oder einer Eisenbahnschwelle schuf er auch eine Art Holztotem und fügte etwas rote und schwarze Farbe hinzu. Er befand sich auf dem Grat zwischen abstrakter Kunst und Surrealismus. Das Totem bestand aus drei abstrakten übereinandergesetzten Formen, die farbigen Zeichen – ein Punkt, ein Farbtupfer – wie eine Maske. Es ist wie das Zitat eines afrikanischen Kunstwerkes und alles war schnell geschaffen, als ob diese Linien und Zeichen allen bekannte Merkzeichen wären und deren Anbringen alleine bereits Sinn machte. Magische Kunst? Wohl nur ein Versuch, denn er kannte die Verfahrensweisen hierfür nicht. Er liebte nur ihr Mysterium und ihre Mystik.
Dann stellte Robert fest, daß er mit dieser Minimalbildhauerei einen Teil seiner selbst, nämlich die manuelle Geschicklichkeit, vernachlässigte. Also nahm er sich in der Zeit, als er den Steinmetzen auf den Friedhöfen half, einen Marmorblock und begann ihn zu bearbeiten. In seinen Augen verlangte die Feinheit der Körnung nach vollkommenen, geschliffenen, glatten Formen. Er war 27 Jahre alt. Er arbeitete sich in den Block hinein bis zu dem Punkt, an dem er begann auseinanderzubrechen. Unter seinem Steinmeißel entstanden Figuren ähnlich archaischen Göttinnen. Er arbeitete nach und nach Struktur heraus, die dem menschlichen Körper glich.
Zweifellos hatte er Skulpturen von Jean Arp gesehen, aber er hatte nicht deren Geschmeidigkeit übernommen. Sein Marmor war muskulös und kräftig und erinnerte ein wenig an die Holzblöcke, auf denen die Gondoliere in Venedig ihr einziges Ruder aufstützen. So hatte Robert Jacobsen schon seine Richtung gefunden: das Metall, das lebendig wird, die Größe, die Farbigkeit und die vollendete Form: seine Wege der Metamorphosen lagen vor ihm.
Aber es kam der Krieg und die Besetzung seines Landes durch die deutsche Armee. Die Bedingungen für Leben und Tod hatten sich verändert. Die Nahrungsmittel waren rationiert. Die Deutschen waren verärgert darüber, daß die Dänen den Amerikanern die Einrichtung von Militärbasen gestattet hatten und stellten immer neue Forderungen. 1943 kam es zum offiziellen Bruch zwischen der dänischen Regierung und den Besatzern. Der König wurde in seinem Schloß »Sorgenfri« als Gefangener betrachtet. Daraufhin nahmen die Streiks und Sabotageakte im ganzen Land zu.
Robert behaute den Stein. Glaubte er, daß die Steine, die er bearbeitete, sich mit dem Geist verbanden, den die Nazis verfolgten und zerstörten? Vielleicht nicht. Aber er hätte keine anderen Skulpturen schaffen können. Er schuf Fabeltiere aus Granit, Kalkstein oder Holz, die mit ozeanischen Skulpturen ebenso verwandt waren wie mit der Wikinger- und romanischen Tradition: klare, einfache Formen: Mäuler, Schnäbel, hervorstechende Augen, die aus Formen hervorragen, in denen man etwas von Jean Arp findet. Jean Arp, eine Wahl- und keine Zufallsverwandtschaft, denn stand dieser nicht auch der abstrakten Kunst und dem Surrealismus offen gegenüber? Arp verwirklichte die für unmöglich gehaltene Verbindung, auf der sich die jungen Dänen begründeten.
Die Bildhauerei machte Front gegen die Deutschen. Es gab Aktionen und Sabotagen, an

denen auch Robert zusammen mit seiner Frau teilnahm. *Dot war immer mit dabei, ohne Angst zu zeigen.*

An diesem Tag erzählte Robert nichts mehr. Er hat sich mir gegenüber nie über seine Widerstandsaktionen ausgelassen. Ich habe die zweite Tochter von Robert und Dot um weitere Einzelheiten gebeten. Nell erzählt: *Dot stand ohne Wenn und Aber hinter Robert. Sie machte alles, worum er sie bat; sie tat dies bis an ihr Lebensende. Während des Krieges beförderte sie Bomben im Landauer meiner Schwester Mette. Sie kümmerte sich um den Nachschub an Sprengstoff.*

Robert verweilt einen Augenblick bei den Frauen in seinem Leben. *Ja, da gab es mehrere Ehen, die sich ganz natürlich ergaben. Man lebt zusammen und plötzlich ändern sich die Gefühle. Man muß etwas anderes versuchen. Es handelt sich dabei nicht um simplen Verrat. Man weiß auch nicht, warum der Lachs zur Paarung dorthin zurückkehrt, wo er geboren ist. Er muß dies einfach tun. Der Künstler gehorcht einer ähnlichen Macht. Im Grunde habe ich mich nur mit meiner Bildhauerei verheiratet gefühlt. Dies ist meine einzige echte Verbindung. Man widmet sich ganz seinem Werk. Wenn man dies nicht tut, ist man kein wirklicher Künstler. Es ist einfach notwendig, sein Leben von Zeit zu Zeit zu verändern. Oft entspricht diese Veränderung im Leben einer Weiterentwicklung in der Bildhauerei. In der Biographie von Picasso ist dies sehr schön aufgezeigt: die Perioden seiner Malerei können oft den Namen der Frauen tragen, die sein Leben mit ihm teilten.*

Auf den Straßen hungerte der Feind die Menschen aus, verletzte und tötete sie. Nicht verhindert hat er jedoch, daß es in Dänemark während des Krieges ein sehr aktives kulturelles Leben gab. Die Salons vereinigten sich und trennten sich und spiegelten so die fließende Entwicklung der unterschiedlichen Strömungen wider. Im Salon Host (die Ernte) fanden sich versammelt: Egill Jacobsen, Carl Henning Pedersen, Asger Jorn, Robert Jacobsen und Richard Mortensen. Die Verbindung zwischen Surrealismus und abstrakter Kunst dauerte in diesem Salon fort und es genügte diese kleine Gruppe von Freunden, um eine Bewegung entstehen zu lassen, die die Rückkehr zur Kindheit und zur primitiven Wildheit propagieren sollte, als Lösung für die künstlerische Entwicklung in einem Europa, das dabei war, den großen Konflikt zu beenden: es war die Bewegung »Cobra«. In Paris arbeitete Jean Dubuffet in derselben Richtung, die ihn dazu bringen sollte, eine sich selbst beinahe erstickende Kultur aufzukündigen.

1942 hatten die beiden Filmleute Albert Mertz und Jorgen Roos im Salon d'Automne in Den Frie ihren ersten Experimentalfilm »La Fuite« mit Robert Jacobsen in der Hauptrolle vorgestellt. 1944 drehten Mertz und Roos einen längeren Film »L'Histoire d'un Homme«, wieder mit Robert als Hauptdarsteller. Robert spielte ausgerechnet einen bürgerlichen Kapitalisten, der elendiglich unter den Rädern einer Dampflokomotive sein Ende fand. Es waren experimentelle Stummfilme in Schwarz-Weiß. Mit ihren Werken haben Mertz und Roos den dänischen Film auf Avantgarde-Festspielen vertreten, und Robert gehörte ganz natürlich dazu. Seine Entscheidung war richtig, mit den jungen Leuten zusammenzubleiben, die er in jenem Laden getroffen hatte. Auf Anhieb hatte der, dem es nie gelingen sollte, Postbeamter zu werden, Eingang gefunden in das Milieu der Avantgarde. Der Autodidakt war der Akademie für bildende Künste entronnen.

Im Jahr 1944 hatte er seine erste eigene Ausstellung in der Galerie Thonkild Hanson in Kopenhagen. Er stellte mit der Malerin Greta Thonkild Hanson zusammen aus. Es folgte eine weitere Ausstellung im Jahr 1946 in der Galerie Tokanten, diesmal zusammen mit dem Maler Richard Mortensen. Mortensen präsentierte Zeichnungen, Jacobsen Skulpturen. Die Ausstellung dauerte zehn Tage, vom 25. Oktober bis zum 5. November.
Robert hatte ein »kulturelles Defizit« gegenüber Mortensen. Er hatte weder die Kenntnisse noch die Verbindungen seines Freundes Richard. In Paris empfanden beide die Notwendigkeit einer rigorosen Zielsetzung.
Vor seiner Abreise hatte sich Robert noch einmal dem Film zugewandt. Mertz und Roos hatten Reststücke früherer wiedergefundener Filme bearbeitet und Robert in eine Sequenz über die Welt der Spielzeuge eingearbeitet: er spielte den König Tingeling. Er trug einen mächtigen Bart aus Watte und eine Krone aus wertlosem Zeug und war so außerordentlich photogen und wirkungsvoll, daß man ihm auch eine Karriere als Filmstar zugetraut hätte. Sein Freund Steen Bjarnhof bestätigt: *Robert verfügt über alle Talente, er hätte auch das machen können.*
Er wurde zum ersten Salon einer jungen Gruppe, die sich »Linien II« nannte, eingeladen und vertraute dieser zwei Skulpturen an, eine aus Granit, die andere aus Holz, für deren erste Ausstellung in Tokanten im September 1947, kam dann aber nicht zur Vernissage. Er war mit Mortensen im Juni nach einem Pariser Vorort mit dem in Dänisch unaussprechlichen Namen »Suresnes« abgereist.
Weißt Du, meint Robert, *die Franzosen sprechen Französisch. Wenn man also bei ihnen leben will, muß man sich die Mühe machen und Französich sprechen. Das ist ganz einfach.*
Roberts Leben war lange Zeit ein Leben in den Bistros. Seine Jugend faßt er kurz zusammen: *Skulpturen anfertigen, sich besaufen, sich rumprügeln und ab und zu heiraten.* Dies sind Infinitive, die natürlich nicht alles sagen. Von Bier zum Rot- und Weißwein führte der Weg im Zug vom Bahnhof in Kopenhagen zum Gare du Nord in Paris, bis zu einem ehemaligen Stall in Suresnes. An der Mauer in der Rue de la Tuilerie hing ein Holzschild, auf dem in schönen Buchstaben gemalt stand: »Das Haus der dänischen Künstler«. Es war ein entscheidender Weg, bei dem Robert ein K in seinem Namen verlor. Aus Jakobsen wurde Jacobsen.
Vielleicht wurde er in Suresnes, in Montfermeil, in Courtry und in Meymac (Corrèze) als Ausländer akzeptiert, weil er als Zeichen seines guten Willens Französich sprach. Die Theke hilft oft dabei, das zu erreichen, was man heute Integration nennt.
Am Anfang war es in Suresnes nicht einfach. Robert erinnert sich, wie im Café eine Frau sagte: *Wir wollen hier keine »Boches«. Sie hielt uns für Deutsche und ihr Mann war bei der Deportation nach Deutschland zu Tode gekommen. Wir haben gesagt: Wir sind keine Deutschen, wir sind Dänen. Die Frau hat erwidert: Das ist dasselbe. Der Krieg war über die Befreiungsfeiern hinaus immer noch präsent. Das Land konnte die Zahl seiner Vermißten nicht benennen. Die Frau hat ihren Irrtum dann eingesehen und sich entschuldigt. Das Leben war schwierg, kaum Heizung, kaum Nahrung. Wir sind zum Rathaus gegangen, um wie die Franzosen Versorgungsmarken zum Kauf von Kohle und Nahrungsmitteln zu bekommen. Der Mann am Schalter hat uns mitgeteilt, daß für Ausländer nichts vorgesehen sei. Ich habe ihm*

gesagt, daß wir Dänen sind und seine Miene hat sich aufgehellt: »Dänen! Mein Kind hat in Dänemark gelebt, es wurde dort gepflegt und geheilt!« Auf einmal ging alles klar, und wir bekamen unsere Marken. Man muß die Dinge und die Menschen kennen, schloß Robert. *In der Kunst ist es dasselbe.*
Das Haus der dänischen Künstler war vor dem Krieg gegründet worden. Ein dänischer Maler hatte dort die Zeit der Feindseligkeiten verbracht. Das Haus wurde von einem Komitee geleitet, dem der Maler Lundstrom, der Keramiker Axel Salto, der Arzt Erik Olsen und der Lithograph Sørensen angehörten. *Und dann kamen zwei jämmerliche Gestalten an, Richard Mortensen und ich. Der Besitzer hoffte natürlich, daß wir bald wieder abziehen, denn nach dem Krieg waren die Wohnmöglichkeiten rar. Wir zahlten eine lächerliche Miete, vielleicht 300 Francs im Jahr. Also schikanierte er uns, wo immer er konnte. Meine Reaktion war, daß ich vielfarbige Lichter hinter den Fenstern anzündete und in Dänisch Beschwörungssprüche heulte. Seine Frau glaubte, wir wären nordische Hexenmeister und hatte plötzlich Zahnschmerzen. Sie erteilte uns den Befehl, sie nicht länger zu verhexen. Zufälligerweise hatte sie am Tag darauf keine Zahnschmerzen mehr. Unser Ansehen war rehabilitiert.*
Der Besitzer hatte auch im Rathaus nachgefragt, ob er uns hinauswerfen könnte. Die Sachlage war nicht eindeutig, da sich die dänische Regierung eingemischt hatte. Und wir bekamen Unterstützung. Die Gendarmen auf dem Fahrrad, die wir wegen ihres großen Umhangs Schwalben nannten, kamen uns besuchen. Wir haben ihnen Schnaps und dänischen Käse angeboten, was ihnen gefiel. Sie sagten: Däne, geh nicht nach Paris, das ist gefährlich, man wird dich nach deinen Papieren fragen. Und die waren bei mir nicht ganz in Ordnung. Ich weiß nicht, was die Gendarmen gemacht haben und der Freund vom Schalter, dessen Kind in Dänemark geheilt wurde, aber der Mietvertrag war plötzlich verschwunden. Seltsam, nicht wahr? Der Metzger von Suresnes hat mir mit dem Hackbeil in der Hand Ratschläge gegeben, um mir beim Kampf gegen den Besitzer zu helfen: Du entfernst ein paar Dachziegeln. Dann schaust du, daß es ins Haus regnet und beschwerst dich bei deiner Botschaft. Und die Frau, die uns für Deutsche gehalten hatte, meinte, als wir im Café ein wenig über die Stränge schlugen: man muß es ihnen nachsehen, es sind halt Künstler. Aber was wußten all diese Leute über die Kunst und die Künstler, um so fürsorglich zu sein!
Robert verstand es immer, sich Freunde zu machen und befand sich in vollem Einvernehmen mit den Arbeitern, ohne Zweifel weil er selber Arbeiter war, ein »Metallarbeiter unter Metallern«. Er hat sich trotz seines seltsamen Französisch verständigt, oder vielleicht gerade deshalb, da man gezwungen ist, sich anzustrengen, um ihn zu verstehen: man deutet den Ausdruck seines Gesichts ebenso wie man seine Worte versteht. *Wir nannten das Haus der dänischen Künstler »Schloß Unter Freiem Himmel«, denn es regnete hinein.* Der Metzger hatte ihm empfohlen, Dachziegeln zu entfernen. Er fragte den Architekten Le Corbusier um Rat, und dieser empfahl ihm, Regenschirme aufzuspannen, das kostet wenig und sei wirksam. Nach und nach richtete er sich ein, und das Haus der dänischen Künstler wurde fast wohnlich. Er konnte seine Frau Dot nachkommen lassen, seine Tochter Lykke wuchs dort auf.
Wenn er heute daran denkt, sagt er: *Es stimmt schon, wir waren nicht gerade nett zu dem*

Hausbesitzer, aber es ging um Leben und Tod. Wir hatten ein Dach über dem Kopf um zu arbeiten und konnten diese Chance nicht auslassen. Der Heizkessel war kaputt. Wir hatten alle Bleirohre verkauft, ich weiß, daß das nicht in Ordnung war. Wovon wir gelebt haben? Wir kauften Sachen auf dem Flohmarkt für 10 Francs und haben sie in Dänemark für 20 Francs verkauft. Und dann waren da noch unsere Nachbarn mit ihrer Werkstatt, die mit gestohlenen Autos handelten. Zuweilen vertrauten sie mir ihre Werkzeuge an. Sie sagten: »Däne, paß du darauf auf, wir fahren in Ferien. In Wirklichkeit gingen sie ins Gefängnis und wollten dies verheimlichen. Bei ihnen habe ich viel über Schweißen gelernt. Sie hatten keine Zeit, um Kleinigkeiten zu reparieren. Also habe ich Gepäckträger und Schutzbleche an Kinderfahrräder geschweißt und gelötet und an Autos den Auspuff repariert. Man hat mir 10 oder 20 Francs bezahlt, wie beim Friseur. So habe ich meinen Unterhalt verdient.
Anfangs war ich in Frankreich mißtrauisch. Man hatte mir in Kopenhagen gesagt: Paß auf, die Franzosen sind Diebe. Dann hat mich aber in Suresnes ein Däne betrogen, der mir Geld abgeknöpft hatte, weil angeblich seine Mutter krank war und hat das Geld in Montmartre verjubelt. Und weißt Du, wer mir weitergeholfen hat, als ich wegen dieses Dänen keinen Sou mehr hatte? Die Gauner aus der Werkstatt: sie haben mir 5000 Francs zugesteckt.
Dies waren Roberts erste Freundschaften mit Franzosen: Vorstadt-Freundschaften. Bald gab es andere. In Paris sah er den Balzac von Rodin: *davor bin ich wieder ein kleiner Junge geworden.*
Er besuchte die Galerien und Museen. Er begann mit der Galerie Louise Leiris, die sich in der Rue d'Astorg befand. *Ich habe eine Reihe von Gemälden von Picasso, Braque und Juan Gris gesehen und bin bei ihrem Anblick fast umgefallen. Ich bin nicht sehr lange in der Galerie geblieben, weil ich all das auf ein Mal nicht verkraften konnte. Dann bin ich zur Galerie Pierre Loeb gegangen. Dort habe ich eine Zeichnung von Antonin Artaud gesehen und war geschockt! Ein anderes Mal bin ich zum Musée du Jeu de Paumes zu den Impressionisten gegangen und dann zum Musée National d'Art Moderne, die ihre Tore zum ersten Mal seit 1939 geöffnet hatten. Dort war es auch fürchterlich, als ob ich eine Woche lang nicht nüchtern gewesen wäre. Im Norden hatten wir einen großen Maler, Edvard Munch und in Dänemark einige gute naturalistische, fast naive Maler. In Paris war das anders, es war eine ganz andere Welt. Ich sah Gedanken, die sich im Widerspruch weiterentwickelten, eine Verbindung von Konflikten. Dann bin ich in die Galerie Denise René in der Rue de la Boétie gegangen. Dort habe ich Alberto Magnelli kennengelernt.*
In Frankreich bin ich ein zweites Mal geboren worden. Ich habe begriffen, daß die moderne Kunst keine Sache der Zukunft, sondern der Gegenwart, des jeweiligen Tages ist. In Paris bin ich ein dänischer Bildhauer geblieben. Paris erschafft niemanden, sondern die Menschen erschaffen Paris. Paris ist ein großes Laboratorium, in dem jeder seine Ideen einbringt: Picasso, Gonzales, Pevsner, Chagall, Brauner, Kandinsky. Es gibt auf der Welt keinen Künstler, der nicht irgendwann in Paris war. Dies ist mein Heimatland, ich will nicht sagen, vom Intellektuellen, aber vom Menschlichen her. Dort habe ich zu mir selbst gefunden. Und er fügt hinzu: *Es gibt Dinge, die ich in Dänisch nicht ausdrücken kann, aber in Französich, denn in Französich gibt es für alles Wörter.*

Denise René hat eine andere Schilderung von Jacobsens und Mortensens Eintritt in Paris gegeben: *Zwei Leute stoßen die Türe auf. Der eine ist sehr kräftig, mit blauen Augen; der andere ist kleiner, schlanker und hat auch blaue Augen. Sie sagen zu uns: wir sind's. Sie sprechen eine Sprache, die weder Französisch, noch Dänisch oder Englisch ist. Man dachte sofort an einen Auftritt von Laurel und Hardy. Unsere Gruppe in der Galerie hat ihrer Erwartung sofort entsprochen; wir haben sie zum Abendessen mitgenommen. Wir hatten noch keines ihrer Werke gesehen, aber sie besassen beide Ausstrahlung. Robert ging auf die Leute zu und ließ, warmherzig wie er ist, niemandem die Möglichkeit, Abstand zu halten. Mortensen wußte über die europäische Avantgarde sehr viel mehr als wir. Die beiden Dänen öffneten uns auch eine Türe ins Ausland. Wir wußten, daß die Galerie nur auf Frankreich beschränkt nicht funktionieren konnte. Die Künstler, die 1947 noch keine zusammenhängende Gruppe bildeten, sahen in den Dänen die Möglichkeit einer Öffnung. Sie begannen von den prächtigen Projekten zu träumen, die ihnen die Anwesenheit der beiden Neuankömmlinge vorgaukelte. Als diese dann ihre Werke brachten, haben sie sich vor ihrem Talent verneigt, und Robert hatte alsbald unter den Künstlern der Galerie seine Zuhörerschaft.*
So befand er sich nun zwischen Magnelli und dem Metzger, zwischen Vasarély und den Gaunern aus der Werkstatt und war offensichtlich recht glücklich über sein Kommen und Gehen zwischen dem Paris der Künstler und dem Suresnes der Handwerker, der Arbeiter und der gesellschaftlichen Außenseiter. Diese Aufteilung kam ihm entgegen: in Kopenhagen hatte er Umgang mit den Hafenarbeitern und den Intellektuellen des Ladens im alten Kopenhagen. In Meymac war er der Freund des Schreiners. Er hatte ebenso schnell herzlichen Kontakt zu den kleinen Leuten aus der Vorstadt wie zu den Künstlern. Sehr bald nach seiner Ankunft bekam er zwei Angebote, seine Werke auszustellen: in der Galerie Denise René und in der Galerie René Breteau. Er stellte bei Breteau aus, zusammen mit Mortensen, der ein Bild präsentierte. Der Film La Fuite wurde gezeigt, in dem er die Hauptrolle spielte.
So befand sich Robert in Paris wieder in dem Dilemma Surrealismus-abstrakte Kunst, das er schon in Kopenhagen kennengelernt hatte. Er bewegte sich damals auf dem Grat zwischen beidem. Er verzichtete sehr bald auf seine nordische Romantik und widmete sich einer Kunst der Vernunft, einer kartesianischen Kunst. Mortensen ging den gleichen Weg. Anmerkung der Historikerin Mette Thelle: *Der Grund, warum sie sich der abstrakten Kunst zuwandten, lag darin, daß Asger Jorn, der damals auch in Suresnes lebte, weder Mortensen noch Jacobsen zu den ersten Vereinigungen der späteren Bewegung Cobra eingeladen hatte, und daß Christian Dotremont sie glauben ließ, die Diskussionen fänden bei den revolutionären Surrealisten statt.*
Es gibt zuweilen kleine Ursachen für große Auswirkungen. Ich glaube jedoch, daß Roberts Lagebestimmung entscheidend geprägt wurde durch den Schock, von dem er sprach, als er bei Louise Leiris Bilder von Braque und Juan Gris und von Fernand Léger im Museum für Moderne Kunst sah. Er war wohl in Richtung abstrakte Kunst gegangen, weil es seinem Wunsch entsprach, konstruktive Kunst zu schaffen und die Zufallsentdeckungen und die Ähnlichkeiten mit magischer Kunst, die ihn zu seinen Anfängen angezogen hatten, zu überwinden. Dies hinderte ihn nach 1949 nicht daran, sich seiner ersten Verbindungen aus

Metall des Jahres 1935 zu erinnern und Werke zusammenzustellen, bei denen das perfekt geformte Eisen sich mit Alteisen und Schrott verband, Vorläufer der Puppen, die er 1957 öffentlich vorstellte und die zum Skandal wurden. Er hat sich keine Richtung untersagt und hat auf nichts verzichtet, was seine komplexe Natur ausmacht. Er hatte dennoch seine Vorliebe gefunden, und im September 1947 schlug Denise René ihm vor, in ihrer Galerie auszustellen.

Die kleine Gruppe aus der Galerie organisierte Besuche bei großen Künstlern. Denise René erinnert sich: *Eines Tages gingen wir zum Atelier von Constantin Brancusi. Mortensen, Jacobsen, Berto Lardera und Jean Dewasne waren mit dabei. Sie hatten alle das Gefühl, zu einer Begegnung mit einem Gott zu gehen und erwarteten einen wohlwollenden Empfang. Aber der Gott war keineswegs wohlwollend und hielt die jungen Leute auf Distanz. Mortensen, dessen Nerven immer blank lagen, empfand die Gleichgültigkeit des Bildhauers als Beleidigung. Er ging plötzlich hinaus, um seine Enttäuschung zu verbergen. Brancusi fragte: Was ist denn in den gefahren? Er ist schlecht erzogen. Aber von den Älteren empfingen uns Jean Arp, Alberto Magnelli und Auguste Herbin freundlich.*

Ich erinnere mich, erzählt Robert: *1948 habe ich Jean Arp getroffen. Ich hatte Angst, mit ihm zu sprechen. Ich habe zu ihm gesagt: ich habe mit Ihnen gelebt. Das stimmte. In meinem Zimmer hingen Photos seiner Skulpturen an der Wand. Er schaute mich an und sah zufrieden aus.*

Denise René fährt fort: Um das Gemeinschaftsgefühl in unserer Gruppe zu stärken, feierten wir Feste. 1947 erhielt Serge Poliakoff den Prix Kandinsky, 250 Francs, ein wahrer Glücksfall. Poliakoff nahm Robert und Richard mit ins Restaurant. Zwischen 12 und 18 Uhr haben sie für das gesamte Preisgeld gegessen und getrunken und sind dann in die Galerie mit Flaschen unter den Armen zurückgekommen; Robert hat anschließend Wein auf allen Gesimsen verschüttet.

Der große Traum der beiden Dänen war, mit unserer Gruppe nach Kopenhagen zurückzugehen und ihre Reputation in Paris als Hebel zu verwenden.

So kam es, daß im »Salon des Réalites Nouvelles«, dem Salon der abstrakten Kunst, Jacobsen und Mortensen ausstellten, während Tokanten in Kopenhagen neun Künstler aus Frankreich, alle aus der Galerie Denise René (Jean Dewasne, Jean Deyrolle, Hans Hartung, Serge Poliakoff, Marie Raymond, Gérard Schneider, Victor Vasarély) präsentierte. Zur selben Zeit hatten Jean Deyrolle und Serge Poliakoff beide eine Einzelausstellung in der Galerie Birch und im Tokanten. Dann kamen die Ausstellungen von Dewasne und nochmals Poliakoff und von Deyrolle, der bei Sørensen an Lithographien arbeitete, und diese Bemühungen erbrachten einen ersten Sieg, als 1950 in Aarhus eine Ausstellung zeitgenössischer französisch-dänischer Kunst organisiert wurde. Das Unternehmen, das die beiden dänischen Freunde Ende 1947 begonnen hatten, hatte zum Erfolg geführt.

Richard Mortensen hatte Serge Poliakoff nach Kopenhagen eingeladen. Er kam mit Ehefrau und Sohn. Jean Deyrolle wohnte bei Roberts Eltern und Jean Dewasne bei Robert selbst. Wie machten das diese Leute, die keinen Sou hatten? Weder die Dänen noch die Franzosen ? Denise René meint, daß Roberts Einfallsreichtum diesen immer vor Armut bewahrt hat. *Er hatte für alles Verwendung, für den kleinsten Fetzen Stoff, das kleinste Stück Eisen …*

Robert denkt an Poliakoff in Freundschaft zurück. *Er sprach nicht gut Französisch, aber wir beide verstanden uns.* Das Französisch von Poliakoff und das von Robert bildeten sicherlich einen seltsamen Kontrapunkt. Im übrigen verstanden sich beide über Worte hinaus.
1949 kam Jean Dewasne nach Hvidovre. Robert erinnert sich: *Er blieb neun oder zehn Monate bei mir. Er hat ein Buch über mich geschrieben. Er hat auf meine Skulpturen Farbe aufgetragen. Die Polychromie ist außerordentlich schwierig. Die Afrikaner machen dies ganz natürlich, aber wir hatten und haben damit Probleme. Dewasne konnte dies sehr gut.*
Jean Dewasne erinnert sich: *Hvidovre war ein Hafenviertel in Kopenhagen, in dem Fischer wohnten, die auf flachen Barken zur See fuhren, wahrscheinlich zum Aalfang. Die Straßen waren von Holzhäusern gesäumt, hinter denen kleine Gärten lagen. Robert hatte eines dieser Häuser gekauft, ich glaube mit Hilfe eines Gemeindedarlehens. Wir lebten neben einem Handwerker, der Holzkisten zum Verpacken von Heringen anfertigte.*
Die französisch-dänische Verbindung war somit im Gange. Am Ende stand eine Ausstellung, die während eineinhalb Jahren unter dem Titel »Klarform« geometrische abstrakte Kunst in Kopenhagen, Helsinki, Stockholm, Oslo und Liège präsentierte, dank des Sammlers Graindorge. Das Ganze war höchst offiziell geworden: Ehrenkomitee, Minister, Botschafter.
Zwei dänische Künstler waren mit dabei: Richard Mortensen, der auf die Reise ging und Robert Jacobsen, der in Suresnes blieb. Und die Dänen sind treu: Dewasne verwirklichte monumentale Werke in Dänemark in Jütland, und der dänische Architekt Spreckelsen gab ihm den Auftrag für eine große Wandgestaltung für den Grand Arc im Viertel La Défense in Paris.
Die abstrakte Kunst ist nicht mehr was sie war, als sie sich nach dem Zweiten Weltkrieg verbreitete, nämlich eine neue Welle, die immer mehr Zulauf bekam, so daß man ihr einen speziellen Salon widmen mußte, den Salon der Réalités Nouvelles. Ein abstraktes Werk erkennt man schnell. Trotzdem ist es schwierig, es zu definieren. 1949 sagte Robert Jacobsen, zitiert von Jean Dewasne: *Freiheit heißt nicht, irgend etwas zu machen, oder irgendwie, oder irgendwann. Es heißt im Gegenteil mit Größe, Kraft und Entschlossenheit, z.B. eine klar beschriebene, tief empfundene Zeichnung auszuführen, die den angewandten Techniken perfekt entspricht. Bei einer anderen Gelegenheit fügte er hinzu: der abstrakte Künstler kreiert den Gesetzen dieser Welt folgend.*
Vierzig Jahre später wird er noch der gleichen Meinung sein: *Ich wollte die Freiheit immer nur mit der sie begleitenden Verantwortlichkeit. Die abstrakte Kunst beginnt jeden Tag neu. Man muß vergessen, was man am Vortag gemacht hat. Man arbeitet weder einer Methode folgend, noch einer Mode. Nein, jeden Morgen beginne ich das, was ich bisher gemacht habe, neu und versuche es für ein neues Leben auszurichten. Anders wäre es die Mühe nicht wert. Freiheit? Freiheit ist die Lebendigkeit der Zwänge, das was ihnen neuen Sinn gibt.*
Die Skulpturen, die man in Suresnes sah, zeugten von dem Willen, ein klares Konzept zum Ausdruck zu bringen und es den angewandten Techniken anzupassen. Sie waren aus Stein, aus Marmor, mit der Perfektion sowohl des Glatten wie auch des Rauhen, der Perfektion, die der Bildhauerei seit den ältesten Beispielen von Nicola Pisano bis Michelangelo entspricht. Der Stein folgt allen gegenwärtigen Inhalten, ebenso der Vorstellung

des Gotischen wie auch der Renaissance entsprechend. Die Materie bringt sie zusammen. Man spürt, daß sie den Bildhauern eine bestimmte Art, die Vorstellungen auszuarbeiten und den Umfang zu begrenzen, abverlangt hat, und daß die Bildhauer diesem Verlangen gerne nachgekommen sind. So fanden die Bedingungen des Steins und der abstrakten Kunst zueinander.

Eine von Roberts Wurzeln ist zweifellos afrikanischen Ursprungs. Auf dem Flohmarkt bekam er häufig Kunstwerke afrikanischer Kunst in die Hände. Ein Bildhauer bemächtigt sich immer der Formen, die er liebt, aber wenn er sie auf den Marmor überträgt, bekommen sie eine andere Bedeutung als die einer Maske. Obwohl ihm bewußt war, daß er mit dieser Skulptur die große Spanne zwischen der Anspielung auf afrikanische Kunst einerseits und der Vielfältigkeit andererseits überbrückte, gab er ihr den Titel »Sculpture libre«. So ist dieser Marmor, der den Übergang bilden wird zu seiner Zukunft, mit der afrikanischen Kultur ebenso verbunden, wie er sich auf geometrische Grundlagen stützt. Das Werk ist das Bindeglied zwischen zwei Schaffensperioden. Robert wechselte von einer Freiheit zur nächsten, und man sieht sehr wohl, daß seine Freiheit in der Strenge und dem Zwang wurzelt.

In der Monographie, die 1985 von der S.D.S. veröffentlicht wurde, wird auf einer Doppelseite ein Fabeltier von 1943 dieser freien Skulptur von 1948 gegenübergestellt. Auf der linken Seite sieht man die Heftigkeit eines rasch behauenen Steins: ein Phallus von 80 cm Länge windet sich neben dem Gesicht eines Tieres mit großen Augen. Auf dem Photo taucht das Werk aus Blättern hervor, wie wenn man es in einem Wald überrascht hätte: ein erster menschlicher Schrei. Auf der gegenüberliegenden Seite lehnt die freie Skulptur jegliche Ausschmückung ab: sie ist die Bestätigung eines höheren Mysteriums. Müssen zwischen den beiden Skulpturen nicht Jahrhunderte einer Entwicklung von der primitiven Kultur bis zur Zivilisation liegen? Diese Wegstrecke hat Robert in fünf Jahren zurückgelegt.

Eines Tages begann Robert mit Eisen zu arbeiten. *Es war ganz einfach. Ich konnte weder mit Gips noch mit Lehm arbeiten, um Statuen zu machen. Ich habe es versucht und keinen Erfolg damit gehabt. Also mußte es das Eisen sein. Ich habe in Dänemark schweißen gelernt und habe mich in Suresnes an Fahrrädern und Mopeds geübt. Ich wollte das Eisen am liebsten ganz roh, so wie es aus der Fabrik kam. Ich wollte nie Dinge machen, die die Natur des Metalls verändern. Ich habe versucht, Metallplatten zu biegen, um etwas Gewölbtes zu bekommen. Das hat mich nicht zufriedengestellt. Man sagte, es ließe an die Eisen von Julio Gonzales denken und ich fand, daß es etwas von der Ästhetik der Renaissance hatte, von Rüstungen und Kochtöpfen. Nein, ich wollte Bildhauerei betreiben. Ich entschied mich für das bearbeitete Eisen und für meinen Wunsch, eine mögliche Form hineinzubringen. Das heißt, eher einen Raum zu schaffen als eine Form.*

Aber um Eisen zu schweißen, braucht man eine Ausrüstung. Dies war kurz nach dem Krieg sehr schwierig. Denise René sprach mit Le Corbusier über das erforderliche Material und dieser antwortete: Das ist sehr einfach. Ich kenne den Präsidenten der Gesellschaft für Flüssiggas, den Gelehrten Georges Claude. Sein Sohn wird weiterhelfen. Ich habe die großen Flaschen bekommen, das Schweißgerät und die Erlaubnis, beides in Suresnes in einem Wohnhaus zu verwenden. Ich schulde Le Corbusier Dank, zumal er mir in einem Brief geschrieben hat: Ihre Bildhauerei ist sehr schön und in ihrer Ausgewogenheit außergewöhnlich.

Die Hinwendung zum Eisen bedurfte jedoch einer Übergangszeit. Bei einigen Skulpturen von Robert, die das Eisen und den Stein vereinigen, hat man das Gefühl, als ob die beiden Materialien sich erst kennenlernen müßten. Der Stein bringt Volumen hinein: die Skulpturen sind sehr einfach geworden und es werden die letzten sein, einige Würfel, deren Anordnung vom Eisen bestimmt wird. Der Stein zog sich zurück, indem er Würfel wurde. Robert meinte, daß er sich nicht um Volumen bemüht hätte.

Was ist Kunst? Ein Werkstoff, der eine Bedeutung bekommt, eine Koralle, ein roher Stein, die zu Schmuck werden, eine Paste von Farbpigmenten, die zu Malerei wird, Tinte, die zu einer Zeichnung wird, ein Stück Holz, ein Stein, die zu einer Skulptur werden: dies ist eine Metamorphose wie die der Kohle oder des Erdöls, die zu Energie werden. Robert hantiert mit Röhren, Stangen, Winkeleisen und Platten, und das Industrieprodukt wird zur Skulptur. Er sagt heute: *ich glaube, ich bin selbst zu einem kleinen Stück Alteisen geworden.*

Zu dieser Zeit galten als Wegbereiter der Metallskulptur Julio Gonzales, Pablo Gargallo, Alexander Calder, Naum Gabo, Antoine Pevsner und die russischen Konstruktivisten, die Metall als modernes Material verwendeten. *Ich liebe die Russen,* sagt Robert. *Sie haben auf der Geometrie und der Mathematik aufgebaut. Ich nicht. Ich habe sofort einen Raum gesucht, in dem die Leere genauso wichtig ist wie die Fülle, wie dies wohl jeder tut, aber ich wollte mich nicht auf die Geometrie stützen, sondern die Komplexität suchen. Es war dies mein Weg, mich nicht vom Menschen zu entfernen. Ich glaubte nicht so sehr an das Viereck, das Rechteck, die rechten Winkel. Ich denke, daß man in meinem Raum besser lebt als in dem der Russen, aber ich mag sie, ebenso wie ich Gonzales, Calder, Gabo und Pevsner mag.*

Auf einem Photo der damaligen Werkstatt sieht man, wie sich auf Trägern lange Eisenstangen und Winkeleisen türmen und glatte und rauhe Platten aufeinanderliegen. Was wird daraus? Schlosserarbeiten, Gitter für den Garten, Eingangstore, Fensterrahmen und -gitter, Stühle für den Park, alles, was aus Eisen ist. Feilspäne fliegen überall herum, auf den Händen klebt eine Kruste von schwarzem Metallstaub und Schmierfett, das das Metall beschützt. Aus Schlossereisen entstehen Skulpturen.

Robert meint: *Mein Kopf und meine Hände bestimmten einander. Ich bin in Dänemark Ehren-Handwerksmeister. Mit 70 Jahren habe ich beim Verband der Schmiede mein Examen abgelegt und habe bestanden.*

Seine Skulpturen sind fein und haben Klasse. Der dicke Robert beschreibt seinen Raum mit Eleganz. Bei seinen vollen und feinen Linien kann man tatsächlich von einer Schrift sprechen, die sich in der Sphäre überschneidet. Sie begrenzt nicht einen einzigen Raum, sondern mehrere, die sich gegenseitig durchdringen. Von Anfang an vermied Robert Symmetrie und Geometrie. Seine Eisen schneiden und zerteilen. Man kann den Wind pfeifen hören. Räume verschmelzen ineinander. Die Originalität von Robert besteht darin, daß es im Inneren seiner Skulpturen eine Leere gibt. Schauen Sie sich die anderen Bildhauer an: bei ihnen durchdringt und kreist die Leere, sie ist nie wie bei ihm das Thema der Skulptur, eine geformte, zerschrammte, von allen Klingen seines Eisens zerschnittene Leere. Das Lebendige in seinem Werk ist das Unsichtbare, das vom Sichtbaren einge-

schlossen ist. Die Formen der Vernunft fassen einen inneren mysteriösen Raum ein, der von unbekannten Kräften besetzt wird.
Dies ist zweifellos ein Zeichen dafür, wie die abstrakte Kunst von unterschiedlichen Persönlichkeiten gestaltet werden kann. Wer glaubte, die geometrische Abstraktion müßte der Treueeid eines jeden auf das Gesetz des Vierecks sein, das sich wie ein Glaubensbekenntnis über den Planeten ausbreiten müßte, täuschte sich. Diese neue Generation von Abstrakten ging daran zu beweisen, daß über die Systeme von Mondrian, Malewitsch und Kandinsky hinaus ein jeder seine Natur ausdrücken kann.
Und der ungestüme, wilde Robert, der Bildhauer der in Stein gehauenen Fabeltiere, sollte seine originelle Heftigkeit nicht verlieren. Er brachte sie ins Herz der schwarzen Linien der abstrakten Geometrie hinein. Die Leidenschaft war immer da und gab der Leere die Kraft einer explosiven Ladung. Sie erscheinen gelassen, die Bildhauer. Aber man hüte sich vor dem Aufflammen ihrer Leidenschaft!
Solchermaßen ausgestattet mit einem aktiven Zentrum, bekräftigt die Bildhauerei, daß sie im Herzen der Welt beheimatet ist. Man muß sie von allen Seiten anschauen. Man erkennt sie erst, wenn man sie von allen Winkeln betrachtet hat, in sie hineingetaucht ist, sie von oben und unten in Augenschein genommen hat. Denn sie stützt sich auf den Boden und hierin liegt ein Problem.
Die Sockel! Darüber habe ich mich lange mit dem Kunsthistoriker Jean Laude unterhalten. Er machte bei den Bildhauern eine Umfrage über den Sockel. Für mich existiert der Sockel nur, wenn er ein Element, ein aktives Teil der Skulptur ist. Dies ist sehr schwierig. Man muß die Skulptur auf einer Höhe plazieren, wo man sie gut sehen kann. Manchmal wirkt sie auf dem Boden besser. Manchmal muß man sie auf Blickhöhe bringen. Wenn man sie aufsetzen muß, muß dies auf einer neutralen Form geschehen, aber gibt es neutrale Formen?
Zu dieser Zeit erheben sich seine Skulpturen vom Boden wie Tänzer auf den Zehenspitzen. In seinen ersten abstrakten Eisenskulpturen erscheint sein grundlegendes Bedürfnis an Eleganz.
Sehr schnell fand er, was auf Dauer in seinem Gesamtwerk erscheinen sollte: den Käfig. Sicher keinen Käfig, um einzusperren, sondern eine parallelflächige Struktur, um einen Teil des Raumes abzutrennen, um ihn als den zu betrachtenden Teil zu bestimmen. Im Inneren breitet er zwei Bögen aus, der eine wie ein Rundbogen zwischen drei Träger gespannt, der andere wie ein Blatt in der Schwebe, das sich von seinem Stengel gelöst hat und im Fallen die Gitterstäbe streift. Die Nähte der Stangen und Platten, die sich kreuzen, sind so wenig sichtbar wie möglich: der Metallarbeiter arbeitet wie ein Schneidermeister; er verbirgt seine Schweißpunkte und -nähte und das Eisen bekommt in etwa die Perfektion imaginärer geometrischer Figuren: die Winkel sind glatt und legen eine Gerade fest, die der idealen Geraden nahe kommt, welche bekanntlich die Verbindung von Punkt A zu Punkt B ist. Es ist auch fast auf den Millimeter exakte Schlosserarbeit.
Robert hatte gut daran getan, das Eisen als das Material auszuwählen, das für seine Vorstellungen am geeignetsten war, für diese Strukturen, in deren Innerem die umrahmte Leere die Phantasie dazu einlud, räumliche Geometrien von großer Komplexität herauszutrennen. Es ging nicht darum, über perfekte Körper zu meditieren. Der Blick sollte in

einem unendlichen Kreisen in imaginären Leeren unterwegs sein. Die Abstraktion sollte der Ort sein, an dem unsichtbare Kräfte zusammengerufen werden. Dies war der Sinn von Roberts Käfigen.

Robert erzählt: *In der Galerie von Denise René war Jean Dewasne der Chef. Vasarély hat mir gute Ratschläge gegeben. Er hat mir sehr geholfen. Ich habe mich in diesem Milieu, in dem die Kunst kein Zeitvertreib war, sehr wohl gefühlt. Meine Vorbilder waren Léger, Braque, Magnelli, Paul Klee. Ich eiferte ihnen nach. Bei ihnen, den Revolutionären, zählten die Werke und nicht die Personen. Léger sah aus wie ein Industrieller. Er war nicht wie ein Künstler gekleidet, zumindest nicht wie es sich ein Bürgerlicher vorstellt. Wir trugen Krawatten. Man hätte uns mit Verkäufern von Herrenkleidung in einem großen Kaufhaus verwechseln können. Wir sagten, wir seien Krawattenhändler. Es verband uns aber sehr viel mehr als nur die Uniform. Wir stritten für eine klare und bestimmte Abstraktion und fühlten, daß wir dabei waren, etwas zu erfinden, was uns aus dem Gebiet herausbrachte, das die großen Wegbereiter vor dem Krieg erschlossen hatten.*

Denise René erinnert sich an die Anforderungen, die mehr und mehr in der Galerie vorherrschten. Sie glaubt, daß Jean Dewasne und Robert übereingekommen waren, eine strikte Disziplin walten zu lassen. *Auguste Herbin bestärkte sie darin. Die Regeln waren unerbittlich. Mortensen, der zuweilen gerne Blumen und nichtabstrakte Formen zeichnete, um sich zu entspannen, um sich für eine kurze Zeit von der Spannung zu befreien, die das abstrakte Schaffen hervorruft, wurde als Renegat, Bandit und Verräter bezeichnet. Hans Hartung und Gérard Schneider, die damals strukturierte Werke zeichneten, fühlten sich bald nicht mehr wohl bei diesem Totalitarismus, den Vasarély, Jacobsen und Dewasne auferlegten, die von den beiden als verspäteten Romantikern sprachen. Alberto Magnelli ging in seine eigene Richtung. Dewasne und Deyrolle waren ihm ergeben, Jacobsen ebenso. Magnelli war über ihren Enthusiasmus glücklich. In Italien wurde er nur wenig akzeptiert. Bei uns bekam er einen Ehrenplatz. In der Ausstellung »Klar Form« wurde er gleichrangig mit Arp und Herbin präsentiert. Im übrigen setzte er eine Hierarchie durch und liebte es, als echter Florentiner, die Leute um sich herum zu trennen. Robert ging oft zu ihm. Mortensen nicht, denn er war der Meinung, Magnelli hätte kein Farbgefühl. Seiner Ansicht nach fügte er seinen Zeichnungen nur Farbe hinzu. Trotzdem war die Gruppe zusammengeschweißt und einig. Die Zielrichtung wurde immer rigoroser. Wir hatten eine Ideologie und hielten uns daran. Ich glaubte auch, daß Tachismus eine Schwäche der Kunst sei, der nicht verantwortliche Anspruch, im Namen der heiligen persönlichen Empfindsamkeit irgend etwas beliebiges zu machen. Ich war sehr heftig, wie die anderen auch. Man konnte die Störungen in der Gruppe spüren. Aber es kam nicht unmittelbar zur Spaltung.*

Zum folgenden Punkt habe ich keinen schriftlichen Nachweis gefunden, sondern stütze mich nur auf meine Erinnerungen. Diese geometrische Abstraktion neigte in Wirklichkeit mehr und mehr dazu, ihren Ursprung bei den russischen Konstruktivisten zu suchen, die nach dem Sieg der russischen Revolution aufkamen und die Verbindung von Abstraktion und Kommunismus vorschlugen. Dewasne und Vasarély waren Marxisten und eingeschriebene Mitglieder der französischen »Parti Communiste«. Robert hat mir hierzu nur folgendes gesagt: *Kommunisten? Ja, wir waren sentimental. Wir hielten viel von dem Gedan-*

ken einer Arbeiterkultur. Heute sind die Proletarier parfümierte Proletarier geworden, Techniker, Akademiker. Wir sind dagegen Arbeiter geblieben. Als ich 1956 die sowjetische Unterdrückung in Ungarn gesehen habe, habe ich mich distanziert. Ich war nicht in der Partei eingeschrieben, ich habe nie Beiträge gezahlt. Ich habe nichts gegen die Partei, aber ich mag Diktaturen nicht. Als man nach dem Krieg von der Zugehörigkeit von Léger und Picasso zur französischen Parti Communiste erfuhr, kam bei den Künstlern die Hoffnung auf, die abstrakte Kunst könnte wieder die treibende Kraft werden, die sie war, bevor Stalin die Maßnahmen ergriff, die sie in den Hintergrund drängten und dem sozialistischen Realismus die Vorherrschaft gaben. In Paris hatte 1945 die Wochenzeitschrift »Les lettres françaises« Léon Dégand als Kunstkritiker, der die Abstraktion unterstützte, während Charles Estienne diese in der Tageszeitung »Combat« verteidigte. Alles war bereit, daß die Abstraktion als Begleiterin einer sich entwickelnden Gesellschaft betrachtet wurde, und das Zentralkomitee der französischen Parti Communiste zögerte, der Vorgabe der Russen zu folgen. Man hätte meinen können, daß die Marxisten in diesem Nichtvorhandensein von Vorstellungen eine Kunst hätten einführen können, die den reinen Linien, den reinen Oberflächen und den reinen Farben die befreiende Rolle zugewiesen hätte, die sie in einer kohärenten Philosophie haben können, die der Befreiung des Menschen Struktur gibt. Die Entscheidung wurde schließlich getroffen, und der sozialistische Realismus wurde zur offiziellen Ästhetik der französischen Parti Communiste. Aber verschiedene Gruppen von Künstlern, die die Politiker abgeschrieben hatten, glaubten weiterhin daran, daß die Abstraktion der richtige Weg sei.

Die marxistische Abstraktion wurde somit nicht verkündet, aber die Künstler glaubten nach wie vor, das Richtige zu machen. Ihre Kunst wurde jedoch nicht offiziell.

Heute ist man der Meinung, daß dieses Beiseiteschieben ihre Chance war. Dies umso mehr, als sie nicht wie in Nazi-Deutschland und in der Sowjetunion verfolgt wurden. In Deutschland, Rußland und Italien hatte die Avantgarde geglaubt, bei den Faschisten und den Kommunisten Unterstützung zu finden. Dies war zu Beginn der politischen Bewegungen. Sie sah sich bald in ihrer Überzeugung getäuscht.

Wie denkt Robert heute darüber? Er sagt nochmals und dies aus tiefer Überzeugung: *Den Künstlern helfen? Das ist zugleich gut und nicht gut. Oft gibt man jemandem eine Chance, der dann ein Bürokrat wird und nur am Sonntag malt. Man muß jedem seine Chance lassen und dann heißt es Leben oder Tod. Vielleicht überleben dann per Zufall die Besten. Vielleicht verrekken auch die Guten und die Schlechten werden berühmt. Wichtig ist, daß die Werke entstehen. Denn die Leute sprechen über die Kunst, wenn sie darin die Seele und das Gefühl suchen. Die Kunst ist weder sentimental noch unmenschlich. Die Kunst hat ihre eigene Kraft, und es gibt keinen Dompteur, um sie zu dressieren. Man muß nicht zum Wohl des Volkes handeln wollen. Das Volk, das sind wir alle. Man muß die Künstler in Ruhe lassen. Man hat dies ja in Rußland gesehen: da gab es Chagall, Pevsner, Kandinsky, Tatlin, Malewitsch, Lissitsky. Solange man sie hat arbeiten lassen, haben sie Außergewöhnliches geleistet. Als man sie gängeln wollte, sind sie fortgegangen oder haben resigniert.*

Unter diesen Rahmenbedingungen organisierte Robert immer mehr Ausstellungen zwischen Paris und Kopenhagen. In Paris in den Salons (Réalités Nouvelles, Salon de Mai,

Jeune Sculpture), in Kopenhagen im Tokanten. In Paris antwortete er, der so wenig Geschriebenes veröffentlichte, in einem Katalog des Salon de la Jeune Sculpture auf eine Umfrage, in der die Aussteller ihre Meinung über den Anteil des Ersinnens und Beobachtens im bildhauerischen Schaffen äußern sollten: *Der abstrakte Künstler beobachtet ständig. Aber anstatt nur das äußere Erscheinungsbild der Gegenstände zu studieren, widmet er sich allen Aktivitäten der Sinne, all unseren Instrumenten, unserem umfassenden Verständnis. Die Entwicklung aller Dinge zu betrachten führt direkt zur Entwicklung des künstlerischen Schaffens. Der abstrakte Künstler schafft den Gesetzen der Welt folgend. Die Invention entsteht so ohne Anstrengung, da sie nur die Synthese dieser allgmeinen Beobachtungen ist. Definiert als eine neue Zusammenstellung, ist sie eine Garantie des Lebens im Herzen der Kunst. Jede Anspielung an die Vergangenheit ist ein totgeborenes Ersinnen.*
Dieser Text erschien im Jahre 1951. Robert schien sich total der Abstraktion verschrieben zu haben. Trotzdem arbeitete er weiterhin mit alten Bestecken, dem Teil eines Leuchters, Unterlegscheiben, verdrehten Zahnrädern, einem krummen Hammer an Werken, die keinerlei Strenge ausstrahlten.
Seine Phantasie triumphierte, und mit seinem Schweißbrenner schuf er Personen; er knüpfte wieder Verbindung an mit der Figur von 1935, die gestaltet war aus einem Fahrradsattel, einigen Bolzen und Nieten. Dies war eine rudimentäre Arbeit, die mit der Zeit komplexer wurde. Der Schrott fügte sich zusammen, um eine häufig facettenreiche Bedeutung anzunehmen. Robert gab seinen Werken Titel und taufte sie auf Französisch: *Le Roi de la faim* (1950), *Personnage de Dickens* (1951) oder der *Maître d'Ecole*, der aus krummen Schrauben und ungleichen Scharnieren von Türschloßelementen bestand und sich auf der Bleitypographie eines Zeitungstitels erhob.
Man spürt, daß alle diese Personen ihm mit großem Vergnügen in den Sinn kamen. Es war eine glückliche Bildhauerei, um sich von dem zu entspannen, was Denise René die schöpferische Spannung nannte, die die abstrakte Kunst verlangt. Robert machte diese heimlich in einer Ecke des Hauses in Suresnes. Er wurde nicht wie Richard Mortensen als Renegat betrachtet. Er war für alle ein Meister der Abstraktion. Das Außergewöhnliche ist, daß er in der selben Zeit, als er der abstrakten Bildhauerei neuen Schwung verlieh, heimlich Verbindungen zu seinen Anfängen knüpfte, zu der Zeit des Metalls, des Zusammenfügens von unbrauchbaren Gegenständen, die aus allen möglichen Vorstadtmülleimern auftauchten, um Wesen einer neuen Sagengeschichte, der modernen Fabel zu werden.
Und dann kamen 1950 seine eigenen Ausstellungen bei Denise René in Paris und 1951 bei Børge Birch in Kopenhagen. In Paris hatte der dänische Botschafter in Frankreich die Schirmherrschaft. In Kopenhagen wurde die Ausstellung mit der Unterstützung von Pola Gauguin präsentiert und brachte Robert 1952 den Preis der Zeitung »Politiken« ein. Steen Bjarnof glaubt heute, daß ihn der Preis des »Politiken« in Dänemark bekannt gemacht hat. *Die Öffentlichkeit erfuhr, daß ein Däne im Ausland Erfolg hatte. Man erkannte ihn an seinem Verhalten und seiner Sprache. Hierauf baute sich ein ganzer Mythos auf, der wieder auflebte, als man erfuhr, daß er ein Schloß in Frankreich gekauft hatte.*
Dann kehrte Robert zu Dot, Nell und Lykke nach Suresnes zurück. Er zog seinen blauen Arbeitsanzug wieder an und fuhr mit seinen Schweißarbeiten in der Garage fort.

Heute sagt er: *Der Preis des »Politiken« brachte mir 10.000 Kronen ein. Davon habe ich eineinhalb Jahre gelebt. Wir verkauften andersweitig praktisch nichts. Wir zahlten allerdings auch keine Steuern.*

Nell erzählt: *In der Nachbarschaft lebte eine Frau, die den Beruf der Keramikerin ausübte. Sie machte für die Blumenhändler ziemlich scheußliche Vasen. Ich habe festgestellt, daß ich gerne mit Ton arbeite und daß ich hierfür begabt war. Sie hat mich dann bald angestellt, und ich habe bei ihr mehrere Jahre gearbeitet, bei einem mageren Gehalt, das für unser Familienbudget die einzige regelmäßige Einnahme war.*

Bernard Léauté, der Roberts Assistent werden sollte, diente damals in der französischen Armee in Madagaskar. *Während eines Urlaubs besuchte ich meine Schwester Marcelle, die in Suresnes wohnte, neben dem Haus Nr. 20, rue de la Tuilerie, das wir den Hof der Wunder nannten. Meine Schwester kannte Robert seit seiner Ankunft in Suresnes und so bin ich Robert und Nell begegnet.* Auf diese Weise bringt das Schicksal klammheimlich die Menschen zusammen.

So hatte Robert sich zugleich in die Orthodoxie der Galerien begeben, kämpfte für die Sache der Abstraktion und nahm Verbindung auf mit etwas, was immer in ihm existiert hatte, nämlich seinem ursprünglichen Schaffen von Fabeltieren, die nicht mehr tierischer, sondern menschlicher Natur waren. Ihre Geschichten nährten sich von allem, was ihm die Personen, denen er in seinem Vorort und in Paris begegnete, eingaben. Was er seine Eingebung nannte, bezog sich nicht mehr auf archaische Figuren, sondern verband sich mit dem Alltäglichen und brachte dessen Helden ans Tageslicht, deren Mythologie er zu erstellen begann. Darüber sprach er mit niemandem. Er häufte diese Figuren an, bis ihre Stunde kam.

In der Galerie entwickelten sich die Beziehungen zwischen den Künstlern sehr schnell. Denise René erinnert sich an das Lächeln, das der Name Berto Lardera bei Robert hervorrief. In Roberts Augen war Lardera, ein anderer abstrakter Bildhauer, der mit Metall arbeitete, kein wirklicher Arbeiter des Schlosserhandwerks mit von Eisenstaub imprägnierten Händen. Er verdächtigte ihn übrigens zu Unrecht, das Metall nicht anzufassen und zur Maniküre zu gehen. *Ich ließ ihn in dem Glauben,* fährt Denise René fort. *Mit den anderen Bildhauern, die älter als er waren, ging alles gut, aber ich mußte Emile Gilioli gehen lassen, der nach 1951 in der Galerie von Colette Allendy ausstellte. Hartung und Schneider gingen zu Lydia Conti. Man kann das Klima, das aufkam und zu diesen Weggängen führte, nicht allein auf die Eifersucht zurückführen. Die Künstler spüren die grundlegenden Unterschiede, die sie trennen. Sie empfinden die Möglichkeiten einer Spaltung, bevor diese offenkundig wird. Und unseren internen Streitigkeiten gingen Brüche voraus, die erst sehr viel später sichtbar wurden und jenseits der Unvereinbarkeit von Stimmungen in einer tieferen Unvereinbarkeit endeten: der Zielrichtung der Kunst.*

Robert spielte kein doppeltes Spiel. Zu jener Zeit waren seine Figuren jedoch nicht ausstellbar. Er schuf sie, weil er ihnen nicht widerstehen konnte; sie klopften gebieterisch an die Tür seiner Werkstatt. Sie entstanden unter seinem Schweißgerät, sobald er aus Abfalleimern einen gerissenen Wasserhahn, einen Türgriff, das brüchige Scharnier eines Fensterladens gefischt hatte.

Im Verlauf dieser Jahre häuften sich seine eigenen Ausstellungen in Hamburg, Brüssel, Amsterdam, Liège und Nürnberg. Auf einer gemeinsamen Ausstellung bei Denise René 1951 in Paris wurde der monumentale Ehrgeiz der abstrakten Kunst sichtbar: Dewasne stellte ein Fresko von 9 m vor, Vasarély eines von 5 m und Robert ein Triptychon von 3 m. Das in Trümmern liegende Frankreich wurde neu aufgebaut und die Künstler hofften, dabei ihre Rolle spielen zu können. Aber obwohl die Regierungen nicht marxistisch waren, waren sie genauso zaghaft wie die Kommunisten. Sie wählten eine Architektur der Notwendigkeit, die sich auf die Nachbildung beschränkte. Ein jeder hoffte. Man würde allerdings lange warten müssen, bis Robert die Möglichkeit bekam, ein monumentales Werk zu schaffen. 1952 stellte er bei Denise René seine jüngsten Skulpturen aus. Das Einladungsphoto zeigt ihn mit Tuchmütze im blauen Arbeitsanzug, die schwarze Schweißerbrille in die Stirn geschoben. Er hält einen seiner »Käfige« mit beiden Händen. So möchte er gesehen werden: als Schlosser der abstrakten Geometrie.

1953 fuhr seine Frau Dot nach Kopenhagen zurück. Asger Jorn fuhr schwer krank zur Behandlung nach Silkeborg, während Robert mit der kleinen Lykke zusammen in Suresnes blieb. Aber das Kind hatte sich bei Asger Jorn mit Tuberkulose angesteckt. Die Erstinfektion zeigte sich 1954. Lykke erinnert sich: *Ich wurde im Kinderkrankenhaus zwei Monate lang mit einem neuen Antibiotikum behandelt. Die Behandlung wurde unter der Aufsicht von Professor Robert Debré nach den Anweisungen von Doktor Bleibtreu, dem Bruder von Denise René, durchgeführt. Zu diesem Zeitpunkt lernte ich Hélène Minette kennen, die später Robert heiratete. Die Behandlung war erfolgreich; es half auch, daß mein Vater für mich Spielzeug aus Alteisen machte, um mich zu zerstreuen. Als erstes machte er ein kleines Telephon aus Eisen.*

Robert konnte nicht hoffen, ein Kind mit abstrakten Skulpturen zu zerstreuen. Das Erschaffen von Märchenfiguren aus Alteisen wurde so ganz natürlich einem anderen Verwendungszweck zugeführt. Tatsächlich unterschieden sich die Figuren von Lykke kaum von den Figuren, die er früher zusammengefügt hatte. Aber das Interesse, das ein Kind zeigen konnte, wenn es zusah, wie in einem Funkenregen burleske Gestalten entstanden, die in den Spielen seiner Phantasie leicht Platz fanden, schien ihm ein zusätzlicher Anlaß zu sein, damit fortzufahren. Robert konnte sich der Kraft des Lachens nicht berauben, da die Heiterkeit in seiner Natur liegt. Und der Optimismus. *Eines Tages,* erzählt Nell, *wartete mein Vater auf den Besuch eines Sammlers seiner Arbeiten, von dem er nur wußte, daß er in Holland Rechtsanwalt war. Robert sagte zu mir: ich werde einen Anwalt machen, vielleicht kauft er ihn. Er machte ihn ausgehend von einem Stück Metallrahmen eines Klaviers. Dieses Klavier war vollständig auseinandergebaut, denn sein Holz hatten wir bereits verheizt. Das Stück Rahmen verwandelte sich in die »Anwaltspuppe«. Und Robert hat dem Anwalt den »Anwalt« verkauft.*

Hélène Minette lernte Robert bei einem Abendessen anläßlich einer Vernissage bei Denise René 1951 kennen. Dann hat sie ihn 1952 bei seiner Ausstellung erneut bei Denise René wiedergetroffen. *Robert? Er sprach ein so seltsames Französisch, daß ich lachen mußte*, erinnert sie sich. *Dann kam das Hin- und Herfahren zwischen Paris, wo ich in einem Krankenhaus arbeitete und Suresnes. Ich diente ihm als Chauffeuer (er hat nie einen Führer-*

schein gemacht). Aus dieser Zeit stammen zwei kleine Skulpturen, sein Porträt und meines. Er ist ein Ritter in seiner Rüstung mit seinem Banner. Ich bin die Dame am Steuer. Ich habe die Briefe aufbewahrt, die er mir damals geschrieben hat. Es handelt sich um keine geschriebene Korrespondenz, sondern um eine Folge von Collagen und abstrakten Zeichnungen.
Vasarély wollte der Abstraktion neuen Schwung verleihen und dies führte zum Aufkommen der Kinetischen Kunst. Bei Denise René fand vom 6. bis zum 30. April 1955 eine Ausstellung statt. Sie erinnerte an die Wegbereiter Marcel Duchamp mit seiner »optischen Maschine« und Alexander Calder mit seinen beweglichen Lettern. Sie brachte Neuankömmlinge zur Geltung: Yaacov Agam, Pol Bury, Jésus Soto und Jean Tinguely. In der ursprünglichen Gruppe der Galerie schien die Idee der Kinetischen Kunst die Energien nicht mobilisiert zu haben. Der Einzige, der in der von Vasarély organisierten Ausstellung verblieb, war Robert Jacobsen. »Seit langem und ohne daß man darauf geachtet hatte, schreibt Roger Bordier, brachte er drehende Formen ins Innere seiner Skulpturen hinein«. War er deswegen bereits ein überzeugter Kinetiker?
Heute erinnert sich Robert: *Ich hatte eine Skulptur begonnen, deren Unterteil stabil war und deren Oberteil sich drehte, wobei ich den Flug des bemannten Weltraumsatelliten durch die Russen, dem ersten der Geschichte, vor Augen hatte.* Dies fügte sich letztendlich gut in den Komplex bewegbarer Werke ein, die Agam und Bury vorschlugen. *Aber,* fährt Robert fort, *ich habe über diese Idee der Kinetik nachgedacht und fand, daß sie keine interessantere Bewegung hervorbrachte als die einer Uhr, nachdem die Bewegung immer an ihren Ausgangspunkt zurückkehrte. Sie war eingeschlossen und wiederholte sich. Für mich waren die Arbeiten von Tinguely in der Ausstellung wie Pendel- oder Kuckucksuhren.*
Ich habe zu Vasarély gesagt: Bewegung ist für mich der Schock, den du spürst, wenn du etwas anschaust. Es gibt nur Sinnestäuschungen, wenn man beim Laufen ein Bild betrachtet, das dann zu vibrieren beginnt. Alles was man macht, ist auf einer Leiter hinauf- und hinunterzusteigen. Ich will keine Sinnestäuschungen. Ich will ein konkretes Gefühl.
Vasarély hat zu mir gesagt: »Ich will das nicht ausstellen, das bewegt sich nicht«. Ich habe geantwortet: »Das bewegt sich mehr als du glaubst«.
Aber er hielt an seinem Gedanken fest und wollte meine kleine Skulptur, an der sich ein Teil drehte, nicht ausstellen. Schließlich wurde die Skulptur auf einen Sockel gestellt. *Aber,* fährt Robert fort, *ich war ein wenig gekränkt. Nicht wirklich. Dieser Vasarély ist sehr ehrlich. Er ist außerordentlich begabt und hat eine enorme Kraft. Zu dieser Zeit konnte er nicht wie ein Künstler italienischer Herkunft entwerfen. Ich habe viel von Magnelli gelernt, der sagte, daß man nicht jeden Tag die nötige Kraft hat. Sie kommt, wenn es notwendig ist. Man muß mit ihr sparsam umgehen. Man muß auf sie warten können. Das konnte Vasarély nicht. Als er begonnen hat, seine zahllosen Ideen zu verwirklichen, als er all seine Erfahrungen anzubringen suchte, habe ich zu ihm gesagt: überlass dies der Jugend. Das ist nichts für dich. Denn er ist ein hervorragender Techniker, einer der besten. Wesentlich bedeutender als Warhol. Er ist auch ein guter Kollege, den ich sehr respektiere.* Die Debatte über die Bewegung in der Kunst verbreitete sich sehr schnell. In einem kürzlich veröffentlichten Aufsatz schrieb Alexander Calder: *Giacometti würde gerne eine unbewegliche Skulptur machen, die sich bewegt. Anstatt ins Leben zu schneiden, läßt sich die Skulptur von Giacometti von ihm durchtrennen.*

Nur die Ausstellung »Le Mouvement« hat Künstler versammelt, die in den vorangegangenen Jahren in anderen Galerien mit dieser Vorstellung von Bewegung in Erscheinung getreten waren. Vasarély brachte sie 1955 zum ersten Mal zusammen, und dieses Datum wurde zum Wendepunkt in der Zielsetzung der Gruppe. Neue Künstler waren erschienen, von denen einige schnell vergessen waren. Andere blieben und verstärkten die entschiedene Richtung: Hans Hartung, Gérard Schneider, Emile Gilioli waren gegangen, wie Denise René bemerkt hatte. Die anfängliche Einigkeit war ganz verschwunden. Die Tendenzen präzisierten sich, indem sie sich vom Zentrum entfernten. Dewasne und Pillet gründeten eine Akademie der abstrakten Kunst und Charles Estienne, den die große Zahl an Anhängern der abstrakten Kunst erschreckte, veröffentlichte ein Pamphlet, in dem er sich fragte, ob diese Kunst nicht eine rein akademische Haltung sei. Es schlug ein wie eine Bombe.
Mit seinen bisher nie gezeigten Puppen konnte Robert von einem Tag auf den anderen eine neue Karriere beginnen. Die Anhänger der abstrakten Kunst hatten ein Klima geschaffen, in dem jeder sich dadurch definierte, ob er zum Clan gehörte oder nicht. Man weiß jedoch, daß ein Werk, ein Leben, durch vieles mehr Gewicht bekommt, als nur durch die Zugehörigkeit zu einer Gruppe. Diese Zugehörigkeit kann nur vorübergehend sein. Man hatte geglaubt, daß Robert die Abstraktion von Magnelli gelernt hätte. Nicht nur, denn er hatte vor allem gelernt auf das Unbekannte, das in einem selbst ist zu achten und die Wahrheit über sich selbst zu respektieren, die man nie sicher interpretieren kann. Er hatte begriffen, daß man sich anderen Künstlern anschließen kann, aber dies nur für eine gewisse Zeit. Wenn der Künstler einmal die Illusionen, die Gruppe betreffend, hinter sich gelassen hat, folgt er früher oder später seinem wahren Schicksal, der Einsamkeit. Als Robert den Beginn seiner Isolierung inmitten der Galerie verspürte, erfuhr er eine der gesuchtesten Ermutigungen jener Zeit: eine eigene Ausstellung, organisiert von Willem Sandberg im Rijksmusem in Amsterdam. Wenn man die Liste der Skulpturen anschaut, die er präsentierte, sieht man, daß ihn der Gedanke von Vasarély heftig interessiert hat. Mehrere Skulpturen tragen einen Titel, der das Wort »Bewegung« enthält. Es waren ausschließlich abstrakte Werke. Das Museum akzeptierte ohne Umstände, was für die Galerie ein Problem gewesen war.
In dem Katalog ist vermerkt, daß die Museen in Liège und Schiedam Werke von ihm erworben haben. Man findet darin zwei Vorworte, eines von Léon Degand (»Der Raum ist in die Skulptur integriert; man kann in dieser inneren Leere nicht unterscheiden, was passiv und was aktiv ist«), das andere ist von Ignace Meyerson.
An Meyerson hat Robert folgende Erinnerung:
Meine Skulpturen haben mich bei vielen Leuten bekanntgemacht und zwei sehr gelehrte Persönlichkeiten haben mich sehr beeindruckt. Dies waren Pierre Francastel, Professor, Historiker und Soziologe, der 1954 für ein Buch einen Text über mich geschrieben hat und Ignace Meyerson, Professor an der Sorbonne. Beide haben mich viel gelehrt. Aber ich werde heute noch rot, wenn ich daran denke, was Meyerson für einen Eindruck haben mußte, als ich in seiner Anwesenheit einen Vortrag zum Thema des Raumes in der Skulptur gehalten habe. Ich habe gesagt: Eine abstrakte Skulptur kann nicht höher als zwei Meter sein. Dies war meine Vorstellung. Was

Ingrid Bénédicte,
genannt Grace,
Mutter von Robert Jacobsen

Der junge Robert
vor dem Trödelladen
seiner Mutter

Robert in Uniform,
1940

Asger Jorn fährt Robert im Rollstuhl
an den deutschen Besatzern vorbei, 1944

Robert verkleidet als König Tingeling

Eine frühe Plastik,
›Mademoiselle Haute Couture‹ von 1952,
spielt auf die Galeristin Denise René in Paris an.

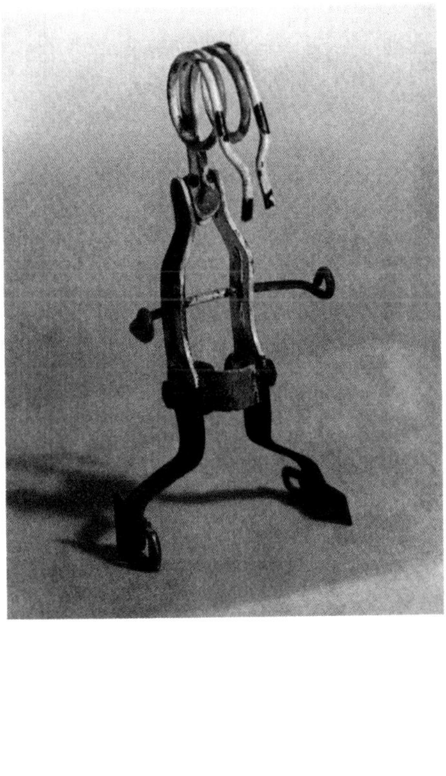

Roberts erste Eisenskulptur, um 1935,
das bearbeitete Gestell eines Fahrradsattels

Robert in den 40er Jahren arbeitet an einer seiner Granitskulpturen.

Fabeltier, Granit 1942

Jean Deyrolle, Victor Vasarély, Jacobsen und Jean Dewasne, 1948

C. H. Pedersen, Egill Jacobsen und Jacobsen, 1945

Jean Dewasne und Jacobsen
in Hvidovre, 1949

Victor Vasarély, Robert Jacobsen
und ein Freund.
Sitzend: Jean Dewasne, Denise René,
Jean Deyrolle, 1949

mußte er von einem armseligen Kerl halten, der sofort von seinen Grenzen sprach? Ich dachte, daß ich zu einer Skulptur eine gute Beziehung hätte, wenn sie in etwa meine Größe hatte. Dies hieß nichts anderes, als daß ich ein menschliches Format brauchte. Dies hieß vor allem, daß ich nicht die Mittel hatte, um etwas Größeres zu machen. Jetzt kann ich mit Hilfe des Computers Skulpturen von 18, 20, oder bald von 60 Metern Höhe machen (während ich hier mit Dir spreche, fertige ich diese Skulptur in meinem Kopf an). Nun, damals hörte mir Meyerson freundlich zu. Heute wäre er in Anbetracht meiner großen Werke vielleicht stolz auf mich.
In Amsterdam stellte er Skulpturen aus, denen er die Namen seiner Kinder, seiner vier Mädchen gegeben hatte: Hanne, Nell, Mette und Lykke. Er hatte für Lykke Puppen anfertigen können; seine Kinder hatten auch ihren Platz in seinen Abstraktionen.
1956 kam es zu einer Veränderung in seinem Leben: der Hausbesitzer hatte gewonnen, und Robert wurde aus Suresnes vertrieben. Hélène Minette, die 1958 Hélène Jacobsen werden sollte, entdeckte Montfermeil. Das Paar zog in einen anderen Vorort und richtete sich auf einem Grundstück ein, auf dem ein gutbürgerliches Haus und zwei Pavillons standen. Eine neue Existenz, neue Räume. Hélène brachte ihre beiden Töchter mit. Robert kam mit Lykke, dann folgte Nell, und seine beiden anderen Töchter kamen immer wieder vorbei. Die Galerie de France, von Myriam Prévot und Gildo Caputo geführt, interessierte sich für seine Werke. Robert kam in eine Mannschaft von Künstlern, deren Verbindung nicht in einer gemeinsamen Ästhetik lag. Seit 1951 fand man dort die Maler Le Moal, Manessier, Singier, Pignon und Prassinos. Von den Arbeiten der drei Erstgenannten kann man sagen, daß sie nicht figurativ sind, und daß die beiden anderen sich um Gestalt und Landschaft bemühen. Dann kamen Zoran Music, der Expressionist Maryan, John Levee und R.E. Gillet zu der Gruppe, die beiden letzteren der Abstraktion zugewandt; dann Soulages, Hartung, Anna-Eva Bergman und Alberto Magnelli. Mit diesen vier Künstlern bekam die Abstraktion mehr Gewicht in der Galerie, in der als Bildhauer Robert Muller, Costa Coulantianos und Pietro Consagra waren. Muller stand den Surrealisten recht nahe, Coulentianos und Consagra der Abstraktion. Und nun war Robert Jacobsen dabei.

Die Zeit in Montfermeil 1958–62.
Der Ferienort Meymac 1959–67.
Der Wandel in seiner Kunst.

Man kannte ihn als Meister der abstrakten Kunst, der strengsten abstrakten Kunst, wegen seiner »Käfige«. Und dann zeigte er bei seiner ersten eigenen Ausstellung, die nicht bei Denise René stattfand, Figuren. Der Titel der Ausstellung war übrigens »Figuren«. Unter dem Begriff »Puppen« spricht man heute noch davon. Der Ausdruck ist eigentlich unzutreffend, auch wenn er der kleinen Lykke gefiel.

Er sagt heute: *Ich wollte eine kleine Überraschung bereiten.* Offensichtlich amüsiert ihn das heute noch.

Endlich konnten diese Figuren, die er heimlich seit Jahren anfertigte (es existieren solche von 1949), gezeigt werden.

Robert begann offiziell eine zweite Karriere.

Die Reaktion seiner alten Freunde war lebhaft. *Vasarély,* erinnert sich Robert, *hat mir einen Brief geschickt. Er schrieb darin in etwa: du bist schlimmer als die Naturalisten. Wo ist der große Robert geblieben? Lauter so Zeug. Ich war ihm deswegen nicht böse. Wir sind ja keine Banditen.*

Richard Mortensen war auch wütend. Denise René erinnert sich:

Eines Tages hat Robert in der Galerie zu mir gesagt: Denise, es tut mir leid, aber ich habe mich entschlossen, ich glaube nämlich an meine Arbeit und werde diese Skulpturen, meine Puppen, die ihr ablehnt, zeigen. Ich werde sie in der Galerie de France ausstellen. Ich habe Robert viel Glück gewünscht, hätte aber nie an der »Lynchjustiz« am großen abstrakten Bildhauer Robert Jacobsen teilgenommen. Ich habe ihn daraufhin nicht mehr wiedergesehen; erst wieder bei einem Cocktailempfang im französischen Konsulat in Venedig. Dann kam er eines Tages in die Galerie am Boulevard St. Germain und hat mich wieder umgarnt. Aber ich hätte trotzdem an seiner »Ermordung« die 1957 stattfand, nicht teilgenommen. Er hat seither allen um mich herum Geschenke gemacht. Vasarély hat er eine Art Don Quichotte mit einer Krone geschickt, da Vasarély ein ungarischer Graf ist. In meiner Familie haben sie alle ihr Portrait bekommen. Ich habe nie eine seiner Puppen bei mir zu Hause gehabt; ich bin genauso dickköpfig wie er.

Robert fügt hinzu: *Auch Magnelli hat mich fertig gemacht. Von allen Seiten prasselte es auf mich ein.*

Aber Robert ist nicht undiplomatisch; er verlor kaum Freunde bei dem, was als plötzlicher Verrat erschien. Ignace Meyerson, der 1955 für seine Abstraktionen in Amsterdam

das Vorwort schrieb, verfaßte den Text für den Katalog der Ausstellung in der Galerie de France im Jahre 1957.
Ignace Meyerson begeistert sich daran, wie der Bildhauer Verwendung findet *für Schlösser, Schlüssel, Scheren, Zahnräder, Hebel, Federn, Füße von Kaffeekannen, Gemüsereiben, Bolzen, ganze und kaputte Nägel. Robert macht daraus einen Organismus. Die Augen des »Todesengels« sind Federn und die von »Maria-Magdalena« sind Schrauben. Man sieht sie und empfindet sie als solche. Ihre Qualität als Feder oder Schraubkopf fügt dem Ausdruck der Augen einen besonderen Charakter hinzu, den man anders nicht ausdrücken kann. Ketten, Schlüssel, Kugellager, Flügelmuttern von Fahrradreifen bedeuten das, was sie sind, dort wo sie sind, vor allem am Kopf. Neben der technischen Bedeutung nimmt man den symbolischen Wert wahr. Durch ein Stück Gasmaske spürt man den Krieg; die Verzweiflung der Deportation in einem Stück Spielzeugeisenbahn; ein Löffel und eine Gabel symbolisieren die Härte des Hungers; ein Messer und ein Hammer die Entmenschlichung des Menschen zum Roboter.*
Meyerson schloß: *Jacobsens Kunst der Figuren ist eine Sage des 20. Jahrhunderts, ein Heldengedicht.*
Er hatte zu Beginn seines Textes eine Bemerkung von Robert zitiert: *die Umgebung des Menschen ist heute von Maschinen geprägt, der Mensch lebt in einer mechanischen Landschaft, er fügt sich in diese Landschaft ein und muß kämpfen, um nicht selbst ein Teil einer universellen Mechanik zu werden. In den Maschinen steckt nicht nur die Arbeit des Menschen; darin sind seine Gedanken, seine Leiden, all seine Reaktionen auf die Welt. Die Menschen haben fast eine neue Sprache geschaffen. Der Mensch, der arbeitet, versteht sie. Es gibt den Dialog des Arbeiters mit der Maschine. Wie sollten nicht alle Menschen dies verstehen? Man muß mit den Teilen einer Maschine zugleich das ausdrücken können, was der Mensch ist und das, was er nicht sein will.*
Ohne Zweifel war Robert über diese Unterhaltung in der Werkstatt glücklich: der Professor von der Sorbonne unterhält sich mit dem schwarzen Schaf aus Kopenhagen! Ein Gelehrter kann sich für das, was man mit den Händen macht, interessieren!
Was Meyerson nicht gesagt hat, ist, daß die Puppen, die nicht mehr nur der Zerstreuung der kleinen Lykke dienten, Portraits geworden sind, allegorische Portraits, wie Picasso sie vor 1914 von seinen Freunden machte, Karikaturen wie Daumier sie machte. Die Teile, aus denen sie gefertigt waren, sagten etwas über die Personen aus.
Denise René sagt, sie habe nie von sich ein Portrait von Robert gesehen. Dennoch existiert es, unter dem Titel »Demoiselle Haute Couture«: eine umgedrehte Schere wird zur Brille und somit zum Blick der Zensur, wie auch zu einer Anspielung auf ihre Vergangenheit in der Damenschneiderei . Und man ist sich darüber einig, daß eine Ähnlichkeit vorhanden ist. Die Ähnlichkeit liegt jedoch nicht in den Zügen, sondern in den Symbolen, die eine Persönlichkeit ausdrücken. Es ist dieselbe Ähnlichkeit wie bei den afrikanischen Skulpturen. So gesellten sich zu dem, was Meyerson für eine Heldensage des 20. Jahrhunderts hielt, Figuren seiner Zeitgenossen. Die Sage hatte ihre Darsteller; es ging nur noch darum, ihren Mythos zu schildern.
Und dann bekam er neuerliche Unterstützung.
Er erhielt einen Brief des Malers Maurice Estève: *Mein lieber Jacobsen, was für ein Glück!*

Nach meiner Krankheit führte mein erster Weg zu den »Puppen«. Es war, wie man mir sagte, der letzte Tag, also ein doppeltes Glück, denn was war dies für eine fröhliche Überraschung! Was für ein außerordentliches Vergnügen, vor dieser abwechslungsreichen Welt, diesen lebendigen Wesen zu stehen. Man sieht China, Mexiko, aber auch Rabelais und einen mir unbekannten Jacobsen. Ein Wunsch (dessen Ungehörigkeit du bitte entschuldigen mögest, wenn du eine solche darin siehst) ist, bald die Verschmelzung der beiden Stilrichtungen in einer einzigen zu erleben. Mögest du dich immer so sehr zu deiner Freude, zu unserer und der Kunst vergnügen können. Gestehen wir es ein: viele abstrakte Künstler sind griesgrämige, hartleibige Gestalten, die einem den letzten Nerv töten. Sie langweilen sich. Sie machen uns gähnen. Es ist uns gleichgültig, ob sie Burgunder oder Whiskey trinken. Es wäre uns lieber, sie würden in ihre Arbeiten Blumen und den Saft der Reben legen. Auf dein Wohl! Auf dein Vergnügen! Freundschaft und Sympathie.

Maurice Estève sah es richtig. Dennoch brachte Robert die Ausstellung, die ihn einem breiteren Publikum bekannt machte, aus dem Umfeld der Museen und der Kritik eine Flut von Vorwürfen ein. Darauf erwiderte er: *ich bin ein freier Mann.*

Wenn man heute daran zurückdenkt, wie damals das Eisen in der Bildhauerei verwendet wurde, findet man einerseits die Fortsetzung dessen, was Julio Gonzales unternommen hatte, der das gebrauchte Eisen liebte, der alte Geräte wie Spaten und Hippen umarbeitete und ihnen einen neuen Sinn gab. Andererseits gab es die Kunstschmiedearbeiten, die Pablo Gargallo virtuos beherrschte und worin sich David Smith und Eduardo Chillida auszeichneten. Dann gab es die Messingarbeiten von Robert Muller. Berto Lardera, der sich mit der Vorstellung einer zweidimensionalen Bildhauerei beschäftigte, arbeitete mit Eisen- oder Kupferplatten, die er mit dem Schweißbrenner zerschnitt. Etienne Hajdu hämmerte Kupfer- oder Aluminiumreliefs. Das geschmiedete, gehämmerte, geschweißte Metall wurde zum Material der modernen Bildhauerei. Als Wegbereiter im Gebrauch des Industrieeisens gab es nur einen, den jeder respektierte, nämlich Calder.

Das Alteisen, das von der Industrie dem Rost überlassen wurde, erregte weniger Aufmerksamkeit. Natürlich kannte man es in den Ateliers und liebte die körnige Materie und die Farben der Oxydation. César, der die Schrottplätze inspizierte, stellte 1955 eine Hommage an Picasso vor, in der er zwei Brenner eines Gasherdes zusammenbrachte. Sie ähnelten ein wenig kretischen Göttinnen. Aber kaum jemand folgte dem Beispiel von Picasso, der aus dem Sattel und der Lenkstange eines Fahrrads einen Stierkop gefertigt hatte. Das surrealistische Objekt war in den Werkstätten der Bildhauer nicht mehr sonderlich geläufig. Vielleicht weil das Objekt aus Eisen dem Universum der Maschine angehörte. Robert hatte es zu Meyerson gesagt: *die Welt des Menschen besteht heute aus Maschinen und aus Teilen von Maschinen.* Die Maschinen herrschten über die moderne Kunst, ob nun Fernand Léger ihre Dynamik herausstellte oder Marcel Duchamp das Lächerliche und die Gefahren aufzeigte. Die Maschine, die Bewegung der Pleuelstangen und der Kolben, hatte im Kino schöne Bilder hervorgebracht. Die Poesie hatte Freude gefunden an den Motoren, und das Metall wurde zum Werkstoff der neuen Macht des Menschen.

Trotzdem verlor das Eisen nicht seine Bedeutung als Werkstoff. Wenn es rostete, legte man es zur Seite, immer in der Hoffnung, es eines Tages wieder und immer für eine Maschine gebrauchen zu können. Frankreich war ein Land, das seine Maschinen reparierte. Fernand Léger war verblüfft, als er in den Vereinigten Staaten die Friedhöfe für Landmaschinen und Autos sah. Amerika reparierte nicht, es ersetzte.

Robert hatte in seinem Trödelladen in Kopenhagen und bei den Schlossern und Alteisenhändlern die Metallabfälle gesehen, die man anbot, oder die gesammelt wurden, um zur Wiederverwertung in die Schmelzhütten gebracht zu werden. Ohne Zweifel hat er in Paris am Boulevard Richard Lenoir den Altwarenmarkt besucht, auf dem damals gebrauchte Geräte verkauft wurden. Seine Puppen zeigten, daß das verbrauchte, zerbrochene und unbrauchbare Metall seinen rationalen Verwendungszweck aufgegeben und in der Phantasie eine neue Funktion erlangen konnte, wo es, ohne die Zeichen seines ursprünglichen Gebrauchs zu verlieren, den großen Graben zum Theater der Träume überwinden konnte.

Diese Zweckdienlichkeit kann zu einem Vorstellungswandel führen, wie er charakteristisch für die Bedeutungsänderungen ist, die für die sogenannte primitive Kunst typisch sind, wenn diese Objekte in Besitz nimmt, die nicht aus ihrem Universum stammen.

In diesem Sinn sind die beiden Metamorphosen, die Robert dem Metall auferlegte, gleichermaßen radikal: aus verdrehten Federn und verbogenen Schrauben hat er Personen geformt. Mit dem neuen Eisen, das er für seine Abstraktionen verwendet, hat er Räume geschaffen. Er geht in beide Richtungen, sammelt Bruchstücke und bricht in die industrielle Denkweise ein. Sein Wesen läßt ihn zu dem Material, das er verwendet, dem verrosteten und dem neuen, die Distanz wahren, die ihm immer erlaubt, es zu beherrschen und es seine Wahrheit ausdrücken zu lassen.

Die Ausstellung von 1957 hatte deutlich gemacht, daß er gleichzeitig beide Wege beschreiten mußte. Damals wurde dieser Dualismus als Verrat oder zumindest als Schwäche betrachtet. Mit 45 Jahren hatte Robert den Mut gehabt, die Reihen zu verlassen, aber hatte die Abstraktion nicht aufgegeben.

Als er im folgenden Jahr in der Kunsthalle von Basel, später im Statens Museum von Kopenhagen, wo er zusammen mit Serge Poliakoff ausstellte, eine Zusammenstellung abstrakter Skulpturen präsentierte, hätte man glauben können, er sei endgültig zur Figuration übergewechselt.

1958 zeigten andere Ausstellungen deutlich, daß er der abstrakten Kunst immer noch zugehörte. Man sah ihn mit Magnelli, Jean Arp und Hans Hartung im Musée de l'Art Wallon in Liège. Schließlich präsentierte er in Odense und in der Galerie de France in Paris eine Zusammenstellung von abstrakten Werken aus Eisen. Der Katalog betonte die Jahreszahlen 1956, 1957, 1958. Robert ließ so wissen, daß er wegen seiner »Puppen« die abstrakte Kunst nicht aufgegeben hatte. Er vertrat beide Richtungen, und man mußte sich mit diesem Gedanken vertraut machen.

Man gewöhnte sich daran, aber nicht sofort. Robert machte solange abwechselnd abstrakte Ausstellungen und Ausstellungen seiner »Puppen«, bis man ihm erlaubte, beides gleichzeitig auszustellen. Bis dahin sortierte er oder ließ vielmehr die Organisatoren sortieren. Diese sind immer auf Neuigkeiten versessen, und man verlangte in Europa

nach den »Puppen«, kaum daß sie bekannt waren. Der erste war 1959 Knud Jensen vom Musée Louisiana nahe Kopenhagen, dann im selben Jahr Arnold Bode, der die internationale Ausstellung »Documenta« in Kassel organisierte, dann 1960 Pontus Hulten für das Moderna Museet von Stockholm. Von allen Seiten wollte man Informationen.
Die Personen von Robert sind Personen der Märchenwelt, sagte Eugène Ionesco. Diese Fabelwelt war bei Robert immer präsent: die Steinfiguren aus seinen Anfangszeiten beziehen sich auf die Fabel. Sie waren damals Monster romanischer Kapitelle und Wasserspeier von Kathedralen. Ihre Bezugnahmen waren nicht klar ausgedrückt, aber Robert gab die Zielrichtung seiner Neugier an, indem er sie »Fabeldyr« (Fabeltier auf dänisch) nannte. Dies galt für den Stein. Die Skulpturen aus Eisen tragen seither einen Titel und ihre Bezugnahme ist präziser. Heldensage, hatte Ionesco gesagt, aber häufiger waren es der volkstümlichen Phantasie liebgewonnene Figuren: es erschienen Personen der Romane des 19. Jahrhunderts, die man zu der Zeit noch las: die Straßensänger, der Advokat, der Schulmeister, die Näherin, der Torero. Auch einige Heilige: Maria-Magdalena, Jean-Baptiste. Exotische Figuren: die Squaw, der Indianerhäuptling und Personen des Marionettentheaters: der Hindu, der Perser, der Mexikaner, der Tibeter, bis zu der aus Pressephotos entstandenen Figur des Engländers mit dem flachen Helm, der den britischen Soldaten des Krieges, der gerade zu Ende gegangen war, mindestens ebenso charakterisierte, wie der waagerechte Schnurrbart. Man findet auch Bezüge auf Kunstwerke: eine Maya-Skulptur aus beweglichen metallischen Röhren, die ein Diadem trägt, dessen Federn ursprünglich vielleicht die Scheibenwischer eines Autos waren, auf der Brust einen Verteilertopf, einen Metalligel, der an der Stelle, an die ihn der Bildhauer setzt, zum Emblem der Sonne wird. Dann noch die Madonna von Fouquet, ein Bild aus dem Louvre, dessen Grazie darin liegt, daß die Inhalte die geometrische Perfektion mit dem Lebendigen verbinden. Die Transparenz des Schleiers der Jungfrau ist klar zu sehen: es ist ein Stück Drahtgitter.
Die Figuren sind auch, wie man gesehen hat, Portraits, aber diese zu identifizieren soll das Vergnügen der Eingeweihten bleiben.
In Montfermeil gab es drei Gebäude: ein Herrenhaus, mit mittelmäßigen Ornamenten auf der Fassade, eine Art Garagenschuppen mit Zwischengeschoß, den Robert zur Werkstatt umbaute und ein weiteres Gebäude, eine Art bäuerliche Behausung, aus dem er ein Wohnhaus machte. Es ging darum, zwei Familien unterzubringen: einerseits Robert, der seinen Vater, seine Mutter und seine beiden Töchter Nell und Lykke kommen lassen wollte, andererseits Hélène mit ihren beiden Töchtern Annick und Christine.
Lykke erinnert sich: *Montfermeil war mein wirkliches Heim. Hélène hatte es sich zur Aufgabe gemacht, mich zu erziehen. Sie ließ mich Französischunterricht nehmen, bevor sie mich in die Gemeindeschule schickte. Die Familie aß zu regelmäßigen Zeiten. Es gab Regeln für das tägliche Leben. Meine Großmutter starb zu früh. Nur mein Großvater kam zu uns, ein depressiver Witwer, der kaum Französich sprach und völlig verloren war. Robert empfing mich wie zuvor in seiner Werkstatt, die größer als die in Suresnes war.*
Und Robert arbeitete. Er hatte nun ein Haus, in dem er respektable Besucher empfangen konnte, Direktoren von Museen und Galerien, Sammler. Hélène führte das Sekretariat. Es wurde möglich, den vermehrten Wünschen nach Ausstellungen in Europa und den

Vereinigten Staaten nachzukommen. Es gab auch spezielle Einladungen, wie die des Szenographen Jacques Polieri für das Festival d'Avantgarde. Polieri hatte für das Theater eine Drehbühne erfunden, auf der er die Zuschauer auf Stufen setzte. Er hatte auf den Umgang Skulpturen von Jean Arp, Jacobsen und einigen anderen plaziert, und das Publikum drehte sich so langsam inmitten eines Waldes von Skulpturen: dem Werk wurde Bewegung hinzugefügt. *Das bewegt sich mehr als du denkst,* hatte Robert Vasarély geantwortet. Dieses Mal befand sich der Zuschauer in einer Bewegung um seine Werke herum, war ihnen nah und dann wieder fern. Diesem Publikum in Bewegung präsentierte Robert ein unbewegliches Werk aus Eisen von 2 m 30 Höhe, das von Jean Dewasne polychrom gefaßt war. In Montfermeil empfing Robert eines Tages den dänischen Industriellen Aage Damgaard, der in Herning in Jütland eine Textilmanufaktur errichtet hatte. Er hatte die »Puppen« in der Ausstellung des Musée Louisiana in Humlebaek entdeckt und wollte, daß Robert für ihn welche anfertigte. Er war der erste in Dänemark, der zeitgenössische Kunstwerke an Arbeitsstätten aufstellen wollte, ein Prinzip, das sich später verbreitete. Seine Manufaktur Angli stellte Hemden her. Der Chef wünschte ein Wandgemälde von Poul Gadegaard und drei große Skulpturen von Robert. Der Bildhauer arbeitete an einem dreiteiligen Objekt aus Eisen, Kupfer und Stahl, genannt »Loke und seine Freunde«, die am Meer auf dem Rasen um die Fabrik herum standen. Andere Skulpturen von Shinkichi Tajiri wurden ebenfalls im Garten aufgestellt; im Inneren der Fabrik hingen Gemälde von Jean Dewasne, Asger Jorn, Mortensen, Vasarély, Carl-Henning Pedersen. Doch Aage Damgaard begnügte sich nicht damit. Er hat in Herning das Pedersen-Else Alfelt Museum gegründet und die Stadt, die nach dem Krieg ein einfacher Weiler war, ist heute auf 40.000 Einwohner angewachsen und ein wahrer Skulpturenpark geworden. Robert mußte nun das Prinzip leugnen, das er eines Tages dem Philosophen Meyerson gegenüber vertreten hatte: er würde immer nur Skulpturen von der Größe eines Menschen anfertigen. Er hatte diesen Gedanken sicherlich aus zwei Gründen verteidigt: zunächst, weil es Gleichartigkeit zwischen dem abstrakten Werk und den Dimensionen des menschlichen Körpers gibt. Und dann glaubte er, nicht die technischen Möglichkeiten zu haben, um Größeres zu machen.

Es handelte sich um drei Puppen von 3 m 50, 3 m und 2 m 50 Höhe. Dieses Format war nötig, damit man sie bei den Dimensionen von Fabrik und Park wahrnahm. Diese Größe setzte auch voraus, daß der Bildhauer Alteisen einer anderen Dimension fand. Er mußte sich abwenden von den Resten der Haushaltsgeräte, der Moped- und Automotoren, der kaputten Fahrräder und sich den Lastwägen, den landwirtschaftlichen Maschinen und den Heizkesseln zuwenden. »Loke und seine Freunde« zeigten auf dem Rasen am Meer die Metamorphose des Eisens und der Industriegeräte zu Statuen. Daneben standen saubere, funktionierende Maschinen, von immer schnelleren Rhythmen belebt, über die sich die Näherinnen der industriellen Hemdkonfektion beugten. Im Umfeld der Fabrik bekam die Wiedergeburt des Metalls in Figuren der Heldensage eine akzentuiertere Bedeutung als in den Galerien oder Museen.

Auf alle Fälle hatte Robert die Geschichte von Loke der Wikingersage entnommen. *Zu Beginn*, erzählt er, *gab es einen freundlichen, weisen Mann, den die Bäume schützten. Man konnte auf ihn schießen, die Pfeile erreichten ihn nie. Der Bandit Loke überlegte, wie er ihn niederstrecken könnte. Er fragte die Bäume, die Eichen, die Birken und diese antworteten ihm: man rührt nicht an den Weisen. Aber Loke wußte, daß letztendlich eine Pflanze ja sagen würde. Es war der Giekbaum. Loke machte aus einem seiner Zweige einen Pfeil, und mit seinen Freunden streckte er den Weisen nieder.*

In Montfermeil begann Robert mit der Arbeit an seinen Großskulpturen. Diese waren nicht als Begleiter der Architektur gedacht, was sie für ihn nie wurden, sondern er wollte sie aus den Galerien herausbringen, dorthin, wo man keine zeitgenössische Kunst erwartete, auf die Straße und die öffentlichen Plätze.

Die Verwirklichung dieser großen Figuren gestaltete sich schwierig. Hélène Jacobsen erinnert sich: *Er stellte eine in Montfermeil zusammen, aber es fehlte ihm an Hebegeräten. Die Figur war sehr schwer und zuweilen rief er nach seiner Tochter Lykke und nach mir, um das Teil, an dem er gerade arbeitete, wegzuschieben. Einmal halfen uns zwei Feuerwehrmänner, die aus irgendeinem Grund gerade im Hause waren. Als sie unsere wenig wirkungsvollen und kurzatmigen Bemühungen sahen, entschlossen sie sich, alle zwei Stunden vorbeizukommen, um Roberts Skulptur zu verschieben. Um an den beiden anderen Figuren zu arbeiten, ging Robert nach Herning in einen Werkschuppen, wo Aage Damgaard ihm Arbeiter zur Verfügung stellte, von denen einer Jonas hieß.*

Von da ab war die Sache für Robert klar. Wenn er Skulpturen machen wollte, die über die Größe eines Menschen hinausgingen, brauchte er zunächst mehr Platz, dann Hilfe oder eine spezielle Ausrüstung. Er sollte bald sehen, daß er all dies zusammen brauchte. Nachdem diese Figuren bestellt waren (bei 3,50 m Größe kann man nicht mehr von Puppen sprechen), bat man ihn, eine große Außenskulptur zu planen, wieder für Jütland, für die Stadt Esbjerg, die am Hafen mit einem Werk den Eingang zum Kunstpavillon anzeigen wollte. Dieses Werk sollte zur Abwechslung abstrakt sein.

Fast dreißig Jahre später hat mir Robert erzählt: *Was hat man über Esbjerg gesagt? Das ist eine Stadt, die nach Fisch stinkt. Man sagt das immer noch. Aber dieser Geruch ist das Geld der Stadt. Und die Skulptur dient ihrem Renommee.* Diese Skulptur war für Robert ein neues Abenteuer: drei Meter hoch, Eisenplatten von ganz anderem Maß, ein Gewicht, das Hebegeräte voraussetzte, die er nicht hatte. Also ging er in die Werften des Hafens von Esbjerg, um sie zusammenzufügen. Obwohl sie mit seinem eigenen Material in Montfermeil begonnen und mit den Werftarbeitern beendet wurde, ist sie ein komplexes Werk, aus sehr starkem Eisen, echten Metallträgern, authentischen Deckplatten eines Schiffsrumpfes. Dieses Metall wurde bis dahin noch nie in der Bildhauerei verwendet. Natürlich war es neues Metall. Die Werftmetallarbeiter arbeiteten nicht mit Alteisen. Und zu den kleinen Skulpturen paßte sehr gut ein glattes, einheitlich geschwärztes, zuweilen blau oder rot bemaltes Eisen. Die große Konstruktion ließ ihn Kontraste im Material entdecken, die er sich bis dahin noch nicht gestattet hatte. Er gab dem Material gerne die körnige Rauheit, die das Zertrennen mit dem Schweißbrenner hervorruft. Das glatte Metall wechselte sich mit dem gekörnten ab. So bekamen die glatten Flächen eine andere Patina.

Ich bin mit Jonas zur Werft gekommen, erinnert sich Robert. *Die Arbeiter haben mich ange-*

schaut: ein Künstler! Sie haben sich über mich lustig gemacht. Ich habe nichts gesagt. Ich habe von 7 Uhr morgens bis 7 Uhr abends gearbeitet. Anfangs haben sie gelacht. Als ich gegangen bin, haben sie beinahe geheult. Eines Tages hat der Chef der Werft zu mir gesagt: »du bist an der Westküste geboren!« Ich habe gesagt: »so ist es«. Er wußte, daß es nicht stimmte, aber er wollte mir das größte Kompliment machen, das er kannte.

Es ist ein schweres Werk, das von zwei Achsen bestimmt wird: die eine, eine Pfeilspitze zwischen zwei Rechtecken, steigt an, die andere, ein Hinunterpurzeln von Stangen und Kreisen, die in Zeitlupe zu Boden sinken, fällt ab. Es ist ein großartiges Schauspiel, das an die Reflexion appelliert. Ein jeder sieht darin, was er sehen möchte. Man liest in dieser Skulptur ebenso das Symbol der Hafenaktivitäten der Stadt wie den Kontrast von zwei Bewegungen, die eine anhaltend, die andere unterbrochen; etwas, wofür sich der Statistiker der Schiffsbewegungen im Hafen ebenso interessieren kann wie der Physiker oder der Metaphysiker.

Zum Thema der Präsenz seiner Skulpturen auf öffentlichen Plätzen, sagt Robert: *Ich fertige die Skulptur zunächst für mich an. Ich akzeptiere keinen Auftrag, ich bin kein Missionar. Ich versuche, meine Pflicht zu tun und Qualität anzufertigen. Ich arbeite für meine Kunst. Ich mache, was sie mir zu machen vorgibt. Die Zeiten sind vorbei, wo die Skulptur auf der Straße die Präsenz der Macht war. Man kann lärmende, aufgeregte Werke machen. Ich für meinen Teil möchte gerne für ein Gefühl der Ruhe sorgen, etwas auf der Straße aufstellen, das dem Passanten Selbstsicherheit verleiht. Es ist richtig, daß die Öffentlichkeit nicht informiert ist, daß sie seit Jahrhunderten gewöhnt ist, in der Bildhauerkunst die Abbildung eines Mannes, eines Pferdes, eines Mannes auf dem Pferd zu suchen. Meine Skulptur dient für keinerlei Vorstellung. Sie ist da. Sie hat keinen Auftrag. Was die Intellektuellen betrifft, so sind einige von ihnen so mit sich selbst beschäftigt, daß sie keine Zeit dafür haben, die Welt, die uns umgibt, zu erklären. Sie sind auf sich selbst konzentriert. Sie denken nur über ihr Ich nach. Sie ziehen nichts anderes in Erwägung. Sie haben keine Zeit für Skulpturen.*

Robert ist sich der Einsamkeit des Künstlers bewußt. Die Ausstellungen und Skulpturen auf öffentlichen Plätzen haben seine sichere Überzeugung nicht erschüttert: der Künstler ist allein.

Die Familie brauchte einen Ferienort. Hélène erinnerte sich an einen Marktflecken in Corrèze, wohin ihr Vater sie zusammen mit ihrer Schwester mitgenommen hatte: es war Meymac. Robert sagt heute: dies ist die schönste Landschaft in Frankreich. Es ist eine Wald- und Weidenregion, weniger als 1000 m hoch gelegen, in der Nähe des Hochplateaus von Millevaches. Die Straßen schlängeln sich unter hohen Bäumen hindurch. Überall fließen Bäche. Hélène kehrte zu den Quellen ihrer Kindheit zurück. Ein Bauernhof war zu verkaufen; sie richteten sich darin ein. Einmal mehr machte sich Robert daran zu restaurieren und neu aufzubauen. Er mauerte mit eigenen Händen einen Kamin im großen Zimmer des Erdgeschosses. Er installierte ein Spülbecken aus Stein und möblierte das Heim mit alten Möbeln oder mit Teilen moderner Möbel, die er von dem Schreiner in Meymac, der ihn belieferte, zusammenstellen ließ.

Die Familie war somit jedes Jahr von 1959 bis 1967 da. Hélène traf in Meymac einen Freund ihres Vaters, Marius Vazeilles wieder, den Patriarchen, wie ihn seine Tochter,

Mme Magnier nannte. Marius Vazeilles trug sein ganzes Leben lang Ausstellungsstücke für das »Musée d'archéologie gallo-romaine et d'éthnologie« in Meymac zusammen und Robert schätzte sich glücklich, einen Austausch zwischen der Stiftung Vazeilles und dem »Musée archéologique« in Kopenhagen organisieren zu können. Dänische Objekte stehen in den Vitrinen und bezeugen dies. Mme Magnier: *Ich glaube, daß Robert sich für die Monologe interessierte, die mein Vater während der Mahlzeiten zu Tisch über die Ursprünge des Menschen hielt.*

Meymac bedeutete für Robert auch die romanische Skulptur. Zunächst die vielleicht noch ältere, auf einem Monolith basierende, der auf dem Kirchplatz steht, mit seltsamem Flechtwerk, das die Gestalt einer Mutter, die von ihren Kindern umgeben ist, einhüllt. Und dann die Kirchenkapitelle des 12. Jahrhunderts. Dort fand er die »Fabeldyr« wieder, die Fabeltiere, die er früher geschaffen hatte. Es waren Löwen, Greife, Drachen, Teufelsgestalten, einer Sage entsprungen, die er unbewußt mit seinen Anfängen verknüpft hatte. Robert fand es gut, daß ihn Hélène nach Corrèze gebracht hatte: so konnte er seine Jugendjahre überprüfen.

Er plante, ihr Haus zum Haus der dänischen Künstler zu machen, so wie es seine Vorgänger in Suresnes gemacht hatten und worüber er so glücklich gewesen war. Die Abtei beherbergt heute die Stiftung Marius Vazeilles und das Zentrum für zeitgenössische Kunst, das von Caroline Bissiére und Jean-Paul Blanchet betrieben wird. Im Juni 1991 haben sie dort eine große Jacobsen-Retrospektive organisiert, und am 27. Juli hat das französische Kultusministerium zusammen mit der Stadtverwaltung die erste große Außenskulptur von Robert in Frankreich enthüllt. Es handelt sich um eine Skulptur von 13 m Höhe, gefertigt in einer dänischen Schiffswerft und in den französischen Gärten der Abtei von Bernard Léauté aufgestellt. Roberts Reputation im Marktflecken basierte nicht mehr nur auf seiner Herzlichkeit und auf dem Erstaunen der Leute, die, wie sich Hélène erinnert, *einen Künstler immer ein wenig im Verdacht haben, ein Faulpelz zu sein, und die voller Respekt einen Künstler entdecken, der in der Lage ist, Granit zu behauen und ein Haus neu zu gestalten.* Man spürte dies bei der Einweihung des Monumentes in Meymac.

Die Zeit in Courtry.
Seine Ausstellung in der Galerie de France.
Ein mit ihm 1963 geführtes Gespräch.

1962 zog die Familie von Montfermeil ins Schloß von Courtry und Roberts Bildhauerei entwickelte sich weiter.
Die große Außenskulptur für den Hafen von Esbjerg hatte gezeigt, daß die Periode der schwarzen und glatten Eisen von Suresnes vorbei war. Robert hatte den Gehorsam des Eisens geliebt und die Leichtigkeit, mit dem es sich der Geometrie unterwarf, die er ihm auferlegte. Das Eisen in Suresnes war eine Art, in den Raum zu zeichnen. Die wenigen Zeichnungen, die aus dieser Epoche bewahrt wurden, zeigen nur wenige Striche, zerbrechliche Geflechte, unregelmäßige Geometrien von schwarzen Blättern und drücken denselben Wunsch wie die Skulpturen aus: die Kunst muß so wenig materiell wie möglich die Materialisation eines Gedankens sein.
Dagegen verlangte das Eisen in Montfermeil, in Meymac und in Courtry wegen seiner Materialität verwendet zu werden, wobei die Schweißspuren ihren Charme enthüllten und es nicht mehr nötig war, die Schweißnähte zu versäubern. Nun ließ das Eisen neben dem matten Schwarz, mit dem der Künstler es bedeckte, seine Grautöne sehen, hier und da schimmerten Kupfertöne auf und Robert gestattete sich, Farben aufzutragen. Manchmal schraubte er sogar seine Eisen auf eine bemalte Holzplatte. Dann erschien das granulöse, oxydierte, emaillierte Metall auf einem Grund, auf dem sich Blau, Schwarz und Braun wie auf einem tachistischen Gemälde vermischten. Was für eine Befreiung!
Die polychrome Skulptur, sagt Robert, *ist ein kompliziertes Problem, für das ich mich nach wie vor interessiere.* Er fand mehrere Lösungen, sei es,.daß er bei seinen abstrakten Werken ein oder zwei Elemente einfarbig anmalte, oder daß er bei seinen figurativen Werken, den Nachfolgern der »Puppen«, die Krusten und die Rostnarben mit modulierten Farben versah. Das Eisen sollte von da an in all seinen Zustandsformen schön sein.
Zu dieser Zeit hatten die Bildhauer Freude an Farben. Germaine Richier bat Hartung und Zao Wou-ki um Bilder, die sie hinter ihre Skulpturen stellte. Robert richtete sich ein Zeichenatelier ein. Die Tradition verlangt eigentlich von einem Bildhauer, daß er keine andere Farbe als die des reinen Materials, des Steines oder der Erde kennt. Tatsächlich arbeitete Robert in diesem Atelier als Maler, da ihn die Farben interessierten.
In Montfermeil, in Meymac, sowie in Courtry kam es somit zur Vereinigung der Abstraktion mit den »Puppen«, wie es der Maler Maurice Estève in seinem Brief an Robert als Hoffnung zum Ausdruck gebracht hatte.

Robert erreichte dies durch ein Ausweiten seines Betätigungsfeldes: er wurde noch mehr zum Metallurgen. Er, der in seinen »Käfigen« dem Viereck von Piet Mondrian Raum geschaffen hatte, gestand sich Flechtwerke aus Eisen zu. Für ihn bestand der Fortschritt darin, die Verbote, die er sich auferlegt hatte, aufzuheben.
In Montfermeil, sagt Lykke, *fanden dauernd Feste statt. Weihnachten dauerte vierzehn Tage. Wir haben uns alle lange zuvor darauf vorbereitet. Ich erinnere mich an Abendessen und an die lange Tafel, hinter der der schönste Vasarély hing, den ich je gesehen habe. Mythia und Jean Dewasne kamen zu diesen Festen, auch die Collignons und alle Freunde, die in der Nähe waren.*
Ich selbst erinnere mich an einen freudestrahlenden Robert, der in souveräner Haltung am Tisch saß, mit einer neben ihm vornehm wirkenden Hélène an seiner Seite.
Ich erinnere mich, daß Soto Gitarre spielte.
Und über all der Fröhlichkeit, inmitten des Lichtes der Festkerzen, erklang das Lachen von Robert, der immer eine Beschäftigung für seine Hände fand.
Nell, die Bernard Léauté in Kopenhagen geheiratet hatte, war ihm in die Garnison nach Berlin gefolgt. Während seiner Urlaubszeiten arbeitete Bernard immer häufiger mit Robert.
Als die Familien in das Schloß von Courtry umzogen, fand Lykke dies herrlich: *Wir waren begeistert. Jeder hatte seinen Bereich. Robert wünschte eine allgemeine Zusammenkunft. Mette kam mit ihrem Ehemann Peter. Wir brachten sie in einem Haus im Dorf unter.*
Dann verließ Bernard die Armee. Nell erzählt: *Trotz 17 Jahren Militärdienst, war er kein Idiot geworden.*
Anfangs, ergänzt Bernard, *wollte ich mit Peter ein Elektrikunternehmen gründen. Wir haben eine Zeitlang als Angestellte gearbeitet, um das hierfür notwendige Geld zusammenzubekommen. Dann ist Peter nach Grönland abgereist und Robert, dem ich bis dahin nur drei Wochen im Jahr geholfen hatte, bat mich, ihm in Courtry eine neue Werkstatt einzurichten. Ich habe dies zusammen mit Kai Nielsen, den wir »Kapitän« nannten, gemacht und bin dann von 1964 an nach und nach Vollzeit-Assistent von Robert geworden. Das erste große Werk, das ich mit ihm gemacht habe, waren die Arbeiten an den vier Skulpturen für die Technische Universität von Lundtofte in Dänemark. Wir haben daran sechs volle Jahre gearbeitet.*
Während ich ihm bei der Arbeit zusah, habe ich gelernt, in seiner Bildhauerei zu lesen. Robert spricht nicht über seine Arbeit. In der Werkstatt reden wir nur über die Arbeit. Aber aus Erfahrung weiß ich, daß er glücklich ist, wenn die Formen, die er macht, ruhig sind. Wenn er bewegte Formen macht, heißt dies, daß er in seinem Privatleben Schwierigkeiten hat.
1963 stellte Robert in der Galerie de France neue Werke vor, und die Galerie gab einem Kunstkritiker – und hierfür suchte man mich aus – den Auftrag für einen Katalogtext. Das Französisch von Robert schien mir so originell, daß ich ausgehend von unserem Dialog folgenden Text schrieb:
Arrangieren wir zunächst einen großen Tisch, ein Tonbandgerät und Robert und mich, wie wir uns gegenüber sitzen. Dann setzen wir die Fenster ein. Es sind hohe Fenster, wie es sich für ein herrschaftliches Haus gehört. Durch die Fenster tritt ein vom Winter noch düsterer Garten herein. Er ist geordnet. Es ist wohl ein Garten nach französischer Art.

Fügen wir dann die weiße Holzverschalung des Schlosses hinzu und die grünen Pflanzen, so bekommen wir dadurch ein bestimmtes, bekanntes, klassisches Dekor. Bis zu dem Augenblick, an dem man den anderen Elementen im Saal ihren Platz gibt: bei dem Seigneur in Courtry, in der Ile-de-France, hat sich eine Truppe von Schwarzen und Ozeaniern niedergelassen. Sie sind da, auf den Möbeln, auf dem Fußboden, sie frösteln ein wenig, aber sie genießen die Verehrung des Hausherren, natürlich eine ganz ästhetische Verehrung, und sie schauen uns an.

Eine laute Simme wird sie während des Gesprächs mehrfach ansprechen. Eine langsame, schwere Stimme, die wie ein Violoncello klingt und die sich zuweilen bis zur Altstimme erhebt, mit – verzeihen Sie mir – gelegentlich falschen Tönen. Es ist die Stimme von Robert Jacobsen.

Der Wikinger hat sein französisches Schloß mit seinem Volk von exotischen Gottheiten betreten. Was macht er hier? Sucht er Ordnung? Oder Disziplin? Vielleicht brauchten seine abstrakten Skulpturen den grauen Alltag dieses Landes, um einfach sein zu können, um den Mut zu haben, nur vier oder fünf zusammengefügte Formen zu sein, die uns vom Überfluß der Realität zu einer meditativen Kunst zurückbringen. Vier oder fünf Formen, die inmitten der Unordnung eine Harmonie herstellen, um wieder für Klarheit zu sorgen und wieder Ordnung zu schaffen. Vielleicht brauchte er die milde Luft des Landes, und dieser Tag in der Ile-de-France schien dem Bildhauer und seinen Skulpturen wohl zu bekommen. Dennoch ist heute in diesem großen Saal etwas verändert. All diese »Gottheiten und all diese afrikanischen Vögel« werden immer zahlreicher und wer weiß, was für ein Fest sie feiern, wenn niemand da ist. Auch der Wikinger von Seine-et-Marne hat sich verändert.

Das ist, sagt Robert, *wie wenn jemand die ganze Zeit an die Türe klopft. Sie sagen: es ist vorbei, es ist vorbei, du kannst nicht mehr so tun, als ob wir nicht da wären und sie klettern überall herum, sie klammern sich fest, sie verändern alles und verwandeln sich unaufhörlich.*

Wen meinst du mit »sie«? Die Götter Afrikas oder deine skandinavischen Teufel? Die Figuren, die du noch gestern deine Puppen nanntest?

Es handelt sich sehr wohl um Schwarze, Dänen oder Puppen! Anfangs wußte ich nicht, um wen es ging. Ich habe zu mir gesagt: Robert, mein Alter, mach dir nichts draus, es wird sich finden.

Es ist erklärlich, daß er nicht beunruhigt ist. Man weiß, daß seine Stärke in den Symbolen und Analogien liegt. Er muß nur seinen dänischen Motor anwerfen. Ich weiß nicht, ob Sie schon einmal einen gesehen haben. Ein solcher Motor läuft sehr schnell. Es ist eine Maschine, die Bilder, genauer gesagt Symbole produziert. Sie reiht eine Girlande von Fahrten, Reisen, Erinnerungen und festen Plänen aneinander. Und die Ausführungen laufen im Inneren ab. Das Ganze ist gelungen, wenn es in einem zufriedenstellenden Bild endet und das, was aufgezeigt werden sollte, gezeigt ist. Nehmen wir zum Beispiel die Personen, die unerwartet in Roberts Skulpturen auftauchen. Sie erscheinen nicht zufällig. Das Ganze ist sehr ernst, sehr gehaltvoll. Man muß es sich von nahem anschauen. Man klinkt sich bei dem Begriff »Raum« ein. Nach Roberts Meinung kommunizieren die Räume im Augenblick miteinander. Es gibt vom Wesen her zwischen dem bildhauerischen und dem sphärischen Raum keinen Unterschied. Er ist der Meinung, daß diese Personen, die von überall eindringen, Menschen von außerhalb sind. Keine Mars-, keine Venus-, keine Saturnmenschen der Science-Fiction-Szene, sondern Menschen, die nach Roberts Art geschafffen sind. Sie entstehen unter seinem Schweißbrenner und finden da ihre Lieblingstemperatur, ihr bevorzugtes Klima: 3.000 Grad Celsius.

Diese Leute, sagt Robert, *sind glücklich. Sie machen den ganzen Tag Liebe. Sie leben hundert Jahre, tausend Jahre. Sie bilden eine einzige Familie und unter ihnen gibt es keinen Haß. Sie sind vollkommen. Ich könnte sie sehr hoch bauen, fünfzig Meter oder hundert Meter hoch, aber was wäre das dann? Der Eiffelturm ist ganz klein.*

Was ist dann groß?

Um das zu wissen, brauchst du weder eine Meßlatte, noch mußt du in Kilometern oder Lichtjahren rechnen. In der Kunst ist das groß, was in dem Raum, den der Künstler geschaffen hat, groß ist. Schau her: da, wo du sitzt und wo sich das Tonbandgerät dreht, ist Raum. Du glaubst, du seist unbeweglich. Das ist falsch, denn in uns selbst ist ständig Bewegung. Aber schauen wir weiter. Hélène kommt mit einer Lampe in der Hand herein. Du sagst: schau an, das ist hübsch, dieses Licht, das in den dunklen Raum hereinkommt. Und du denkst: das ist eine Bewegung, die einen Raum bestimmt. Aber wenn du so etwas in der Bildhauerei machst, z. B. ein Licht, das sich in einem Hochrelief bewegt, was kommt dabei heraus? Eine getreue Übertragung, Naturalismus, mehr nicht. Und es gibt auch den anderen Raum. Den der Skulpturen, bei denen es keinen Maschinisten dahinter gibt, keinen versteckten Motor, den Raum der statischen Skulpturen. Die Bewegung beginnt, wenn du es nicht bemerkst, und sie ist nicht mechanisch, sondern entspringt der Phantasie des Künstlers. Bildhauerei heißt für mich, einen Raum zu schaffen. Einen Raum, der sich nicht nach den Dimensionen des metrischen Systems bemißt, sondern nach denen des Herzens. Das klingt sentimental, aber das ist mir egal. Schau genau hin. Es gibt negative Räume, z. B. die der Leute, die Löcher meißeln. Diese Leute haben Angst. Sie suchen Unterschlupf. Sie bauen sich einen Panzer. Oder sie vergraben sich in der Erde. Sie versuchen sich zu verstecken, sich zu begraben, zu sterben. Sie setzen ihre ganze Kultur daran, sich einen Zufluchtsort zu schaffen. Und weiß du, was diese Kultur ist? Der Feind der Menschheit.

Die Atombombe? Vergiß sie. Wir werden doch nicht vorher abdanken. Ich möchte, daß alles offen ist, daß es wächst und aufblüht. Aber nicht, indem es ganz gerade wächst, um einen Rekord aufzustellen (ich habe dir ja gesagt, daß der Eiffelturm ganz klein ist), sondern indem alles in allen Teilen der Skulptur blüht, wobei die Kraft aller Elemente, die man verwendet, respektiert wird.

Wenn alles in der Skulptur zusammenpaßt, ist es einem gelungen, einen Raum zu schaffen. Mit den Personen ist dies schwieriger. Aber ich konstruiere sie wie eine abstrakte Form. Und deshalb sind meine Personen eine Familie ohne Haß: ihre Übereinstimmung ist zwangsläufig.

Ist dies nicht eine überzeugende Vorführung der Wirksamkeit der dänischen Energie? Hast du dir da nicht ein Paradies geschaffen, um darin der liebe Gott zu sein?

Moment, der Robert ist bescheiden. Ich gebe nur die Startlinie vor. Ich bringe etwas in die Umlaufbahn. Dann dreht es sich von allein, oder es macht, was es will.

Du produzierst Skulpturen, wie die Bäume Früchte. Aber hat sich heute, verglichen mit gestern nicht einiges gewandelt? Was ist bei dir hinzugekommen? Du sagst, du bist nicht mehr ganz derselbe und warst gezwungen, etwas anderes zu beginnen. Aber ob du nun figurativ oder abstrakt bist, läuft in dir nicht immer derselbe Schaffensprozeß ab?

Nein, das ist nicht derselbe Prozeß. Wenn eine Figur ankommt, ist sie wie ein Adoptivsohn. Ich will damit sagen, daß sie von außerhalb kommt, daß sie sich selbst vorschlägt und ich sie annehme. Du siehst, das ist der Unterschied zur abstrakten Skulptur, die eine natürliche Zeugung ist. Meine abstrakten Werke entstehen wie in einem Gebet. Ich entdecke sie langsam. Es ist, wenn du so willst, eine Frucht, die reift. Eine Frucht, die nur mir gehört. Und ich liebe diesen Schaffensprozeß und könnte ihn nie aufgeben. Die Figuren dagegen begeistern mich, weil sie mir Widerstand leisten und weil sie aus dem Konflikt zwischen dem, was ich sehe und dem, was mein Unterbewußtsein mit dem Schweißbrenner entstehen läßt, geboren werden. Die Personen bedeuten Kampf. Und bis jetzt ist es erst ein Geplänkel. Für mich ist es ein Neubeginn der Bildhauerei.
Schön. Du sagtest: die Bäume. Ich betrachte die Bäume im Garten. Ich mag sie sehr. Sie sind sehr gut für meine Gesundheit. Aber die Bäume, die Landschaften, all das ist eine falsche Natur. Denn das wächst alles, auch wenn du nicht da bist. Du kannst das Wachstum ein wenig beeinflussen, mehr nicht. Das hat vor dir begonnen und wird nach dir weitergehen. Und bedenke, daß diese Natur nicht immer heilbringend ist. Ihr seid euch in Frankreich und in den anderen Ländern mit gemäßigtem Klima darüber nicht im klaren. Ihr sagt: die Natur ist gut und gerecht. Sie ist nur aus Versehen schlecht. Bei uns in Skandinavien ist das anders. Wir halten die Natur für einen Feind, den man zähmen muß, und ich glaube, daß die Kälte, das Eis, der Regen nicht die wahre Natur sind, sondern vom Menschen für den Menschen gemacht sind. Wenn du sagst, daß ich mich nicht verändert habe, daß ich wie die Bäume bin, daß ich immer noch Äpfel trage, irrst du dich wohl. Meine Personen stehen für einen neuen Dialog. Zwischen Menschen. Und nichts anderes. Es geht nicht um einen Dialog zwischen der Realität, die ich vorfinde und dem Bild, das ich erfinde, wie ich es bei meinen Puppen gemacht habe. Aber das Ganze findet tief in mir statt, zwischen dem, was in meiner Dunkelheit und dem, was ich sehe, entsteht.
Die Puppen waren Montagen aus Abfällen. Die Personen sind aus demselben Eisen gemacht wie die Abstraktionen, aus Eisen, das nie eine Verwendung oder eine Lebendigkeit gekannt hat. Vielleicht wird manch einer denken, daß ich nichts anderes gemacht habe, als meine Puppen in das Innere der Rhythmen, die ich meinen abstrakten Skulpturen gegeben habe, zu setzen. Das ist nicht wahr. Die Puppen waren ein anderes Problem, ein soziales Problem, wenn man so will. Um uns herum gibt es eine Phantasie des Mülls, der man keine Beachtung geschenkt hat. Ich nahm eine Feder, ein Rohr, ein Kugellager. Die Feder blieb Feder, das Rohr blieb Rohr und das Kugellager blieb Kugellager, aber all das begann etwas zu erzählen. Ich ließ es all das erzählen, was seine Phantasie hervorbringen konnte. Es war ein Spiel, ein Spiel für Erwachsene. Es war für mich auch ein Kontakt mit den anderen, eine vielleicht familiärere Möglichkeit zu kommunizieren. Inzwischen machen die Bildhauer dies überall, und es ist in gewisser Weise einfach geworden. Schön, es war eine Idee. Man bedient sich ihrer und das ist in Ord-

nung. Ich mag es, wenn man die Eigenwilligkeit der Gegenstände enthüllt. Mir ist dies lieber, als wenn man ein Stück Holz oder einen alten Lappen nimmt und einfach so, wie man ihn gefunden hat, ausstellt. Denn dies ist wieder eine naturalistische Idee. Du schmückst etwas aus und machst es zum Kunstwerk. Und das ist natürlich schön. Das ist immer schön. Die ganze Welt ist voll von dieser Schönheit.

Man watet förmlich darin. Aber was hast du mit diesem Stück Natur von dir selbst gegeben? Nichts. Das Mittel ist zum Zweck geworden. Und so schafft man Unordnung. Wenn es mehr Quantität als Qualität gibt, herrscht Anarchie. Aber das Schlimmste ist, daß der Künstler kein Risiko mehr eingeht.

Vielleicht hat sich der Künstler deshalb hinter einer Theorie versteckt. Er hat die Vernunft auf seiner Seite. Er fühlt sich bestätigt und ist zufrieden. Aber Theorien sind Regenschirme. Du kommst unter deinem Regenschirm hervor, wenn du auswählst, modifizierst und transformierst.

Lach jetzt nicht: um dies zu tun, mußt du den Teufel auf deiner Seite haben. Gott gibt dir Talent, aber der Teufel gibt dir die künstlerischen Qualitäten. Der Teufel kommt, spielt darin seine Rolle und du profitierst davon. Plötzlich verschwindet er wieder. Du weißt nicht, warum er gekommen ist und warum er wieder geht. Aber in der Zeit, in der er da war, hat er ein Wunder vollbracht. Aber Vorsicht. Die Wunder geschehen nur, wenn du alles dafür vorbereitet hast. Stell dir den Angler vor, der mit seiner Ausrüstung zum Seineufer kommt, um einen Wal zu fangen. Was erwartet der eigentlich? Ein Wunder für einen Faulpelz?

Also liegt die Lösung bei dem Pfiffigen, der den Teufel gut verführen kann? Bei dem, der sorgfältig eine Methode anwendet?

Ich werde es dir sagen: die Methode hilft natürlich, aber ich denke, es ist schlecht, sie immerzu anzuwenden. Man muß am Anfang des Werkes methodisch sein. Man muß alles sorgfältig vorbereiten. Denn wenn du dich zu Beginn täuschst, geht es dir wie in der Métro. Du willst nach Vincennes und landest an der Porte de Versailles. Und mit wem reist du in der Métro? Du suchst dir die Reisenden, die dich begleiten, nicht aus. Sie steigen an den Stationen von ganz alleine ein, ohne dich zu fragen, ob dir das recht ist. Es ist aber immer noch besser, als in einem Wagen mit Chauffeur zu sein. Natürlich hat der Chauffeur die Probleme mit dem Verkehr. Er fährt dorthin, wohin man es ihm sagt. Aber du bist ganz allein, niemand steigt zu. Du bist ganz allein. Du bist nicht wie die anderen. Du bist du selbst, was gut ist, aber es fehlt dir etwas.

In der Métro reise ich mit den Farben und sehe sehr wohl, daß wir in der Bildhauerei Rassisten sind. Denn die Polychromie herrscht in den Gebäuden, auf den Maschinen und auf den Autos vor. Aber nicht in der Bildhauerei. Ich will nicht behaupten, daß wir bewußt die Mischung von Formen und Farben verweigern, aber sie findet einfach nicht statt. Es ist, als ob in unserem Unterbewußtsein die Trennung schon stattgefunden hat. Warum? Wenn du die Skulpturen der Afrikaner hier um uns herum, in diesem Raum anschaust, siehst du, daß die Farbe ganz logisch ist, daß sie ein natürlicher Teil der Komposition ist. Das sieht nie wie ein Durcheinander von Farben aus. Es verbirgt nichts. Ich versuche, die Farbe ebenso natürlich anzubringen wie die Formen. Die Farben, nach denen man nicht sucht, kommen am besten zur Geltung. Es sind die, die die Leute nicht bemerken. Aber wenn sie zu mir sagen: schau an, Robert, du hast ja Farbe aufgetragen, dann weiß ich, daß ich gepfuscht habe.

Es sieht so aus, als wollte ich sagen, daß meine Arbeit darin besteht, mein Unterbewußtsein gut zu steuern. Ich glaube, daß das, was den Menschen von der Maschine unterscheidet, nicht die Intelligenz, sondern der Instinkt ist. Der Instinkt gibt mir den Raum und die Personen vor. Er gibt mir die Farben ein. Das hört sich naiv an. Aber was soll's? Logischerweise hätte ich mit der Abstraktion weitermachen müssen. Beachte bitte: ich mache weiter. Ich habe dir gesagt: die Abstraktion ist das Beste in mir, das ich hergebe. Also hätte ich logischerweise nicht anderswo suchen sollen. Hatte ich es nötig, alles in Frage zu stellen, indem ich diesen »personnages«, die aus einem obskuren Konflikt entstehen, so viel Aufmerksamkeit schenkte? Das ist doch nicht logisch.

Gehört diese Kehrtwendung, die du machst, nicht zu dem Alter, in dem man alles neu beginnt, in dem man sich beweisen will, in dem man Lust hat, auf eine neue Weise frei zu sein?

Man muß schauen, wie man frei sein kann. Früher glaubte ich frei zu sein. Wenn mir ein Problem nicht aus dem Sinn ging, machte ich mich davon frei. Ich sagte mir: das ist eine Befreiung. Heute weiß ich, daß Freiheit in der Kunst bedeutet, mit seiner ganzen künstlerischen Erfahrung zu schaffen, alles aufs Spiel zu setzen, was man weiß und was man ist. Das bedeutet, all seine Kraft einzusetzen, wenn man sich an die Arbeit macht. Glaube nicht, daß diese umfassende Mobilisierung eines Menschen in einem Automatismus endet. Du findest alles darin: das Bewußtsein und das Unterbewußtsein, den Instinkt und die Erfahrung. Der Mensch muß in seiner Gesamtheit wollen. Und seine Freiheit liegt darin, das auszuwählen, woran er all seine Kräfte, die klaren und die finsteren einsetzen wird. Es gibt dieselbe Freiheit in der Liebe. Du schaffst ein Kind, eine Welt. Und du hast dir ausgesucht wann, wie und mit wem. Warum sollte das Kunstwerk anders entstehen? Es ist genauso ein Akt der Liebe.

Robert, der von Zeit zu Zeit fortfuhr, seinen dänischen Motor für Bilder und Symbole in Gang zu setzen, der in direktem Kontakt mit dem Strömen und Fließen seines Geistes steht, hatte mir während dieser Unterhaltung Ansichten preisgegeben, die eine Absichtserklärung hätten werden können. Tatsächlich bedeutete die Ausstellung des Jahres 1963 einen Wendepunkt in seinem Schaffen, aber einen weniger überraschenden als den der Ausstellung des Jahres 1957, wo er nach der abstrakten Bildhauerei die »Puppen« vorstellte. Diesmal war es die Ausstellung, in der all seine Wünsche verwirklicht waren, ein Nachweis dafür, das er neue Territorien erobert hatte, ohne deswegen seine früheren Gebiete aufzugeben. Er gestattete sich all das, was ihm früher verboten war: die Farbe, das Holz, das Feuer. Er verwendete neues Eisen, das nicht die Zeichen eines früheren Gebrauchs trug. Der Schmied Robert wischte die Spuren des Feuers nicht mehr weg. Er mochte es sogar, wenn das Feuer das glatte Eisen annagte und es Blasen warf. Seine Skulpturen waren dem Feuer Entronnene. Sie sahen aus, wie nach einem Vulkanausbruch gerettete Gegenstände, die man bei Ausgrabungen in der Anschüttung gefunden hat. In den abstrakten Konstruktionen fügten sich Fragmente von Trittleitern, von Baueisen, von Röhrenhälsen zusammen, um Räume zu schaffen, aber es war nicht mehr der von Klingen verletzte, konfliktbeladene Raum, der im Inneren der »Käfige« vorherrschte. Es handelte sich im Gegenteil um einen Raum, der sich allen Winden öffnete und der mit der Unendlichkeit kommunizierte. Der »Käfig« war zerbrochen. Die Skulptur entfaltete ihre Anten-

nen, wie dies die Weltraumsatelliten tun. Neue Kräfte herrschten, die magnetische Felder schufen, in denen Zeichen schwebten. Warum? Einfach weil die Schwerkraft besiegt war, der Mensch der Erdanziehung entronnen war. Der Mensch war nicht mehr der, den Leonardo da Vinci aufrecht auf der Erde stehend, mit ausgebreiteten Beinen und Armen, gezeichnet hatte. Das orthogonale Gesetz war nicht mehr der Schlüssel der Welt.
In den Skulpturen Roberts tauchte der Kreis zur selben Zeit auf wie die wellenförmigen Linien. Robert nannte die dicken Eisenstäbe, die sich so formten, »graphisme spatial«. Die Geometrie bebte, zitterte, wurde unregelmäßig. Alles war ins Schwanken gekommen. Die Entwicklung der Abstraktion war in Richtung einer neuen Ausdrucksform gegangen und hatte neue, immer komplexere Ausschnitte ergeben. Und dies, um es nochmals zu wiederholen, mit ganz neuem Eisen, das direkt aus der Fabrik kam. Robert hatte neue Lieferanten gefunden: es waren nicht mehr die Lieferanten, die die kleinen Schlossereien belieferten, sondern die Fabriken, die schweres Material für den Haus- und Brückenbau, für Kräne und Autobahnen produzierten.
Er hatte die Lektion, die er in den Werften von Esbjerg gelernt hatte, nicht vergessen. All dies war Zeugnis des wirtschaftlichen Aufschwungs der sechziger Jahre. Seine Kunst verwandelte das schwere Material in Skulpturen, die von dem Abenteuer der Kosmonauten, das in den Sonnensystemen beginnt, beseelt waren. Schauen wir uns die »Figuren«an. Wie er schon gesagt hat, sind es Adoptivkinder. Sie sind ebenfalls aus neuem Eisen gefertigt, das der Schweißbrenner noch mehr verwandelt als das Eisen der abstrakten Werke. Es ist wuchtiger, dichter, rauher, zerschrammter. Man vergißt, daß es makellos in die Hände des Bildhauers gelangt ist. Eine dieser Skulpturen zeigt einen Rahmen, der an eine Türverkleidung denken läßt. Es ist eine von einem Erdbeben, einer Bombardierung, einer Feuersbrunst verwüstete Struktur, eine klaffende Ruine, über die hinaus man als Symbol einer zerstörten Stadt zerbrochene Träger wahrnimmt, und im Rahmen der Türe erscheint, mit dem Kopf nach unten wie ein Taucher, ein Wesen, das sich der neuen Möglichkeit erfreut, sich in der Leere zu bewegen. Ein anderes Wesen ist über eine Art Nabelschnur mit der Türe verbunden und schwebt. Beide entkommen der Schwerkraft, zeigen den Eintritt des Menschen in den Weltraum und die Freiheit, die die Technik errungen hat. Um dies anschaulich zu machen, hat Robert sie die alte zerbrochene Türe durchqueren lassen. Sie durchschreiten die ausgeglühten Reste der alten Welt. Die alte Welt schleudert sie in Richtung zu den Sternen.
So kann die Ausstellung von 1963 eher als ein Erweitern des Arbeitsgebietes als eine Veränderung der Ziele gesehen werden. Sie wurde auch wahrgenommen als eine Reaktion auf die Moderne, als ein Bewußtwerden der zunehmenden Macht des Menschen über das Universum. Es war vor allem der Zugang zur Reife. Robert hatte das Alter von 50 Jahren erreicht. Es ist bezeichnend, daß der Bildhauer, der sich der phantastischen Macht der Maschinen bewußt war, diese Macht in Fabelwesen und Sagengestalten umgewandelt hatte. Menschen nach Roberts Art, hat er gesagt. Er beteiligt sich nicht an dem, was »technologische Kunst« werden wird, wo die Künstler zu Trittbrettfahrern der Ingenieure werden. Er sagt: *Es ist der Instinkt, der uns von den Maschinen unterscheidet.*

Die Zeit an der Akademie in München. Robert und die Studenten. Prix Biennale, Venedig 1966.

Ein 18 Jahre alter Student hatte die Angewohnheit, jeden Tag die Ausstellungen der Pariser Galerien zu besuchen, sofern er keinen Unterricht in der Kunstakademie hatte. 1963 betrat er die Galerie de France und erstarrte.

Da waren die Skulpturen von Robert und da war Robert.

Ich bin ganz vorsichtig auf ihn zugegangen, erzählt er. *Er zeigte sich aufgeschlossen und freundlich, und unser Gespräch dauerte den ganzen Nachmittag.*

Robert erinnert sich: *ich habe diesem Jungen geantwortet, weil er mir die wirklichen Fragen über die Bildhauerei gestellt hat. Er hat mich nicht gefragt, was man machen muß, um eine Ausstellung zu bekommen und ob man dabei Geld verdienen kann. Er stellte die wirklichen Fragen.*

Der Student erinnert sich heute nicht mehr genau an die Fragen, die er Robert Jacobsen gestellt hat.

Ging es um den Raum? Vielleicht.

Robert lud ihn ein, an einem Sonntag nach Courtry zu Besuch zu kommen.

Ich bin hingegangen. Zug, Bus, dann ein paar Kilometer zu Fuß. Es war im Winter. In Courtry war ich beim Anblick der afrikanischen Skulpturen ein zweites Mal geschockt. Ich hatte noch nie so schöne gesehen. Dann habe ich die Werkstatt angeschaut, die Bernard gerade eingerichtet hatte, und die Werkstatt hat mir gefallen. Dort standen auch wieder Roberts Skulpturen. Wir haben weiter diskutiert. Robert hat mir das Eisen und den Schweißbrenner gezeigt. Ich habe angefangen zu zerschneiden, zu drehen und zu schweißen. Ich habe Knoten und Geflechte aus Eisen gemacht. Als ich es konnte, habe ich es ihm gezeigt.

Dieser Student, der nie aufgehört hat, mit Robert zu diskutieren, ist Jean Clareboudt. 24 Jahre nach ihrer ersten Begegnung hat er während vier Jahren, von 1987 bis 1991, in Egtved in Jütland in der Nähe von Roberts Haus einen Skulpturenpark geschaffen. In einem früheren Steinbruch, einer Sand- und Kiesgrube, findet der Dialog zwischen zwei Bildhauern statt. Robert hat dort vier Monumentalskulpturen aufgestellt, die eine Erneuerung seines Werkes darstellen. Wir werden Jean Clareboudt wiedertreffen.

Das Ansehen von Robert Jacobsen wuchs. 1962 organisierte die Galerie Samuel Kootz in New York eine Ausstellung. Robert war schon einmal in die Vereinigten Staaten eingeladen worden, nach Pittsburgh, anläßlich des Prix Carnegie, aber er hatte noch nicht die

Möglichkeit gehabt, eine Sammlung seiner Werke zu präsentieren. Im selben Jahr wurde er eingeladen in München die Klasse für Bildhauerei der Kunstakademie zu leiten. Zur selben Zeit verpflichtete die Akademie einen Franzosen, den Maler Jean Deyrolle, um Malerei zu unterrichten. Es war das erste Mal, daß der Bildhauer aufgefordert wurde, Pädagoge zu werden. Er akzeptierte. Lange danach hat sich manch einer, wie z. B. der Maler Jan Sivertsen gewundert, daß Robert in Deutschland mit dem Unterricht begonnen hat: *man hätte ihn sich als Professor in England, Frankreich oder Holland vorstellen können, aber nicht in einem Land, gegen dessen Armee er gekämpft hatte.* Aber Robert sah über Kriege hinaus.

Er hat nie vergessen , daß er keine Schule durchlaufen hat. Er hat als Autodidakt eine Ausbildung ohne Zwänge erfahren, und vielleicht liegt gerade darin eine besondere Befriedigung, wenn man ohne Diplom unterrichtet. Aber auch wenn er eine Klasse leitete, so hieß dies nicht, daß er zukünftige Akademiker ausbilden wollte.

Mein Ziel war es, sagt er, *den Glauben der Schüler an meine Autorität zu zerstören. Also habe ich während der ersten Wochen nichts zu meinen Studenten gesagt und habe sie in ihrer Ecke arbeiten lassen. Deyrolle hatte ebenso wie ich sein persönliches Atelier. Dort lebten wir. Es roch nach Knoblauch und gegrilltem Fleisch. Wir hörten dort Musik. Wenn wir weggingen, nahmen wir die Straßenbahn. Die Studenten hatten noch nie einen Professor mit der Straßenbahn fahren sehen. Einerseits waren sie beleidigt, daß ich mich nicht in ihre Arbeit einmischte, andererseits unterschied mich dies von den Professoren, die vorbeikamen, um ihre Arbeiten zu korrigieren und die sie »Herr Professor« nennen mußten. Wir hielten uns jeden Monat eine ganze Woche dort auf. Sie stellten fest, daß wir normale Menschen waren.*

Unsere Professorenkollegen? Sie waren sehr nett. Nach dem Krieg mußte die Kunstakademie neu geschaffen werden. Zum Unterricht verpflichtete man Künstler mit Zertifikat, Diplomträger der besagten Akademie, und man fand Leute, die Portraits anfertigen konnten. Es waren all die, die während der Nazi-Zeit als Künstler sehr gut gelebt hatten. Einer der Professoren ließ mich ein Photo sehen, das ihn am Tisch von Adolf Hitler zeigte. Die anderen Maler, die gegen Hitler gekämpft hatten, wurden nicht verpflichtet: sie konnten weder Gestalten zeichnen, noch Portraits anfertigen. Sie waren wie früher ausgeschlossen und waren vielleicht noch ärmer dran. Unglaublich!

Diese braven Maler der Akademie mochten insgesamt die abstrakte Kunst nicht. Und das in der Stadt, in der Kandinsky, Klee, Jawlensky gearbeitet hatten, die an der Akademie gewesen waren.Sie hatten ihre Mahlzeiten in dem Speisesaal eingenommen, in den wir auch gingen. Einer der Professoren erzählte mir, daß Paul Klee ihm eines seiner Werke angeboten hatte und daß er es zurückgewiesen hatte. So etwas gab es damals. Später kamen dann andere abstrakte Künstler wie Fruhtrunk zum Beispiel, um zu unterrichten. Aber 1962 war es eben so.

Was meinen Unterricht betraf, hatte ich einen Leitgedanken: ein Professor ist jemand, der seine Studenten so schnell wie möglich von sich wegschiebt, der ihnen hilft, eine persönliche Sprache zu sprechen. Anfangs habe ich sie mit ihrer Arbeit allein gelassen. Einige haben mich deswegen verabscheut. Und es war gut, daß sie feindselig gegen mich gerichtet waren, denn dies war eine Etappe auf dem Weg zur Ablehnung der Autorität.

Schließlich habe ich sie alle gefragt: was macht ihr da eigentlich? Sie haben angefangen, es mir zu erklären. Wir haben miteinander gesprochen. Ich war vielleicht kein Pädagoge, sondern Ratgeber zwischen dem Werk, das sie machten und dem, das sie machen wollten. Ich habe ihnen meine Art, das zu sehen, was sie machten, erklärt. Ich habe mit ihnen zusammen analysiert, was sie versuchten zu machen. Nach und nach haben sie verstanden, daß ich ihnen helfen konnte, ihre Probleme zu lösen, nicht nur beim Studium in der Akademie, sondern auch in ihrem Privatleben. Von Zeit zu Zeit habe ich ihnen vorgeschlagen, eine Pause zu machen und eine Frage zu beantworten. Das schien absurd. Zum Beispiel: Was ist eine Krawatte? Als die anderen Professoren davon Kenntnis bekamen, hieß es, ich sei verrückt. Aber bei den jungen Leuten hat es funktioniert: sie haben begriffen, daß man die Arbeit zuweilen unterbrechen muß, um sich nicht festzufahren; es war ein kleiner Trick, den ich ihnen beigebracht habe. Auch die ganz Harten waren für mich kein Problem. Jean Deyrolle sagte zu mir: »Du bist zu hart zu den jungen Leuten.« Aber mußte ich sie nicht darauf vorbereiten, daß das Leben in der Kunst sehr hart ist? Ich hatte sehr gute Schüler. Sie kamen von überall. Es waren aus dem Osten geflohene Deutsche, Japaner, Afrikaner, Österreicher, Amerikaner, Schweden, Finnen und natürlich Bayern.

Was die Technik betrifft, so weiß ein jeder, daß die Kunst die handwerkliche Geschicklichkeit fördert. Es ist normal, daß ein Künstler seine Werke anfertigen kann. Aber es gibt auch Künstler, die hierfür nicht begabt sind. Diese können schlechte Handwerker sein, obwohl sie gute Künstler sind. Es gibt auch gute Handwerker, die schlechte Künstler sind.

Glaubten die Schüler vielleicht, daß ich sie als Schmied in Metall unterrichten würde? Nein, ich habe sie nichts aus Eisen machen lassen. Dabei hat man zu leicht die Illusion, daß man etwas schafft. Das kann zu schnell gehen. Also, was gibt es zur Technik zu sagen? Als Clareboudt sich mit Metall beschäftigte, habe ich ihm gesagt, er solle seine Schweißnähte sorgfältiger verarbeiten. Aber das ist einfach. Man gibt ein paar Tips, mehr nicht. Ich weiß, daß Giacometti zu den jungen Leuten, die ihn um Rat baten, sagte, sie sollten zu Hause ihre Hand zeichnen und ihm dann die Zeichnung präsentieren. Das ist sehr gut, aber es ist dasselbe, wie wenn man die Studenten auffordert, 100 m zu sprinten, bevor sie in die Akademie kommen. Weiß du, warum ich mit den Übungen so vorsichtig bin? Man muß sie dahin führen, wofür sie geschaffen sind. Man muß sie so weit bringen, daß sie das selbst in sich entdecken.

Siehst du die Probleme, vor denen ein Autodidakt bei der Bildhauerei steht?

Mein Ziel war es, sie anspruchsvoll zu machen, sie die Anspruchshaltung entdecken zu lassen, die sie zu Originalität und ihrer Identität führen würde. Sie hatten alles zu ihrer Verfügung. Assistenten konnten ihnen Zugang zum Gips, zum Glas, zum Stein, zum Theater verschaffen. Sie konnten ihre Vorstellungen auf allen Gebieten überprüfen. Ich habe sie wählen lassen. Menschen anleiten ist schwierig, weil du ihnen ihre Freiheit vor Augen führst. Nicht die Freiheit, zu handeln wie die anderen. Nicht die Freiheit ohne Zwänge. Sondern die Freiheit, in der sich ihre Originalität im Rahmen ihrer persönlichen Zwänge entfaltet. Du darfst ihnen nicht deine eigenen Zwänge auferlegen, die, gegen die du dich selbst entwickelt hast, denn das würde sie in einer Umklammerung einschließen, die nicht die ihre wäre. Und für mich, der ich gerade eine Reihe meiner Zwänge hinter mir gelassen hatte, war es nicht leicht, ihnen diese Strenge zu vermitteln und ihnen zu diesem schmalen Weg zu raten, um ihr Werk zu beginnen. Aber ich glaube, daß ich ihnen Wege gewiesen habe, auf denen sie vorwärts kommen konnten.

Das besagt, daß es heute Kunstrichtungen gibt, bei denen man nicht weiß, was ein Professor bewirken könnte. Würdest du einen Professor für Happenings engagieren? Es ist im übrigen sehr schwierig, Leuten, die in einer Gruppe zusammen sind, zu sagen, daß sie Einzelgänger werden müssen. Denn Freiheit heißt: der Junge da kauft einen roten und einen blauen Stift und beginnt. Und sagt dann, er sei ein Künstler. Wer kann ihm das Gegenteil beweisen? Trotzdem, mein Alter, nein! Man muß das Abenteuer wagen, aber du bist erst dann ein Künstler, wenn deine Kollegen sagen, daß das, was du machst, gut ist. Und selbst die Kollegen können sich irren. Als damals Magnelli, Vasarély, Dewasne zu mir sagten: »Robert, das ist nicht übel«, fühlte ich mich bestätigt. Aber das weiß man erst mit der Zeit, und dann kann es auch jederzeit vorbei sein. Und vielleicht wiederkommen.

Das akademische System ist falsch, weil das Diplom garantiert, daß man ein Künstler ist. Das System der Galerien ist genauso falsch, denn der Handel gibt zuweilen Menschen Macht, die nichts von Kunst verstehen. In Hannover habe ich kürzlich eine Ausstellung von deutschen Bildhauern gesehen. Von den 39 ausgestellten Künstlern waren vier oder fünf in meiner Münchner Klasse gewesen, einer davon Lun Tuchnowski, mit dem ich zur Zeit ein großes Projekt in Künzelsau realisiere. Das ist doch schon etwas.

Ich erinnere mich an einen, der Talent zu haben schien. Und er glaubte, er könnte mit seinem Talent alles machen. Er ist sehr schnell vom Weg abgekommen. Seither mißtraue ich dem Talent. Ein anderer war dagegen nicht sehr begabt, aber er ist seinen Weg gegangen. Eigensinnig, der Kunst ergeben, hat er mit Selbstachtung gearbeitet und hat als Bildhauer einen Namen. Und ein anderer war ein hervorragender Techniker. Seine große Begabung lag in der Arbeit mit Holz. Er fabrizierte große Christusgestalten für seinen Lebensunterhalt und um zu begreifen. Er hat sogar eine Kopie einer Madonna des 15. Jahrhunderts gemacht, und ich schwöre dir, sie war besser als das Original. Dann hat er angefangen mit Eisen zu arbeiten und ahmte mich dabei nach. Das störte mich, aber er mußte mich tatsächlich erst einmal imitieren, um sich dann von mir distanzieren zu können. Und es ist ihm gelungen. In München habe ich alle Umwege gesehen, die man machen muß, um sich zu finden.

Wenn ich daran denke, was aus ihnen geworden ist, fällt mir eine Schülerin ein, die Monumentalskulpturen macht, von denen eine 15 m hohe beim Münchner Flughafen steht. Andere errichten große Werke auf öffentlichen Plätzen. Wieder andere sind Professoren geworden. Ich kenne einen, der in Hamburg unterrichtet. Ich wüßte gerne, was er mit seinen Schülern macht.

Wenn ich daran denke, wie ich als Autodidakt Professor wurde, glaube ich, daß das Wichtigste in München war, die jungen Leute keiner Autorität unterworfen zu haben. Ich habe ihnen gesagt, daß auch die Freiheit, alles nur Erdenkliche zu machen, ein Autorität ist, denn man unterwirft sich ungebildeten Leuten, die allem, was sie für neu halten, Beifall spenden. Ein Mülleimer in einem Salon ist lustig, aber so etwas erzeugt nur einen Überraschungseffekt, dessen man schnell überdrüssig wird. Ich wollte, daß jeder seine Freiheit findet, aber in Verbindung mit Verantwortlichkeit. Die Freiheit nur der Freiheit willen besagt überhaupt nichts.

Wenn er die Bilanz seiner Zeit in der Münchner Akademie zieht, sagt Robert: *Natürlich habe ich während dieser Zeit nicht viele Skulpturen gemacht. Bernard arbeitete für mich in Courtry mit den Elementen, die ich für ihn vorbereitet hatte. Er schuftete wie ein Verrückter.*

Wenn ich alles bedenke, habe ich in München Skulpturen erdacht, Dinge entdeckt und eine bessere Kenntnis der Menschen und der Kunst erhalten. Und ich habe einigen Leuten Selbsterkenntnis vermittelt. Das zählt. Ich begann auch etwas Geld zu haben. Ich verkaufte Skulpturen nach Holland, in die Schweiz und die Vereinigten Staaten.

Es folgten Ausstellungen: 1963 in Amsterdem, Paris, Kopenhagen, Tokio. Es folgte 1964 eine Wanderausstellung von Gemälden auf Papier quer durch Dänemark. Im selben Jahr war er zur internationalen Skulpturenausstellung des Guggenheim Museums in New York eingeladen. 1966 brachte wieder eine eigene Ausstellung in New York und quer durch die Vereinigten Staaten.

1965 war Hélène erkrankt. Sie mußte in einer Klinik in Saint-Cloud gepflegt werden. Robert unterrichtete weiterhin in München, und 1966 wurde er zur Biennale nach Venedig eingeladen. Dänemark hatte ihn für den dänischen Pavillon ausgewählt. Man weiß, was die Biennale bedeutet. Die gesamte Welt der Museen, Galerien, Journalisten, Kunstliebhaber, Historiker, versammelt sich in den »Giardini« und schmiedet abends Ränke auf der Terrasse des Café Florian. In Venedig wurden die Werte der zeitgenössischen Kunst festgelegt, hier hatten Matisse, Bonnard, Chagall, Dufy, Rouault nach dem Krieg die Krönung ihrer öffentlichen Karriere erfahren. Die Jury war seit einigen Jahren der Ansicht, daß man am Ende der Liste der großen Berühmtheiten des 20. Jahrhunderts angekommen wäre, und so war 1964 der große Preis der Biennale dem amerikanischen Maler Robert Rauschenberg zugesprochen worden, der noch keine 30 Jahre alt war. Die Biennale näherte sich der Gegenwart und die Commissaires, die für die Pavillons ihres Landes zuständig waren, berücksichtigten dies bei ihrer Wahl. 1966 schwankte die Jury beim Preis für die Bildhauerei zwischen Etienne Martin, den der französische Pavillon präsentierte und Robert Jacobsen, den man im dänischen Pavillon sah. Robert empfing in seinem Hotelzimmer diplomatischen Besuch. Der französiche Kommissar kam um ihm zu sagen, daß sich in der Jury eine Mehrheit zugunsten von Etienne Martin abzeichnete, aber daß dies noch nicht verkündet sei, und daß Robert als Freund Frankreichs etwas tun müsse, damit Etienne Martin den Preis erhielte.

Aber ich, erklärte Robert, *hatte anderes von der Jury signalisiert bekommen und wartete ab, ohne etwas zu unternehmen.* Die Entscheidung der Jury fiel schließlich so aus, daß der Preis zwischen Etienne Martin und Robert Jacobsen geteilt wurde.

Ein Photo zeigt sie beide Seite an Seite, jeder mit der Urkunde in der Hand. Sie lächeln beide. Im französischen Konsulat wurde ein Fest gegeben und da sah Denise René Robert, der von Hélène begleitet wurde, zum ersten Mal wieder, seit sie sich zehn Jahre zuvor geweigert hatte, am Meuchelmord an dem großen abstrakten Bildhauer teilzunehmen. Tatsächlich hatte Robert im französischen Konsulat keinerlei Probleme mit der Nationalität. Für die Franzosen spielte es kaum eine Rolle, daß er einen dänischen Paß hatte, nachdem er gesagt hatte, daß er in Frankreich zum zweiten Mal geboren worden war. Der französische Kommissar war beruhigt, und Robert war eine internationale Anerkennung zuteil geworden, die dazu führte, daß seine Venedig-Ausstellung eine Tournee nach Norwegen (Oslo und Bergen) machte, wo der Erfolg, den sie in Italien hatte, bestätigt wurde. Dies war im Jahr 1967.

1968 wurde die Biennale in Venedig durch die Studentenunruhen erschüttert. Der Dokumenta in Kassel widerfuhr gleiches. Alle künstlerischen Organisationen wurden in Frage gestellt. Die Unruhen gingen von den Studenten aus und übertrugen sich teilweise auf die Professoren, die anfingen, Selbstkritik zu üben, denn sie hatten im Grunde kaum an die Werte ihres Unterrichtes geglaubt. Die Kritiker mischten sich ein, die Museumsleute begannen zu zweifeln. Das ganze Milieu stellte sich selbst in Frage und wurde durch diese Revolte gegen eine Hierarchie, der es nicht mehr gelang, sich zu rechtfertigen, erschüttert. Wie wir von Robert Jacobsen gehört haben, als er von seinen pädagogischen Erfahrungen sprach, drückten sich die Methoden künstlerischen Schaffens nicht mehr in leicht faßbaren Theorien aus. Daraus ergab sich eine ideologische Leere. Nur ein sehr hoher Anspruch an einen selbst und eine extreme Schärfe des Geistes waren die Garanten für einen annehmbaren Weg. Man bevorzugte offensichtlich Schemata eines leichteren Zugangs, den Maoismus, die Spontaneität. So kam man schneller voran, und Robert hatte seine Studenten gerade gelehrt, nicht schnell zu gehen.
Die Taktik war einfach: die Studenten demonstrierten, die Polizei verfolgte sie und sperrte sie ein. Die Künstler erklärten sich mit den Gefangenen solidarisch und schlossen ihre Ausstellungen. Das Durcheinander war mitreißend.
Robert befand sich in München. In Paris hatten sich die Studenten an Vasarély gewandt und hatten Robert gebeten, sich ihrer Bewegung anzuschließen.
Es war eine Angelegenheit der Franzosen, sagt Robert. *Ich bin Däne. Ging es mich etwas an? Wäre es in Dänemark gewesen, hätte ich Stellung bezogen, aber in Kopenhagen hatte das Land gegen den Protest protestiert und die Bewegung erlosch sehr rasch.*
In München war ich bei dieser Geschichte in der ersten Reihe, schlicht und einfach weil sich mein Atelier in der Akademie befand. Die anderen Professoren wagten nicht mehr, das Gebäude zu betreten und ich blieb mit den revoltierenden Studenten ziemlich allein. Man muß es verstehen: für die Jugend Deutschlands ging es um die Entdeckung der Demokratie. Das Ganze kann sich im übrigen in jeder Generation wiederholen.
Ich habe versucht, in all diese Unruhen etwas Ordnung zu bringen und die Studenten haben nicht alles kaputtgemacht. Sie haben weder Skulpturen mit Parolen beschmiert, noch Bilder zerstört oder besudelt.
München und die Kunstakademie sollte eine lange Geschichte werden. Robert, der mit dem Unterricht 1962 begonnen hatte, sollte seinen letzten Kurs in der Akademie im Sommer 1981 halten.
Seine Klasse haben während zwanzig Jahren mehrere Generationen von Künstlern durchlaufen, Leute, die zwischen 1934 und 1956 geboren wurden. Im Katalog der Ausstellung, die 1982 in der Residenz im früheren Herkulessaal stattfand, konnte man neben einigen Werken von Robert die Arbeiten von 46 seiner Schüler sehen, darunter die von Wolf-Dieter Meyer (1937 geboren), dem Assistenten von Robert in München von 1968 bis 1979. Wolf-Dieter Meyer stand Robert sehr nahe. Er arbeitete von 1966 an mit ihm in Courtry. Ein anderer Student, Lun Tuchnowski, wurde in der Akademie in Kopenhagen sein Assistent. Wenn man in diesem Katalog blättert stellt man fest, daß die meisten von Roberts Schülern der Abstraktion treu geblieben sind, und man sieht, daß Roberts Ab-

sicht gelungen ist: *ein Professor ist jemand, der seine Schüler so schnell wie möglich von sich wegschiebt.*
Ein neuer Professor erhielt die Leitung der Klasse für Bildhauerei, es war der englische Bildhauer Sir Eduardo Paolozzi, der im Katalog schrieb: *Robert hat in die Münchner Akademie die Flamme, die Paris erleuchtet hat, gebracht, die Flamme einer heroischen Epoche, in der die offiziellen Kreise die Abstraktion für unannehmbar hielten. Diejenigen, die hier bei ihm waren, können voller Stolz sagen: ich habe bei Robert Jacobsen studiert.*
In Courtry kam es zu großen Problemen. Lykke erzählt: *Hélène mußte sich einer langen Behandlung unterziehen und ist eigentlich nie mehr richtig zu uns zurückgekommen. Der Erfolg von Venedig, Bergen und Oslo hatte dazu geführt, daß Papa zu seiner Überraschung enorme Steuern bezahlen mußte, mehr als er erwartet hatte. Die Lage wurde immer schwieriger. Wir konnten im Winter nicht mehr heizen. Wir fuhren nicht mehr in die Ferien nach Meymac.*
Robert entschloß sich daraufhin, nach Dänemark zu gehen, nach Jütland, in einen Weiler namens Tågelund, in der Nähe von Egtved.
Ich bin gegangen, sagt Robert, *weil ich über beträchtliche Mengen an Strom verfügen mußte und Platz brauchte, um meine Maschinen unterzubringen. Ich bin nach Dänemark gegangen um das zu machen, was ich in Frankreich nicht machen konnte. Ich hatte einen großen Auftrag vom technischen Institut von Lundtofte. Ich mußte zu einer Fabrik werden, um ihn zu realisieren. Ich war kein Bildhauer mehr, der kleine Stücke für Sammler herstellte. Ich brauchte Laufkatzen und einen großen Kran. Ich wollte in der Lage sein, große Werke anzufertigen, so wie ich früher meine kleinen mit der Hand gemacht hatte.*
Für diese Fabrik mußte ihm Bernard Léauté folgen. Seit fünf Jahren arbeitete Bernard mit ihm in Courtry.
Bernard erklärt: *ich bin kein Künstler, ich bin ein Arbeiter. Ich bin für bestimmte Arbeiten mit den Händen begabt. Das soll nicht heißen, daß ich eine gut gefertigte Skulptur nicht schätzen kann. Während Robert in München unterrichtete, ließ er mir in Courtry sortierte und kontrollierte Elemente von Skulpturen zurück. Ich mußte sie nur noch zusammenfügen, schweißen, fertigstellen, reinigen, schleifen und eventuell farbig fassen. Ich habe nie versucht, etwas zu modifizieren, oder in seiner Abwesenheit eine andere Skulptur, als er vorgesehen hatte, zu machen. Wenn er zurückkam, nahm er einige Veränderungen vor, gewöhnlich um die Horizontalen und Vertikalen zu präzisieren.*
Um genau zu sein, fügt Bernard hinzu, *helfe ich ihm nicht dabei, wenn eine freie Form von Hand geschnitten werden muß. Ich komme erst bei den geometrischen Skulpturen wieder hinzu. Zuweilen habe ich Anteil an seiner Arbeit: zum Beispiel bittet er mich, eine Krümmung zu formen. Er gibt mir eine Schablone aus Pappe, und ich schneide ihm seine Form in das Eisen.*
Robert sagt: *Mein alter Bernard und ich, das heißt linke Hand, rechte Hand, genau gleich.*
Bernard fährt fort: *Eines Tages hat mich Robert gebeten, ihn nach Dänemark zu begleiten. Anfangs war ich gar nicht begeistert. Ich sprach kein Wort Dänisch und Nell hat mir nicht geholfen, es zu erlernen. Sie hat zu mir gesagt: du wirst es nie lernen. Also habe ich zu Robert gesagt: ich komme mit, aber nur zur Probe.*
Und dann habe ich erfahren, daß er bereits begonnen hatte, für Nell und mich ein Haus bauen

zu lassen. Es war zu spät abzulehnen. Also sind wir mitgegangen und leben nun seit 22 Jahren in Dänemark. Inzwischen verstehe ich die dänische Sprache. Wir haben Freunde gefunden. Lykke erzählt: als die Entscheidung gefallen war, sich in diesem Weiler in Jütland niederzulassen, entschloß sich meine Mutter auch dorthin zu kommen. Sie hatte sich wiederverheiratet, mit einem drolligen Mann, der sie anbetete. Er hieß auch Jakobsen. Sie ließen sich 500 m vom Hauptgebäude entfernt nieder. Robert holte auch ihre Schwestern: Hanne photographierte und züchtete Pferde. Ihr Mann arbeitete bei Lego, ganz in der Nähe, in Billund. Nell machte ihre Keramik und Mette war da mit ihren beiden Söhnen. Der Clan war zusammen.

Seine Rückkehr nach Dänemark, Tågelund. Das Leben mit Maria.

»Hélène zuliebe«, hat mir Robert 1969 erzählt, *hatte ich aufgehört zu trinken, was dazu führte, daß ich kein echter Däne mehr war. Hélène zuliebe war ich auch sanft geworden. Und dann war sie es, die mich gehen hieß.*

Folglich begann Robert mit 57 Jahren ein neues Leben. Er unterrichtete weiterhin während der Semester in der Kunstakademie in München. Von München sollte er bald seine neue Frau, Maria, mitbringen.

Steen Bjarnhof erzählt über diese Rückkehr:

Hier kannte man ihn eigentlich nicht sehr gut. Man wußte, daß er in Frankreich ein Schloß gekauft hatte und daß er im Ausland Erfolg hatte. Mehr nicht. Heute ist er berühmt. Er ist eine Gestalt mit warmherziger Ausstrahlung geworden. Das dänische Volk erkennt sich in ihm wieder, in seinen Worten, jedes Mal, wenn er im Fernsehen erscheint; er hat eine außerordentlich große Zuhörerschaft. Er drückt aus, was die Leute empfinden. Aber es hat Jahre gedauert, bis er diese populäre Gestalt war. Früher war er für die Dänen ein Däne, der im Ausland berühmt war. Warum war er nach Tågelund gekommen?

Er brauchte ein großes Gelände und eine gute Verkehrsanbindung. Natürlich waren die Leute in Jütland stolz, daß er sich in ihrer Region niedergelassen hatte. Es gibt aber eine spezielle jütländische Mentalität: man ist von den Berühmtheiten nicht beeindruckt; das sind gewöhnliche Leute. Robert hat es verstanden, sich in die Gemeinschaft einzufügen. Die Nachbarn kommen zu ihm, und da er großzügig und gastfreundlich ist und ein Bedürfnis nach täglichem Austausch mit den Leuten hat, ging alles sehr gut: er ist integriert.

Der Grund für die Niederlassung in Tågelund war das Unternehmen von Lundtofte.

Meine blödsinnige Idee, sagt er, *war für diese Schule ein Symbol der Metamorphosen, die die Bildung bewirkt, zu schaffen. Ich wollte kenntlich machen, daß die Bildung nicht nur die Menschen verändert, sondern die menschliche Materie selbst. Zu Beginn bestehen wir alle aus demselben Schrott. Wenn man Bildung erfährt, hört man auf, ein Kind des Volkes, ein Proletarier zu sein. Man erhebt sich in die Lüfte und leitet die anderen. Die Bildhauer mußten ihre Basis mit Eisen beginnen und mußten in der Höhe ein anderes Metall, Kupfer oder rostfreies Eisen werden. Daher habe ich einen Turm entworfen, in den sich die, die zuviel zu denken haben, flüchten können. Sie brauchen klösterliche Stille und einen Zufluchtsort, um den Anderen Anleitungen geben zu können.*

Dieses Zusammenfügen mehrerer Metalle ist ein komplexes Problem und es ist unter anderem schwierig, eine heterogene Struktur aufrecht stehen zu lassen. *Wir arbeiteten für ein technisches Institut. Ein Techniker sagte zu uns: das kann man nicht machen. Ich habe geantwortet: deswegen machen wir es. Ich habe mit Bernard zusammen drei oder vier Monate lang Versuche angestellt, um zu verstehen, wie man das alles zusammensetzen könnte, und zum Schluß haben wir kleine Tricks gefunden. Eine solche Monumentalskulptur kostet immer sehr viel Geld. Man verdient daran keinen Sou. Da man trotzdem leben muß, habe ich eine Sammlung verkauft. Schließlich haben wir es geschafft. Die Kunstkritiker meinten, daß die Skulptur ziemlich bedeutend sei.*

1974 waren wir damit fertig. Ich war zu Besuch bei Damgaard in Kolding (der Hemdenfabrikant war inzwischen Chef einer Restaurantkette geworden, in denen Beefsteaks mit Beilagen serviert werden). *Wir speisten in einem seiner Restaurants, als Maria anrief: Robert, Tågelund brennt! Ich habe gefragt: Sind die Feuerwehrleute da? – Ja, komm sofort. – Nein, ich beende erst das Essen. Ich konnte Damgaard, der uns eingeladen hatte, nicht um das Essen bringen. Das hätte ihm das Herz gebrochen. Also haben wir das Essen beendet.*

Es war für mich schrecklich. Ich hatte so oft geträumt, meine Werkstatt würde brennen und alles, was ich in meinem Leben geschaffen hatte, wäre zerstört. Ich konnte das nicht mit ansehen. Ich konnte das nicht akzeptieren.

Wir sind am nächsten Tag nach Tågelund zurückgefahren. Ein Tornado war durchgefegt. Mikel hatte versucht, das Gewächshaus, in dem Maria mediterrane Pflanzen gezogen hatte, festzuhalten. Er war 2 Meter vom Boden gehoben worden. Glücklicherweise war das Haus nicht in Mitleidenschaft gezogen. Hätte es am Vorabend einen Windstoß gegeben, hätte alles gebrannt.

Wir haben Inventur gemacht. Alle Maschinen waren kaputt. Meine Zugwinde war geschmolzen. Alles war zerstört, bis auf den Amboß, den ich in Paris auf dem Flohmarkt gekauft hatte. Er ist so alt wie ich. Man kann das Fabrikationsjahr (1912) noch auf ihm lesen. Die Skulpturen hatten nicht gelitten. Sie mußten nur neu angemalt werden. Einen Monat lang konnten wir nicht arbeiten. Die vier Werke für Lundtofte waren intakt geblieben, da sie sich nicht in der Werkstatt befunden hatten.

Schließlich wurden sie auf der Straße nach Lundtofte gebracht. Beim Abtransport haben wir festgestellt, daß sie nicht durch die Tore paßten. Also haben wir einen 100 m hohen Kran gebaut, um sie über die Gebäude zu heben und sie im Hof wieder abzusetzen. Es waren drei Männer mit Funktelephonen da, um die Aktion zu leiten.

Danach habe ich für das »Maison de la Radio-Télévision« von Gladsaxe, nahe Kopenhagen, eine Skulptur aus zwei Elementen geschaffen. Diese war mehr als fünf auf sieben Meter hoch. Von zwei Männern von Hand gemacht. Wir sind gut ausgestattet, aber es war eine enorme Arbeit. Ich habe dafür fast vier Jahre gebraucht. Auf einer Seite steht eine Gestalt aufrecht wie ein Mensch, das ist die kleine Skulptur mit Antennen, die sich wie Arme öffnen, und auf der anderen Seite die große Skulptur, ein Käfig, in dessen Höhle man einen schwebenden Kreis findet, bei dem ich wieder Kupfer und rostfreien Stahl miteinander verbunden habe. Ich wollte an die Anfänge der radiophonischen Verbindungen erinnnern, an das Knattern der Morsezeichen.

Das war 1977. Dann bekam ich von der Stadtverwaltung von Gladsaxe den Auftrag, einen Brunnen zu bauen, der vor dem Rathaus plaziert werden sollte. Der Architekt hatte das Becken gebaut, das er mit Böden von Champagnerflaschen gepflastert hatte. Es gab Auflagen: da die Leute darum herumsaßen, durfte das Wasser sie nicht naßspritzen. Also habe ich es so angeordnet, daß die Wasserstrahlen ins Innere der Skulptur gingen.
Dieses Mal habe ich die Skulptur vollständig aus Kupfer und rostfreiem Stahl gemacht: Der Stahl weiß, das Kupfer rot. Ich wollte, daß dieser Brunnen meiner würdig würde. Die Nachbarn von Gladsaxe, lauter Freunde, kamen um ihn aufzustellen. Wir sind mit der Skulptur gekommen, und es hat sich wie immer das Problem gestellt, sie auf dem Sockel zu befestigen. Würde sie auf die Maße, die man uns gegeben hatte, genau passen? Die Leute vom Fach aus Gladsaxe begannen mit Bernard über Toleranzen zu diskutieren. Bernard sagte: ungefähr 5 Millimeter. Die aus Gladsaxe lachten: es wäre schön, wenn es auf 5 Zentimeter passen würde. Bernard antwortete: nein, 4 Millimeter, höchstens 5 Millimeter. Wir haben die Skulptur auf den Sockel heruntergelassen. Sie paßte genau. Bernard hatte richtig Maß genommen. Die Leute von Gladsaxe hatten so etwas noch nie gesehen. Seither heißt Bernard in Gladsaxe »Microbernard«.
Die Stadtverwaltung von Gladsaxe beschloß, mich anläßlich meines 70. Geburtstages zum Ehrenbürger zu ernennen. Sehr schön. Da ich bereits Ehrenbürger von Egtved in Dänemark und von Meymac in Frankreich bin, habe ich vor ein paar Tagen mit Gladsaxe telephoniert, um zu hören, ob es damit seine Richtigkeit habe. Man hat mir nicht geantwortet. Also habe ich beschlossen, in Zukunft in meiner Biographie zu erwähnen: Ex-Ehrenbürger von Gladsaxe. Ich glaube, daß das besser ist als Ehrenbürger, denn es ist seltener. Jedes Monumentalwerk bringt ihm Erinnerungen zurück, bei denen das Vergnügen des Erschaffens begleitet ist von Kränkungen. Die Stadt Odense bat ihn um ein Werk, um den Geburtstag ihrer Gründung zu feiern. *Ich habe ein großes Modell hergestellt. Es wurde vor Ort in gleicher Größe von Arbeitslosen realisiert. Die Brauerei Albani und eine Bank haben die Geldmittel zur Verfügung gestellt. Die Gewerkschaften haben das Metall gestiftet.* Ein großherziges Unternehmen … trotzdem hat Robert nicht vergessen: *im Volksmund hieß es: es ist doch bloß ein Kanister mit Fahrradketten.* Er fügt hinzu: *als die Skulptur dann aufgebaut war, waren alle zufrieden.*
Zuweilen bereiten ihm verschiedene Reaktionen großes Vergnügen. Als 1987 in Kopenhagen seine Skulptur »Die sieben Tage« eingeweiht wurde, *weißt du was Dewasne zu mir gesagt hat? Er hatte Tränen in den Augen: das ist es, woran wir gedacht haben, als wir jung waren. Ich werde das nie vergessen.*
Robert Jacobsen ist zweifellos der einzige abstrakte Bildhauer der Welt, von dem so viele Werke auf den öffentlichen Plätzen seines Landes stehen. Das ist ohne Zweifel nur gerecht. Wir wollen hier nicht alle seine Monumentalwerke rezensieren, sondern nur die erwähnen, von denen er uns erzählt hat. Eine Anmerkung zu Robert muß noch gemacht werden, der nach und nach der nationale Bildhauer Dänemarks geworden ist. Zunächst, so sagt Steen Bjarnhof, *glaubt Robert nicht, daß er dies ist. Er hat das Gefühl, (das ist eines seiner Geheimnisse) daß er seiner schwierigen Kindheit und den Schwierigkeiten seiner Anfänge nicht entronnen ist. Sein Hunger nach Anerkennung wird nie gestillt sein.*
Dann muß man noch über seine Stellung als Bildhauer gegenüber der Architektur spre-

chen. Er versucht nicht, sich in die Architektur zu integrieren. Kritiker haben ihm dies vorgeworfen. Darauf antwortet er: *ich mache keine dekorative Bildhauerei. Ich mache nur Skulpturen. Ich will meine Skulpturen nicht integrieren. Ich fertige keine architektonischen Objekte an. Ich bin nur ein Bildhauer.* Steen Bjarnhof meint, daß Robert dem Installieren seiner Werke nicht genügend Aufmerksamkeit schenkt: *was die Skulptur »Die sieben Tage« auf dem im Volksmund »Robertplads« genannten Platz in Kopenhagen am Axeltorv betrifft, ist es geradezu tragisch. Das Werk, das zum 100. Geburtstag der Tageszeitung »Politiken« geschaffen wurde, ist superb. Es ist sehr schlecht präsentiert vor einem Dekor in Art einer in schreienden Farben gehaltenen Jahrmarktsbude. Auch ist der Sockel nicht hoch genug. Aber es liegt in Roberts Natur, immer in die Zukunft zu planen. Wenn ein Werk einmal fertiggestellt ist, geht er zum nächsten über.*
Gerade heute spricht Robert über dieses Problem: *Der Sockel für die »Sieben Tage« muß neu gemacht werden. Die Skulptur, die ich für die S.D.S., die Sparkasse von Kopenhagen, gemacht habe, ist eines meiner besten Werke. Sie befindet sich in einem Hof, wo sie niemand sieht. Ich habe vorgeschlagen, sie zu kaufen, aber sie wollen nicht verkaufen. Auf alle Fälle bin ich kein Sammler meiner eigenen Werke.*
Dann ist wieder die Rede von Monumentalskulpturen. Nach Roberts Ansicht ist die Abstraktion nicht das Minimum möglicher Formen. Bei jedem Auftrag für ein monumentales Werk widmet Robert dem Thema Aufmerksamkeit, selbst wenn dies von den Auftraggebern nicht verlangt wird. Dies scheint ihm unerläßlich zu sein. Und auch wenn die Auftraggeber in ihren Beziehungen zu den Künstlern (vor allem den berühmten) immer schüchterner werden: sie bestellen ein Werk. Ihr einziger ästhetischer Anspruch liegt in der Angabe der Dimensionen, die ihnen angemessen zu sein scheinen. Zum Thema wagen sie sich nicht zu äußern: sie möchten nur etwas Dekoratives.
Robert möchte jedoch mit seinen Abstraktionen Sinn geben. Er möchte, daß der Passant so lange stehen bleibt bis er spürt, daß die Skulptur auf dem Platz oder dem Hof nicht zum Schönstehen da ist, sondern daß sie etwas ausdrückt (Bildung in Lundtofte, telegraphische Verbindungen für den Radio- und Fernsehsender, die »Sieben Tage« bei der Tageszeitung von Kopenhagen). Darin ist er außergewöhnlich: die Aufmerksamkeit, die er dem Thema widmet, erklärt, daß man ihm so häufig den Auftrag für öffentliche Werke gibt. Wenn er von seinen Erfahrungen mit den Monumentalwerken erzählt, rührt seine Bitterkeit nicht nur von den Reaktionen, sondern auch von der Gleichgültigkeit her.
Seine handgearbeiteten Skulpturen haben ihm viel Arbeit abverlangt. Er bedauert die hierfür verwendete Zeit nicht. Es schmerzt ihn aber, daß die Anstrengungen, die er unternimmt, um Symbole aufzuzeigen, von den Passanten nicht wahrgenommen werden, da diese nicht lange genug vor seinen Werken stehen bleiben um zu verstehen, daß die Skulptur ihnen etwas über sie selbst vermittelt, über ihren Stand in der Gesellschaft und den Rhythmus ihrer Existenz. Er ist tatsächlich gekränkt, um einen Begriff aufzunehmen, den er häufig verwendet, daß die Leute, bevor sie versuchen, einen Gedanken, den er entwickelt hat zu verstehen, sofort an Massaker von Kanistern, an Verkehrsunfälle denken und nicht darüber hinaus denken wollen. Zweifellos hat das Metall für das Publikum noch nicht die Bedeutung seiner ursprünglichen Verwendung verloren und ist noch kein

edles, für die Kunst geeignetes Material geworden. Robert entstammt einer Generation abstrakter Künstler die glaubten, den Städtern Kunstwerke präsentieren zu können, aber diese gehen zu schnell daran vorbei.
Er erkennt sehr wohl, daß das Publikum, das gewohnt ist, auf seinen Plätzen einen großen Mann, einen Ritter oder die Schilderung einer Heldentat zu suchen Schwierigkeiten hat, sich in Werke einzudenken, die nicht den Ruhm eines Helden, eines Individuums besingen. Seine Skulpturen erzählen von der Menschheit in ihrer Gesamtheit, und die Menschheit hat Schwierigkeiten, sich selbst zu erkennen.
Trotzdem kann nichts Roberts Dynamik untergraben und seine Neigung, immer für die Zukunft zu planen, beeinträchtigen. Seine Bitterkeit? Er nimmt sie zur Kenntnis und geht zum nächsten Projekt über.
Tågelund hat ihn in seinem Land verwurzelt. Steen Bjarnhof hat Roberts Situation in Dänemark folgendermaßen geschildert: *Er genießt öffentliche Unterstützung. Wenn man mit ihm ein Taxi nimmt, sieht man, daß der Fahrer ihn kennt, er hat ihn im Fernsehen gesehen, findet, daß er richtige Sachen gesagt hat, selbst wenn er nicht weiß, was er von seiner Bildhauerei halten soll.*
Er fügt hinzu: *zugleich hat der einzige populäre Künstler Dänemarks in den Museen keine rückhaltlose Unterstützung. Das ist im übrigen seine eigene Schuld.*
Robert meint: *der erste Offizielle sagte zu meinen Anfängen: Robert Jacobsen ist ein Betrüger.*
Der zweite Offizielle sagte: Robert Jacobsen, das taugt nichts.
Der dritte Offizielle sagt jetzt, ich sei alt und überholt.
Steen Bjarnhof vermutet, daß Dänemark seine Bildhauerei nicht richtig kennt. *Die Dänen wären überrascht, wenn sie eine wirkliche Retrospektive seines Werkes organisieren würden, denn man sieht seine Skulpturen in Dänemark nicht; sie gehen nach Deutschland, Schweden, Frankreich. Es ist richtig, daß das Kunstmuseum keine korrekte Darstellung seines Werkes bietet, aber auch das ist seine Schuld: er muß immer jemanden verabscheuen. Seine Agressivität bewirkt, daß man ihn auf der Ebene, die die Kunst leitet, fürchtet. Die Offiziellen widmen sich den jungen Leuten, was normal ist. Bei Robert haben sie das Gefühl, daß sie warten können. Und Robert ist nicht überall wohlgelitten, da er in der Freundschaft ebenso beständig ist wie in der Animosität. Er kann allerdings die Ziele seines Hasses auswechseln und mit denen, die er verabscheut hat, Verbindungen aufnehmen. Für ihn ist es wichtig zu handeln, etwas zu bewirken. Er lebt in der Zukunft.*
1976, als er noch für fünf Jahre Professor an der Akademie für Bildende Künste in München war, wurde er an der Kunstakademie von Kopenhagen zum Professor ernannt. Wenn er von seinem Eintritt in das dänische Unterrichtswesen spricht, erzählt er, daß er mit seinen Kollegen die Studienbedingungen und die Rechte der Assistenten an der Akademie verbessert hat. Mit ihm konnte eine Kunst- und Berufswerkstatt geschaffen werden, in der der Künstler, der einen Auftrag erhalten hat, präzise Hilfe bei spezialisierten Handwerkern finden kann, die ihn über Verfahren und Methoden unterrichten, die er nicht immer kennt.
Ich bin zufrieden, 4 oder 5 sehr gute Schüler gehabt zu haben, wie den Maler Jan Sivertsen. Du pflanzt ein kleines Samenkorn und siehst einen Baum wachsen.

Robert hat weiterhin an seinem Werk gearbeitet und gleichzeitig unterrichtet. Dies alles erklärt, wie die Situation eines nationalen Bildhauers sein kann, des am höchsten dekorierten Künstlers von Dänemark, des Meisters, um den man sich bemüht, sobald man an ein etwas ausgefalleneres Monument denkt. Leidet er darunter so sehr wie es scheint? Ich glaube, daß ihn die Kränkungen stimulieren und die Anfälle von Bissigkeit um ihn herum auf ihn anregend wirken. Steen Bjarnhof denkt dies auch: *seine Natur trägt ihn an alle Fronten und läßt ihn selbst dorthin gehen, wohin man ihn nicht auffordert zu gehen. So steckt er alle Schläge ein. Warum ist er darüber verwundert, daß ihn sein Renommee nicht beschützt? Er besitzt die Naivität zu glauben, daß es nur einen Bildhauer gibt, und daß er dieser Bildhauer ist. Aber jeder Künstler denkt so.*
Robert hatte die Chance, sein Werk in die dänische Erde eingravieren zu können, wie es keinem anderen Künstler anderswo vergönnt war.
Die Monumentalskulpturen, die den Weg von Robert Jacobsen markieren, sind mit seinem Werk verbunden und stellen auf den öffentlichen Plätzen die Verkörperung seines Suchens und Trachtens in seiner Werkstatt dar. Sein Suchen endet nicht notwendigerweise in Monumenten, aber die großen Skulpturen bezeugen seine Entwicklung.
Man bemerkt zum Beispiel gedrechselte Formen in Werken wie »Die sieben Tage« in Kopenhagen, »Lego« in Billund und Roskilde, wo drei Elemente den Titel »Vergangenheit, Präsens, Futur« tragen und die Geschichte einer Stadt erzählen, in der man das Museum der Wikingerschiffe, das Grab der dänischen Herrscher und ein Zentrum für Atomversuche findet.
Woher kommen diese gedrechselten Formen?
In Paris hatte er eines Tages eine Drehbank gekauft. *Ich hatte schon lange daran gedacht. Ich hatte mit Jean Dewasne darüber gesprochen. Meine Vorstellung war es, auf einer Maschine Skulpturen anzufertigen. Mich faszinierte das Beispiel des Kinos: ein Motor dreht sich und macht Bilder. Ich habe lange davon geträumt. Eines Tages habe ich eine Drehbank »Batignolles« gekauft. Ich habe lange gewartet, bevor ich sie ausprobiert habe. Und dabei habe ich festgestellt, daß es schwierig ist, etwas Sensibles herzustellen. In gewisser Weise war dies gut, denn man kann an der Drehbank nicht improvisieren: man muß der Maschine folgen. Man hat dabei nicht sehr viele Freiheiten: man kann die Kuhlen mehr oder weniger entfernen, das ist alles. Ich wurde wegen dieser gedrechselten Formen sehr kritisiert: Robert macht Stuhlbeine und Bauern für Schachspiele. Schließlich kamen »La Force enchainée« und die Fortsetzung der »Phallokraten« zustande. Der Zeitpunkt? Ich weiß, es gibt in den veröffentlichten Monographien viele falsche Zeitangaben. Was für ein Durcheinander! Aber ich mag das.*
»La Force enchainée« ist eine kleine Skulptur von 29 cm Höhe, ein schwarzer Käfig, der die beunruhigende Sanftheit eines blauen Zylinders umrahmt, der wie der Kopf einer Rakete spitz zuläuft. Der Kontrast zwischen der blauen Eleganz und der Strenge des schwarzen Käfigs gibt diesem Werk einen monumentalen Charakter. Dann kommen die »Phallokraten«. Bei Robert verzichten die Formen auf keine Bedeutung, die sie haben können, und die Rakete (oder der Torpedo) wird zum Phallus. Robert erzählt: *Als ich mit Richard Mortensen zusammen in Suresnes lebte, gab es in unserer Umgebung niemanden des anderen Geschlechts. Manchmal gingen wir am Montmartre in der Rue Fontaine spazieren,*

Robert in seinem Atelier in Montfermeil

Das Haus
der dänischen Künstler
in Suresnes

Das Haus in
Montfermeil, 1956

Châtelet Courtry

Das Atelier in Montfermeil

Alberto Magnelli bei Jacobsen
in Courtry, 1962

Die beiden Preisträger
des Prix Biennale
in Venedig 1966
Etienne Martin
und Robert Jacobsen

1989 in Tågelund, Bernard Léauté
mit Robert Jacobsen

Robert, Bobby
und Fabeltier, 1973

Robert mit seinen Enkeln
Tim und Mikel, 1967

Die Töchter Mette, Nell und Hanne
mit ihrem Vater

Nell in ihrer Keramikwerkstatt
in Tågelund

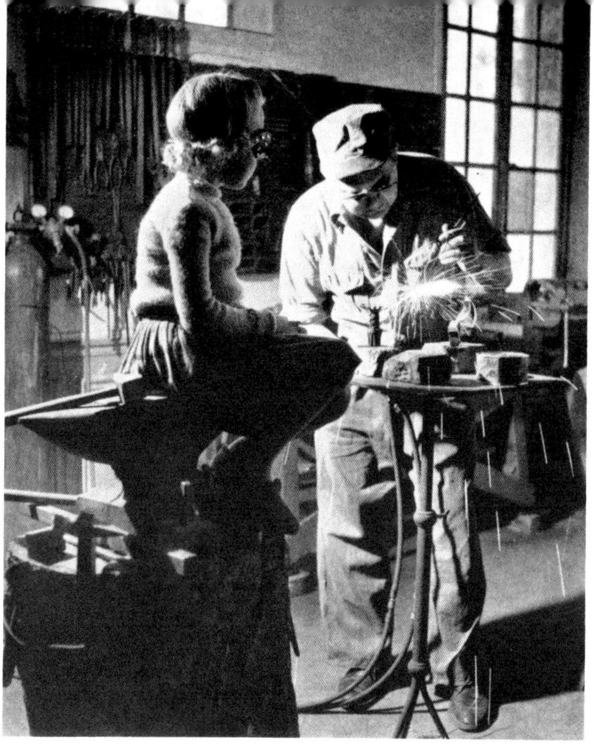

Lykke bei ihrem Vater
im Atelier

Der Künstler schweißt

Bernard, Robert und Lun Tuchnowski
vor einem Teil der Arbeit für Lundtofte, 1970

Professor Jacobsen
in München

Jacobsen 1969
in seiner Klasse
mit seinem Assistenten
Wolf Dieter Meyer (rechts)
und Lun Tuchnowski

wo auf den Gehsteigen mehr oder weniger freundliche Damen waren. Das Geld, das wir hatten, konnten wir hierfür nicht ausgeben. Wie hätten wir am nächsten Tag essen sollen? Also sind wir spazierengegangen und haben uns umgeschaut. Als ich sehr viel später in Tågelund die Drehbank hatte, habe ich an die Rue Fontaine gedacht, an die Damen und an eine, die nur ein Bein hatte.

Die Erinnerung hieran hat diese durchbrochene Wand ergeben, durch die das Auge die Zimmer, in denen sich die Phalli erheben, entdeckt. Es gab eine ganze Serie dieser Art und darunter »Le déjeuner des Phallocrates«, das Robert gerne anmalen wollte. Nicht Bernard Léauté hat mir die Fortsetzung der Geschichte erzählt, sondern seine Ehefrau Nell: *Robert wollte die Skulptur anmalen und schaffte es nicht. Bernard hat sie dann eines Tages angemalt. Robert hat sie angeschaut und gesagt: ich hätte es nicht besser machen können.* Halb lächelnd, halb verlegen, ergänzt Bernard: *das war die Ausnahme.*

Robert fährt fort: *Inzwischen mache ich keine Phallokraten mehr, aber manchmal liefert mir die Drehbank ein Element, das eine komplexere Bedeutung hat als die einer Atomrakete oder eines Phallus. Du kennst mich, die »Rue Fontaine« und all die Skulpturen mit gedrechselten Elementen sind keine Verurteilung des Sex, ebenso wenig wie meine Materialbilder. Die »Rue Fontaine« ist ein Gebet. Und als ich gehört habe, daß André Breton in der Rue Fontaine lebt, war ich zufrieden.*

Bleiben wir beim Thema Liebe. Seine einzige Theaterdekoration machte er 1967 für das Ballett »Don Juan« in Kopenhagen. Robert möchte nicht über seine Dekoration sprechen, aber er hat seine Vorstellungen von Don Juan: *Ja, ich habe einen großen Phallus gemacht, der über der Szene hing. Ich würde das heute nicht mehr machen. Der Phallus ist etwas Mechanisches geworden. Wir fuhren mit dem Fahrrad in die Rue Fontaine. Heute brauchen sie einen Rolls-Royce. Don Juan? Ich glaube, daß er die Frauen befreien wollte. Er hat den Mädchen nie weh getan. Er hat ihnen ihre Natur, ihre Persönlichkeit zurückgegeben. Sie waren Sklavinnen. Er hat ihnen die Möglichkeit gegeben, ein paar Schritte zur Seite zu machen. Und das ist gut so.*

Die Malerei ist eine Konstante in seinem Werk. Einerseits die Malerei ohne Bildhauerei, andererseits die Farbe in der Bildhauerei, denn diese beiden Wege laufen bei ihm nicht parallel. Eines Tages hat Robert zu mir gesagt: Heute abend wirst du das erste Bild, das ich gemacht habe, sehen. Wir haben es bei Steen Bjarnhof gesehen. Es handelt sich um ein kleines Stück Sperrholz, von 1931 datiert und signiert.

Er hat es mir vor 20 Jahren gegeben, erzählt Bjarnhof. Auf der anderen Seite des Sperrholzes befindet sich ein Bild von Asger Jorn. Es ist ein Werk in klaren Farbtönen, ohne Geometrie. Tierformen? Pflanzenformen? Man weiß es nicht. Man findet darin vielleicht den Einfluß der bemalten Holzreliefs von Jean Arp. Über die Malerei im allgemeinen sagt Robert: *ich habe immer Bilder gemalt, aber ich dachte nicht daran sie auszustellen. Die Bildhauerei hatte Vorrang und als ich nach Paris gekommen bin, war ich vor allem mit Malern, mit Vasarély, Poliakoff, Dewasne, Deyrolle zusammen. Es war schwierig, mit ihnen darüber zu sprechen. Ich malte, wie es mir in den Sinn kam. Es war gut oder es war schlecht. Deyrolle meinte: einige Sachen sind gut. Ich malte in einer Ecke mit allem, was mir in die Hände kam. Inzwischen habe ich Pinsel und gutes Papier. Abends gehe ich in das Zeichenatelier, wenn ich aus der Bildhauerwerkstatt herauskomme. Dort bin ich ganz allein in der Stille. Dabei erhole ich mich. Die Malerei lehrt mich, mich in den Formen der Bildhauerei freier zu fühlen und die Bildhauerei sorgt dafür, daß ich härter an der Malerei arbeite.* Tatsächlich überwiegt bei Robert der Bildhauer, aber der Maler tritt häufig in den Vordergrund und ich habe immer wieder gehört, wie er auf die für ihn fundamentale Frage der Farbe in der Bildhauerei zurückkam.

Bei den Afrikanern akzeptiert man die Farbe auf ihren Skulpturen, weil die Farbe eine magische Bedeutung hat. Aber welche Bedeutung hat die Farbe, so sie vorhanden ist, bei der abstrakten Bildhauerei? Er spricht über seine Versuche der Zusammenarbeit, die er mit den Malern unternehmen konnte: *Mit Vasarély ging es sehr gut, aber meine Skulptur ist dabei verschwunden. Mit Dewasne hat es funktioniert. Aber man muß sich überlegen, was man machen will: eine bemalte Form oder eine Farbe auf einer Form? Und warum? Von 1988 bis 1989 habe ich Tafeln auf perforiertem Eisen, sogenannten Lochblechen, gemacht: die Löcher, das Viereck, die Farbe, das arbeitete alles zusammen. Eine Skulptur ganz in Schwarz ist kein Problem. Ich habe auch eine Skulptur ganz in Weiß gemacht, weiß aber nicht mehr, wo sie ist. Ich kann eine Skulptur mit Blau oder Rot zusammenbringen. Nicht mit Gelb, nicht mit Grün. Mit farbigem Material arbeiten? Das geht mit Plastik. Ich versuche es mit Glas, das ich direkt bemale. Aber das ist ein durchsichtiges Material. Was beherrscht man wirklich? Heute denke ich an bemalte Objekte. Ich glaube, dieser Gedanke ist mir in Meymac gekommen, als ich meine Skulpturen vor den alten unregelmäßigen Mauern gesehen habe. Diese Objekte werden vielleicht zweifarbig sein. Ich werde einige anfertigen und sie bis zu meinem 80. Geburtstag verstecken. Dann werde ich sie zeigen. Damit werde ich meine Feinde ärgern, denn ich kann nicht nur mit Freunden leben. Ich muß meine Feinde einfach piesacken. Es amüsiert mich ihnen zu zeigen, daß in mir noch Leben ist. Aber es werden bemalte Gegenstände, keine bemalten Skulpturen sein. Die Frage der Farben in der Bildhauerei hat mich nie ruhen lassen.*

Deutschland und Bayern bedeuteten für Robert zunächst die Entdeckung des Unterrichtens. *In München war ich vor allem mit Studenten befreundet. Dann habe ich einige Maler kennengelernt, z.B. Fruhtrunk, den ich gerne mochte. Am Tag nach seinem Freitod hat mich seine Frau angerufen. Er hatte ihr eine Botschaft für mich hinterlassen: sag ihm, daß er der einzige Freund war, den ich an der Kunstakademie hatte. Da war auch noch der Maler Horst Antes. Man wollte ihn für die Münchener Kunstakademie engagieren, aber er ist in Karlsruhe geblieben. Ich mag seine Malerei sehr. Zugleich hasse ich ihn, weil er eine so schöne Sammlung von Hopi-Puppen hat. Ich war darauf eifersüchtig, bis ich meine Hopis verkauft habe. In München habe ich nicht begriffen, warum es in der Stadt keinen Paul-Klee-Platz, keine Kandinsky-Straße, keine Kirchner-Straße gibt. Ich habe in Schwabing gewohnt, das auch ihr Viertel war. München hieß für mich auch die Pinakothek. Ich bin oft hingegangen, da ich das Alter erreicht hatte, in dem man gerne die alten Meister wie Dürer, Rembrandt, Rubens und Cranach betrachtet. Ich mochte besonders die Skulpturen in den Museen und den Kirchen. Tilman Riemenschneider ist mit seinen ungefaßten Skulpturen ebenso großartig wie Rodin. In meiner Anfangszeit in München nahm ich mich vor dem Barock in acht. Jean Deyrolle sagte zu mir: das darf man nicht anschauen. Für uns abstrakte Künstler ist das Barock der Teufel, der schlimmste, den es gibt.*

Bayern ist in seinem Haus in Tågelund in der Person von Maria Jacobsen, seiner Frau, täglich präsent.
Maria hat ihm seinen Sohn geschenkt, noch einen Robert, Sohn des Robert und Enkel des Robert. Maria, Deutsche, Bayerin, Hauswirtschafterin, Tochter von Bauern, ist 1969 nach Dänemark gekommen. Wie sie sagt, ist es ihr nie gelungen, ihrem Mann eine Landschaft näher zu bringen, nicht einmal die ihres Heimatlandes Bayern. Sie ist in Bayern aufgewachsen und sagt: *wenn ich an den Bauernhof meiner Eltern zurückdenke, stelle ich fest, daß ich das Glück hatte, in ein harmonisches Umfeld geboren worden zu sein. Ich bin mit der Schönheit vertraut gemacht worden, wenn ich morgens vor der Schule bei der Messe die bemalten Altäre betrachtete. Diese Schönheit konnte ich dann in anderen Städten wiedererkennen, bei gotischen Kirchen, Gebäuden der Renaissance, barocken Bauwerken und natürlich in den Münchener Kirchen, als ich dort ankam, um meine Studien fortzusetzen. Ja, ich hatte das Glück, meinen Blick nach und nach schulen zu können und zu lernen, die Formen und Farben aufmerksam anzuschauen. Von der modernen Kunst wußte ich wenig. Ich kannte Max Slevogt, da ich im selben Ort, in Landshut, geboren bin wie er, aber meine Kenntnisse reichten nicht über Pablo Picasso hinaus.*
Robert und ich, wir haben uns in Schwabing eingerichtet, dem Viertel von Klee und Kandinsky, das aber bereits ein Touristenviertel geworden war. Wir verfügten dort über ein Appartement, weil Robert ja in der Akademie eine Werkstatt hatte. Unser wirkliches Heim ist in Tågelund. Da kultiviere ich meinen Garten und ich glaube, daß die unserer Nachbarn, die Bauern sind, sich freuen, daß ich den Boden bearbeite. Ich war Lehrerin der Landwirtschaft und wende hier meine Theorien an. In Dänemark arbeitet Robert an seinem Werk und ich in meinem Garten. Das ist sehr viel mehr als ein Hobby: es ist eine Therapie. Ich habe den Eindruck, daß mich meine Pflanzen vermissen, wenn ich nicht da bin. Ich bin sicher, daß sie eine Seele haben. Ich rede mit ihnen. Sie sind autonom: ich erstelle Pläne und sie wachsen auf ihr Weise. Wenn man einen Garten hat, braucht man keinen Psychotherapeuten. Das Leben von Robert ist Arbeit. Wenn ich in seine Werkstatt komme, achte ich darauf, daß ich ihn nicht überrasche, um seine Arbeit nicht zu unterbrechen, obwohl er sich sehr schnell wieder konzentrieren kann. Manchmal ruft er mich, um mir zu zeigen, was er gemacht hat; er möchte die Meinung von jemandem, der kein Spezialist ist. Ich finde, daß er dieselbe Kraft in seinen beiden Stilrichtungen, der Abstraktion und der bildlichen Darstellung hat. Ich bewundere seine abstrakten Skulpturen ebenso wie seine Personen vom Altar in Esbjerg und seine monumentalen Skulpturen. Ich bewundere seine Vielfalt. Es ist für mich kein Problem, mit dem vielleicht berühmtesten Dänen von ganz Dänemark zu leben. Er ist nicht arrogant. Er liebt den Kontakt zu den Menschen. Ich tue für ihn, was ich kann. Robert ist ein Mensch, der zugleich extrem gut und extrem hart ist. Er verlangt von den Menschen, die um ihn sind, bis ans Ende ihrer Kräfte zu gehen. Das verlangt er im übrigen auch von sich selbst. Es ist sicher nicht leicht, mit einem Künstler zu leben: dieser muß Egoist sein. Aber ich bin keine Märtyrerin und wenn er schwierig ist, dann bin ich es auch.
Seit zweiundzwanzig Jahren leben nun der Städter und die Bäuerin zusammen. Ich schaue ihm nicht bei der Arbeit zu, denn die ist für mich geheim, und er läßt mich im Garten arbeiten, obwohl er es für Zeitverschwendung hält. In Wirklichkeit ist Robert auf das, was Maria

macht, sehr stolz und erzählt, wie die Bauern ihr anfangs mißtraut haben, weil sie Deutsche ist, aber daß sie inzwischen Respekt vor ihrer Kompetenz haben. *Wißt ihr,* fährt Maria fort, *ein Bauer weiß, daß das Leben nicht immer heiter ist. Es gibt Dinge, die man machen muß, und wenn sie gemacht sind, ist man zufrieden.*
Robert liebt den Jazz. Ich liebe klassische und moderne Musik. Er liebt die Stadt und ich das Land. Er liest wenig, ich lese viel. Das sind Dinge, die uns trennen, aber wenn es um Feste geht, finden wir wieder zusammen. Wir organisieren beide gerne Feste. Feiern gehört für mich zur Kultur. Und was haben wir schon für Runden durch die Antiquariate und Antiquitätenläden gedreht! Er kauft alle möglichen Gegenstände. Ich hatte vor ihm begonnen, christliche Reliquien zu sammeln, wie es so viele in Bayern gibt: er hat dann auch welche gekauft. Ihn interessieren alle Kultgegenstände, ob sie nun aus Afrika oder Asien stammen, vielleicht weil er nach den Formen sucht, in denen der Geist und die Mystik ihren Platz haben. Dies ist Marias Sichtweise.
Die bayerischen Devotionalien führen uns zu Roberts Sammlungen. Er ist ein überzeugter Sammler. Wie viele Sammlungen habe ich bei ihm schon gesehen! Sie kommen und gehen. Zur Zeit findet man sogar in der Küche in Kopenhagen eine interessante Zusammenstellung von Backformen (Maria ist nicht nur eine gute Köchin, sondern auch eine gute Bäckerin, und diese Backformen sind vielleicht eine Hommage Roberts an sie).
Aber handelt es sich wirklich um Sammlungen? Man erkennt darin nicht den Wunsch, eine kohärente Einheit herzustellen oder eine Mustersammlung zusammenzustellen, die sich um ein Thema rankt. Wie Steen Bjarnhof feststellt, *besitzt Robert weder die Kenntnisse eines Spezialisten, noch die eines Historikers. Er hat den Blick des Künstlers, der sich nicht täuscht.* Sammeln ist auch eine Angewohnheit, die er von seiner Mutter, die Trödlerin war, geerbt hat: er will von Gegenständen umgeben sein. Es ist im übrigen auch der gute Riecher, der ihm erlaubt hat zu überleben, denn wie Denise René sagt, *geht bei ihm nichts verloren, er sieht alles,* und wenn er mit Mortensen auf dem Flohmarkt von Paris etwas für 10 Francs kaufte und in Dänemark für 20 Francs verkaufte, dann lebte er von diesem bescheidenen Handel.
Man hat sehr oft die Geschichte einer sehr naiven Holzskulptur erzählt, die sie auf der Straße in Montreuil erworben hatten: die Spezialisten glauben, daß sie vom Zöllner Rousseau stammen könnte, denn man erkennt ins Holz geschnitzt die Initialen H.R.. Dies sind die Glücksfälle im Altwarenhandel. Diese Aufmerksamkeit hat es ihm ermöglicht, bemerkenswerte Sammlungen zusammenzutragen, von denen die bekannteste die Sammlung afrikanischer Kunst ist. Zur Zeit sind seine Häuser von buddhistischen Objekten und Bronzestatuen bevölkert. Er kann sehr gut unterscheiden, was alt ist und was aus dem 19. Jahrhundert stammt. Im Gegensatz zum »normalen« Sammler erkennt Robert Qualität überall, auch bei den Skulpturen des vorigen Jahrhunderts.
Was fängt er mit den Drachen und Buddhas an, mit dieser überladenen, redundanten Kunst? Er schätzt das Gold der Bronzestatuen und die Kenntnisse der Gießer Asiens. 1988 hat er anläßlich einer Ausstellung der Cartier-Stiftung zu mir gesagt: *vor fünf, sechs Jahren bin ich der chinesischen Kunst begegnet. Ich habe mich darauf gestürzt, weil ich die spontane Ausführung der Chinesen mag. Also habe ich angefangen, mich mit ihren Schrift-*

zeichen zu beschäftigen und habe eine Serie angefertigt, die »Le Thème chinois« genannt wird, und auf diese Weise hat seine Bildhauerei einige Zeichen der chinesischen Schrift übernommen.

Ich bin kein Chinese geworden, aber ich habe an die Marmortore des Ming-Grabes gedacht, die wie Schmuckstücke geformt sind und die man verschieben kann, als ob sie auf Kugellagern liefen. Das ist toller als alles, was zur Erfindung der Atombombe geführt hat. Es dient nicht zur Zerstörung des Menschen, sondern zur Erinnerung an die Kultur. An das habe ich gedacht.

Dies ist der Gebrauch, den Robert von den Gegenständen, die er sammelt, macht. Sie ermöglichen ihm mit allem, was sie ihm über das hinaus, was sie sind, eingeben, sein gestalterisches Repertoire zu erweitern.

Die Hommagen des Künstlers. Große Skulpturen.

Seit langem wollen die Künstler, daß man ihre Werke als das betrachtet, was sie sind und weigern sich häufig, dem Betrachter irgend einen Hinweis auf den Sinn zu geben. Daher rühren die unzählbaren »Ohne Titel« in den Ausstellungskatalogen. Wie man bei seinen Monumentalwerken gesehen hat, hat sich Robert die Mühe gemacht, seinen abstrakten Werken eine Bedeutung zu geben. Auch hat er Jahr für Jahr »Hommages« angefertigt, wie zum Beispiel ein »Opus Mingus«, das den Musiker Charlie Mingus ehrt. Alle seine »Hommages« sind Künstlern oder Persönlichkeiten der Kunst gewidmet, wie dem Kritiker Léon Degand ; diese Skulptur fand sowohl in Dänemark als auch in Frankreich Verbreitung auf Briefmarken. Robert spricht über seine »Hommages«: *die erste habe ich 1974 für Jean Dewasne gemacht und habe sie »Jean de Billancourt« genannt, da er in diesem Vorort von Paris wohnte. Ich glaube, es ist eine gute Skulptur. Sie gibt den Eindruck eines überlegten Aufbaus. Damit wollte ich ihm für das, was er mich gelehrt hat, danken. Dann habe ich eine »Hommage à Vasarély« gemacht. Dewasne hat festgestellt, daß die Skulptur Vasarély höher ist als die Skulptur Dewasne. Dafür kann ich nichts. Die »Hommages« kommen wie sie kommen, und ihr Format ist von meinem Willen unabhängig. Ich habe eine »Hommage an Paul Klee« gemacht und sie ist von geringer Größe.*

Ich gedachte auch eine Skulptur für Henri Laurens zu machen und habe dann Bilder von Braque gesehen, worauf ich eine »Hommage à Georges Braque« anfertigte.

Ich habe auch einen »Matisse« gemacht. Als ich sein »Fenster« im Museum für moderne Kunst in Paris gesehen habe, hat es mich fast umgehauen. Es ist genauso dramatisch wie »Guernica« von Picasso.

Da war auch noch Alberto Magnelli. Er hat mir beigebracht, was man machen kann und was nicht. Was hatte ich für ein Glück, einem Mann begegnet zu sein, der mich so wie er geführt hat: hart wie Eisen und zugleich aufgeschlossen und sanft! Er hat mir ein Beispiel von Reinheit gegeben. Eines Tages hat er mir eines seiner Bilder gezeigt. Es ist eine Madonna, meinte er. Die Madonna war nicht zu erkennen, ich sah sie nicht, aber sie war vorhanden. Als er in meine Werkstatt kam, habe ich meine Puppen versteckt. Er sagte: deine dummen Puppen. Trotzdem ist seine Puppe die schönste, ein Kaiser mit Globus und Szepter. Ich habe sie ihm zu seinem 70. Geburtstag geschenkt.

Dann habe ich eine »Hommage à Magnelli« angefertigt, eine lange geschmeidige Bewegung,

die offene Formen durchquert und den Blick eine ganze Strecke, von einem aufrechten Viereck bis zu einer wie ein Blatt gespannten Form zurücklegen läßt.
Robert, der die Reaktion von Magnelli, den er respektierte und verehrte, ein wenig fürchtete, hatte zu mir gesagt, bevor er Frankreich verließ, um sich wieder in Dänemark niederzulassen: *ich sage ihm lieber bei Euch auf Wiedersehen.* An diesem Abend wirkte Robert wie ein kleiner schuldbewußter Junge vor seinem Meister, der zu ihm sagt: *du kannst von deinen Freunden nicht weggehen, du brauchst ihre Kritik.*
Kandinsky? An den habe ich mich nie gewagt. Ich habe seine Werke in München gesehen. Ich habe sie hintereinander zwei, drei Stunden angeschaut, ohne zu begreifen, wie ein Mann, der anfangs folkloristische Szenen gemalt hat, schließlich die Abstraktion entdecken kann. Wie hat er diesen Übergang geschafft? Vielleicht weil seine Gefährtin Gabriele Münter sich für ihn aufgeopfert hat? Ich habe auch nie begriffen, wie er zugleich durchkonstruiert und spontan sein konnte. Wie konnte er zu gleicher Zeit die Strenge und die Freiheit erlangen?
Picasso war für mich lange Zeit zu explosiv. Dann habe ich in Stockholm Bilder von ihm gesehen und festgestellt, daß er bei all seiner Meisterschaft wie ein Kind zeichnen konnte. Auch da hat es mich fast wieder umgehauen. Ich selbst bin zu sehr Kind, um es wie er machen zu können. Ich werde dieses Jahr zwei »Hommages« versuchen: Picasso und Klee.
Fernand Léger? Den habe ich wie ein aufrechtstehendes Kartenspiel entworfen. Ich habe ihn auf der Straße gesehen, wie er mit einer Blume im Mund zu seiner Schule ging. Ich habe ihn zweimal besucht. Ich habe ihm ein kleines Buch, das ich gemacht hatte, gezeigt. Er hat darin geblättert und vor sich hin gebrummt: interessant! Interessant! Léger, das war ein Mann, ein großer französischer Maler. Und warum keine »Hommage à Chagall«?
Ich mag die Bilder von Chagall mit Kühen und Babys im Bauch ihrer Mutter nicht besonders. Wie du siehst, bewege ich mich um Leute herum, bei denen ich Charaktere vorfinde, die meinem ähneln oder sich von meinem unterscheiden. Ich mache meine »Hommages« eigentlich um zu sehen, ob ich imstande bin, es wie sie zu machen. In Wirklichkeit drehe ich mich um mich selbst. Denn ich versuche, mir von ihnen das zu nehmen, was mich interessiert und wovon ich glaube, daß ich etwas daraus machen kann. Manchmal geht es daneben, ich habe mich getäuscht, aber ich habe jedes Mal etwas gelernt.
Und dann hält mich das wachsam. Das Akademische ist immer irgendwo verborgen. Manchmal in reinen Formen, manchmal in vulgärer Sprache. Georges Braque mag ich, weil er kein falscher Denker, sondern ein großer Philosoph ist.
Und warum keine »Hommages« an Asger Jorn und Richard Mortensen?
Weil sie mir zu nahe stehen und weil wir zusammen gearbeitet haben. Der Krieg hat uns zusammengeschweißt, auch mit Egill Jacobsen und Carl Henning Pedersen. Wir brauchten einander. Danach haben wir uns voneinander gelöst und auf unsere Arbeit konzentriert. Aber ich habe eine »Hommage à Sondergaard«, den Maler gemacht. In seinen Augen waren wir Terroristen und machten Anti-Malerei. Er hatte etwas gegen die abstrakten Künstler. Ich habe ihn kaum gekannt. Er war ein schrecklicher, sehr harter Bursche aus Jütland. Im Ausland kennt man ihn nicht. Er war ein alter Naturalist, im Sinne von Naturalismus, um die Natur zu erfahren, ein wenig wie Constant Permeke oder Vlaminck. Eines Tages wird man entdecken, wer er war: der beste von uns allen.

Diese »Hommage à Sondergaard« habe ich in Kolding, in Jütland, im Hof der Schloßruine gezeigt, anläßlich einer Ausstellung, die ich dort zusammen mit Dewasne gemacht habe; es ist eine große Skulptur von mehr als zwei Metern Höhe. Ich hätte es gerne gesehen, wenn sie ins Museum von Kolding gegangen wäre, aber der Konservator hat dies mit der Begründung abgelehnt, sie entspräche nicht dem Stil seines Museums. Beachte: für diesen Konservator werde ich niemals eine Hommage anfertigen. Die Konservatoren sagen: bei Jacobsen weiß man nie, was los ist: mal macht er dies, mal macht er jenes. Sie können ihre Kunstgeschichte mit mir nicht schreiben. Und es stimmt: sie glauben, mich zu kennen, und zwei Tage später komme ich mit einem ganz anderen Werk an. Ich ziehe ihnen den Teppich unter den Füßen weg. Sie wissen nicht, woran sie sind. Vielleicht beschäftigen sie sich mit mir, wenn ich verreckt bin. Sie werden sagen, daß ich ein Verrückter oder ein Betrüger war. Und ich kann doch nichts anderes machen, als ich mache.

Von Zeit zu Zeit gibt es solch kleine Explosionen bei Robert, aber alles in allem sind solche Zornausbrüche recht selten und zeigen seinen Bedarf an Feinden, von dem Steen Bjarnhof sprach. Tatsächlich zeigt Robert mit seinen »Hommages«, daß er der Generation abstrakter Künstler angehört, die nicht glauben, daß die Abstraktion sie von ihrem Thema entfernt. Da er es abgelehnt hat, nur die Ästhetik als Sinn anzuerkennen, suchte er die semantische Reichweite der Abstraktion zu vergrößern.

Die Umstände haben bewirkt, daß die Abstraktion nicht die offizielle Doktrin der Kunst wurde. Die Freiheit der Künstler wurde zwar bewahrt, aber man muß auch den Willen Robert Jacobsens anerkennen, der seine Kunst nicht auf die Ästhetik beschränken und mit dem Betrachter über den Begriff »Ohne Titel« hinaus kommunizieren wollte.

1982 war eine Ausstellung in einer Fabrik in Kolding (Jütland) organisiert worden. Als sie zu Ende ging, fragte ihn das Fernsehen: Sie haben gerade in einer Fabrik ausgestellt. Wo möchten Sie Ihre Werke jetzt ausstellen?

Und Robert antwortete: *ich würde gerne in Rosenborg ausstellen.* Heute fügt er hinzu: *manchmal rede ich zuviel.*

Rosenborg ist ein königliches Schloß des 17. Jahrhunderts im Herzen von Kopenhagen, das 1833 das Museum der Krone wurde. Man findet darin die Kronjuwelen, die Dinge, die den Herrschern gehörten, die Schätze an Silber, Glas, Keramik. Die Wände sind mit Seide bespannt, kurz, es sind ebenso wunderbare wie luxuriöse Räumlichkeiten.

Robert hatte Rosenborg als Scherz genannt und dachte nicht mehr daran. Aber eine Woche später ließ ihn der Direktor von Rosenborg wissen, daß er die Idee aufgegriffen hatte und ihn erwartete, um ihm die Säle zu zeigen. Die Königin hatte ihre Zustimmung gegeben.

Mein Alter, ich habe eine ganze Woche nicht mehr geschlafen. Was sollte ich tun inmitten der Goldwaren, der gehauenen Marmorreliefs, der geschnittenen Korallen, des Elfenbeins, der Bronzestatuen, des Porzellans, all dieser wertvollen Dinge, ich und mein Material, das Eisen, das ich nicht aufgeben wollte? Und dann hatte ich einen Unfall.

Bernard Léauté erinnert sich: *Er hatte sich ein Motorrad gekauft und sich ein Bein gebrochen. Er konnte an seinen großen abstrakten Werken nicht mehr im Stehen arbeiten. Mit seinem eingegipsten Bein brauchte er eine Arbeit, die er im Sitzen machen konnte.*

Sollte er wie früher Puppen machen? Nell Léauté meint dazwischen: *das ist Roberts Ehrlichkeit. Er hätte bis ans Ende seines Lebens Puppen machen können, aber nein, das war vorbei, zu Ende. Für vier bis fünf Jahre kehrte Robert für Rosenborg zu seinen Handarbeiten zurück. Du mußt wissen, das Autogene ist wie Stickerei.*

1987 hat er in Rosenborg ungefähr vierzig Stücke ausgestellt, das kleinste 25 cm, das größte 102 cm hoch. Er hat eine Auswahl dieses Volkes, das er geschaffen hatte, präsentiert, um einen Dialog mit einigen Gegenständen des königlichen Schatzes zu führen. Er hatte sich selbst zur Aufgabe gestellt, seine Arbeit mit Szenen des Neuen Testaments zu konfrontieren, mit mythologischen Themen, mit Bildnissen von Herrschern zu Pferde. Zu Beginn war für ihn nur eines sicher: er würde sein gewohntes Material verwenden. Nichts würde seine Treue zum Eisen erschüttern. Er würde Alteisen verwenden, alte Fahrradketten, Zahnräder, verwickelte Drähte, zerbrochene Gabeln, verdrehte Schlüssel.

Diese Skulpturen lassen die Herkunft des Eisens, aus dem sie zusammengefügt waren, weniger als die Puppen erkennen. Die Bezugnahme ist fast nicht mehr wahrnehmbar: man weiß nicht genau, woher es kommt, noch wofür es früher gedient hat. Es bleibt nur der vage Eindruck eines Werkstoffes, der eine völlige Metamorphose erlebt hat: das minderwertige Metall glänzt wie Gold. Ich stelle keine Fragen. Ist es wirklich Gold? Das wäre eine Frage für einen Dieb. Das Gold ist bei Robert ein Licht. Er hat dieses Licht auf sein Alteisen gelenkt. Er hat dem Schrott des Metallurgen Zutritt zu den Vitrinen des Allerheiligsten der Geschichte des dänischen Königreiches verschafft und ihn in höfische Gewänder gehüllt.

Die Dialoge, die er bewirken wollte, enthüllen seine Vorstellungen. Neben eine Marmortafel, die Christus bei der Auferstehung zeigt, hat er einen Astronauten in seinem Anzug postiert. Neben der Darstellung von Romulus und Remus, die an der römischen Wölfin saugen, hat er Tierfiguren plaziert, die mit einer Kette verbunden und somit solidarisch sind, wie sie es im Frieden des Garten Eden waren. Neben einem heiligen Georg, der den Drachen tötet, hat sein heiliger Georg keine dekorativen Verzierungen; er tötet das Tier einfach. Neben eine kleine Skulptur, die einen Herrscher zu Pferd darstellt, hat er Christus gestellt, der auf seinem Esel in Jerusalem eintrifft und neben eine Kreuztragung eine Flucht nach Ägypten und eine Himmelfahrt. So überschneiden oder überdecken sich die Themen; eine Schlacht zieht eine Schlacht nach sich, eine Rüstung verlangt nach einer anderen. Aber es kann auch sein, daß eine Geißelung Christi einen Kain und Abel hervorruft, zwei goldende, eiserne Formen, die nebeneinander stehen, während zu ihren Füßen zwei Haken wie sich aufbäumende Schlangen miteinander im Kampf liegen. Auch kann neben einem Christus am Kreuz eine Figur stehen, die auch die Arme ausbreitet, aber es handelt sich um eine Hofdame, die ihren Reifrock hält, eine Infantin des goldenen Jahrhunderts Spaniens. Sie trägt eine (Fahrrad-)Kette aus Gold. Diese Goldkette ist in ihrer Zweideutigkeit als Band und Schmuck diesselbe Kette wie die, die die Tiere des Garten Eden zusammenhält.

Robert hat es geschafft, daß sein goldener Schrott die Nachbarschaft des seltensten und wertvollsten Materials erträgt. Er hat trotzdem keine Dinge gefertigt, deren wichtigster Charakterzug die Seltenheit und Kostbarkeit ist, was eher die Bemühung eines Handwerkers als die eines Künstlers wäre. Er hat sich nicht um Virtuosität bemüht. Er wollte, daß seine Stücke mit den handwerklichen Meisterstücken, in deren Nähe er sie stellte, in Dialog träten. Der Kontrast ist ebenso wirkungsvoll wie der, den ein Aufeinandertreffen eines Salzfasses von Benvenuto Cellini mit einer Hopi-Puppe im selben Raum mit sich brächte. Zwei Welten prallen aufeinander: sie kommunizieren miteinander nur über ihre Rhythmen und ihre Formen.

Weißt du, was passiert ist, fährt Robert fort. *Die Ausstellung wurde eröffnet. Nach einer Woche wurde sie geschlossen. Die Wächter waren in Streik getreten und ihr Streik hat sechs Monate gedauert. Danach hatte das Museum andere Ausstellungen auf dem Programm. Nur wenige Leute haben meinen Schatz in Rosenborg gesehen und es hatte keinen Sinn, ihn anderswo zu zeigen. Ich hatte für diese Gegenüberstellung hart gearbeitet.*

Die Technik, das Alteisen zu vergolden, begeisterte ihn so sehr, daß er den Auftrag, für die Kirche von Esbjerg einen Altar zu schaffen, annahm.

Das ist eine kleine Kirche für die Fischer. Ich habe den Raum, der mir zur Verfügung stand, in meiner Werkstatt nachempfunden, um zu sehen, was ich in der tatsächlichen Größe machen könnte. Dann habe ich drei Kirchenfenster und eine Fenstertüre entworfen und für den Altar einen Christus von 1,80 m Höhe zusammengestellt. Er ist aus Hartlot, Messing und Gold. Ich glaube, er wird gut altern. Das Hartlot wird seinen Glanz verlieren und einen tiefen Braunton annehmen. Das Gold wird stärker glänzen. Im Augenblick hat es eine grelle Intensität. Mit den Jahren wird das Ganze weicher werden. Christus befindet sich im Zentrum und um ihn herum die Fischer. Ich habe sie aus den alten Ölkanistern gemacht, die sie für die Bootsmotoren verwenden. Ich habe die Kanister ineinander gedrückt. Die Arbeit der Fischer ist mir heilig. Durch das Öl in ihren Kanistern ernähren sie die Welt. Ich hätte diesen Altar in Marmor und Bronze machen können. Ich wollte nicht für den guten Geschmack arbeiten. Der gute Geschmack, der Luxus, schien mir nicht zur Kreuzigung zu passen. Die Pein, das Töten dieses Mannes hat nichts mit gutem Geschmack zu tun. Ich weiß sehr wohl, daß es bei den Protestanten im Grunde keine Bilder von Christus gibt. Ich habe eines gemacht. Was man nicht machen kann, mache ich. Und in Esbjerg haben sie meine Christusskulptur akzeptiert. Natürlich hat man zu mir gesagt: dein Christus hat nur drei Finger an den Händen und vier Zehen an den Füßen. Das ist mir egal. Ich wollte dem Ganzen Ausdruck verleihen, man sollte die Grausamkeit der Marter spüren. Ich glaube, man findet das darin. Andererseits sagt man: Robert wird im Alter religiös. Keineswegs. Ich bin nicht religiös. Ich habe einen menschlichen Altar gemacht. Und was ist eine Kirche, wenn nicht ein Ort, wo man Frieden finden kann. Ein menschlicher Ort? Unsere Generation läßt die falschen Ideen hinter sich, an die wir in unserer Jugend geglaubt haben. Das Paradies von Karl Marx hat sich im Laufe von 60 Jahren in Luft aufgelöst. Und die Kirche ist immer noch da. Ich bin nicht für die Kirche, aber hat unser Zeitalter einen anderen Ort hervorgebracht, an dem ein jeder Frieden finden kann?

Nach dem Schloß von Rosenborg nun also die Kirche von Esbjerg. Das ehemals schwarze Schaf, der Hafenganove fühlt sich nicht geschmeichelt (ein wenig vielleicht doch), daß seine Werke Zugang zu Orten gefunden haben, an die er niemals gedacht hatte. Er arbeitet, wie er immer gearbeitet hat. Wahrscheinlich ist er sich nicht im Klaren darüber, daß seine Popularität in Dänemark und noch mehr in Jütland seiner Bildhauerei Erfahrungen

zuteil werden ließ, die keinem anderen Bildhauer unserer Zeit vergönnt waren. Er hat eine natürliche Neigung zum Wagnis, bevor er seine Monumentalskulpturen oder seine »Hommages« beginnt, untersucht er immer, wie er sein Werk zum Thema ausrichten kann. Er verhält sich, wie es die Tradition von den Künstlern verlangt. Er tut dies, ohne vom Weg abzukommen und erweitert dabei seine Ausdrucksmöglichkeiten.
Roberts Fähigkeit, sein Werk gleichzeitig in zwei Richtungen auszurichten, der Abstraktion und der bildlichen Darstellung, gibt ihm eine außergewöhnliche Dimension und verwirrt ohne Zweifel die Historiker, aber warten wir ein halbes Jahrhundert ab: was heute als Widerspruch gilt, wird dann nicht einmal mehr bemerkt werden.
Die Skulpturen werden in der Werkstatt angefertigt. Robert und sein Assistent Bernard Léauté haben standgehalten und bis zu den »Sieben Tagen«, die 1987 auf dem Robertsplads in Kopenhagen aufgestellt wurden, die Monumentalskulpturen dortselbst realisiert. *Die Werkstatt,* erzählt Robert, *ist eine Fabrik, die zehn Männer beschäftigen könnte, und wir sind nur zu zweit.* 1982 erzählt Robert: *mit den Mitteln, die wir haben, sind wir gerade dabei, eine Skulptur von zehn Tonnen Gewicht anzufertigen.* Er zeigte mir den betagten Amboß, die Drehbank »Batignolles«, den Lastwagen, der zwanzig Tonnen und den Kran, der vier Tonnen tragen konnte, die Schweißstationen, die Schweißbrenner, den Gabelstapler.
Robert spricht über den Lichtbogen und das elektrische Schweißen. *Ich verwende es, aber es ist gefährlich für die Augen. Man sieht nicht, was man macht. In diesem Klima, im Schweißgeruch arbeite ich seit 50 Jahren. Man weiß, daß Ratten keine zwei Monate darin überleben. Das beweist, daß wir keine Ratten, sondern Menschen sind.*
Bernard zählt weiteres Inventar auf: *Robert hat eine Fräsmaschine gekauft, die wir aber nicht häufig verwenden. Er hat auch eine pneumatische Maschine, um zu biegen und Löcher zu machen. Er hat sie benützt, um die Kanister, die er für den Altar der Kirche von Esbjerg verwendet hat, plattzudrücken. Er hat eine Presse erworben und Schleifmaschinen aller Art. Er gibt immer mehr Maschinen in der Werkstatt.*
Der Zuwachs an Ausstattung bedeutet, daß Robert lange geglaubt hat, seine Monumentalwerke weiterhin im Haus gestalten zu können.
Bernard fährt fort: *im Grunde brauchen wir für seine Skulpturen keine so komplizierten Maschinen: wir müssen sowieso alles von Hand machen. Die Skulpturen sind einzigartig und die Maschinen sind dazu geschaffen, dieselben Funktionen immer wieder auszuführen. Also verwenden wir sie ein Mal, zwei Mal, drei Mal und dann nicht mehr.*
Nell meint dazu: *Robert und Bernard streiten sich immer wegen des Materials. Robert liebt neue Maschinen, weil sie für ihn eine Herausforderung darstellen.*
Bernard ergänzt: *das stimuliert ihn zweifellos. Zu guter Letzt werden wir ausgerüstet sein wie eine große Fabrik. Seit wir die Monumentalskulpturen nicht mehr in der Werkstatt, sondern im Freien anfertigen, ist noch mehr Ausrüstung hinzugekommen.*
Dies ist einer der Schlüssel um zu verstehen, wie Robert funktioniert. Dieses Material hat Wunder bewirkt: mit ihm wurden riesige Skulpturen möglich, Element für Element präzise strukturiert, wurden Kupfer und Messing hinzugefügt und ein komplexes Repertoire an Formen zum Ausdruck gebracht. Der Gebrauch unterschiedlicher Metalle hat Robert die Farben vorgegeben und man weiß, daß ihr Vorhandensein in der Bildhauerei für ihn

von dauerhaftem Interesse ist. Wenn die Metalle eine Farbe haben, muß er sich keine Gedanken über die Rolle von Blau oder Rot in seiner Komposition machen, da die Skulptur natürliche Farben hat.
Als Robert Aufträge für noch größere Bauwerke bekam, fertigte er diese im Freien, aber es muß betont werden, daß der Wechsel der Methode einer Entwicklung seiner ganzen Bildhauerei entsprach, auch der, die er in seiner Werkstatt erschuf. Seine jüngsten Werke tendieren dazu, sich den schwarzen Eisen seiner Anfänge anzunähern: sie möchten wieder einfache Strukturen sein.
Robert läßt seine monumentalen Werke auf Schiffswerften ausführen. Wie kann seine Beziehung zu den Computern aussehen, die die Formen seiner Skulpturen von seinen Modellen ausgehend übertragen?
Wie Bernard Léauté sagt, fühlt sich Robert mit Elektronik nicht allzu wohl. *Aber wenn ihm die Ingenieure zeigen, was sie von seinem Modell ausgehend machen können, ist er fasziniert.*
Steen Bjarnhof präzisiert: *für ihn ist alles klar, wenn er der Vergrößerung seiner Projekte folgen kann, wenn er bei den Bildern, die ihm vorgeschlagen werden, eingreifen kann. Natürlich zeigt das Modell die Schwingungen, die die Arbeit von Hand hervorruft. Wenn es vergrößert ist, sind diese Schwingungen nicht mehr da, aber die Struktur bleibt erhalten. Wichtig ist, daß er bei seiner Arbeit dem Computer folgt. Dieser erweitert seine kreative Entwicklung. Er bringt die Vorstellung zum Ende, und dies entspricht völlig dem aktuellen Zustand seines Werkes. 1990 habe ich in Silkeborg die Ausstellung gesehen, die er mit Egill Jacobsen gemacht hat. Er nahm alte Probleme wieder auf, aber mit der Erfahrung eines ganzen Lebens als Bildhauer, mit einer Weisheit, einer Einfachheit! Niemals zuvor hat er schönere Skulpturen geschaffen.*
Robert erklärt: *du mußt wissen, der Computer schafft mir alle technischen Probleme vom Hals. Bei dem Projekt einer Skulptur von 60 m Höhe für den Außenhafen von Kopenhagen hätte ich weder die Tragfähigkeit des Sockels berechnen können, noch das Verhalten der Skulptur in dieser Höhe, noch die Vibrationen wegen des Windes, noch das Gewicht von Schnee und Eis, noch das Ablaufen des Regenwassers. Somit ist das ein nützlicher Beitrag. Außerdem habe ich die Möglichkeit, mir unter allen Blickwinkeln anzuschauen, wie meine Formen herauskommen. Ich kann hier 10 oder 20 cm hinzufügen, da 20 cm wegnehmen, der Computer zeigt es mir sofort. Ich liefere mein Modell nicht der Maschine aus. Ich kann kontrollieren, was die Vergrößerung ihm wegnimmt oder hinzufügt. Natürlich muß man etwas Großes einfach halten. Einfach und direkt. Nicht kolossal: nichts anderes als Skulptur.*
Man wird feststellen, daß Robert von dem Augenblick an, an dem seine Monumentalskulpturen nicht mehr in der Werkstatt entstanden, die Möglichkeit einer von Hand gemachten Arbeit schätzte: z.B. den Altar für die Kirche in Esbjerg. *Da habe ich auch die Kirchenfenster gemacht. Ich habe kein Modell angefertgt. Nein, es ist richtige Handarbeit, Glas, Farben.* Er empfindet tiefes Glück bei dieser Arbeit mit seinen Händen. Er fügt hinzu: *Alles spielt sich zwischen der Hand und dem Kopf ab.* Und Robert geht so oft er kann zum Arbeiten in seine Werkstatt. Maria meint: *Robert ist kein Theoretiker. Er bringt seinen Körper in die Kunst ein.*
Sein Gang wird schwer und seine Augen schauen müde. Aber er macht weiter. Und er wird weitermachen, so lange er kann.

Robert Jacobsen mit
Lun Tuchnowski
während der Vormontage
bei Maurer Söhne,
in München 1990

Die ersten Skulpturen
stehen auf dem Platz
in Künzelsau-Gaisbach

Maria und Robert
nach ihrem Einzug
in Tågelund, 1968

Maria, Bobby,
der Hund Bamse
und Robert um 1980

Robert und Maria 1991
vor der Abbaye St. André
in Meymac

Mit Professor Stephan Waetzoldt und Lun Tuchnowski unter dem ›Flieger‹ bei Würth in Künzelsau, 1991

Professor Lothar Romain, Lun und der Künstler mit dem Modell des ›Delphin‹

Erste Begegnung
von Carmen und Reinhold Würth
mit Jacobsens in Tågelund, 1970

Der Sammler Reinhold Würth
bei einem Atelierbesuch
in Tågelund, 1991

Lun, Robert,
C. Sylvia Weber und Barbara Kress
bei Maurer Söhne, 1990

Der Bildhauer vor den
Modellen der Skulpturen-
installation in Tågelund

Vormontage der ›Skulptur vor dem Haupteingang‹
für Künzelsau in München, 1990

Robert am 16. Mai 1992 in Künzelsau
nach Vollendung der Skulptureninstallation

»Ich wußte gar nicht, daß ich so gut bin« R. J.

Tørskind, in der Nähe von Egtved in Jütland, ist kein Freiluftmuseum, wie man es in Belgien und Holland findet. Es hat nichts gemeinsam mit einem Park wie dem in Versailles, wo man beim Spaziergang in den Wäldchen oder an den Alleekreuzungen harmonisch verteilte Statuen antrifft. Es ist ein Durcheinander von Felsen, Hügeln und kleinen, engen Tälern. Anderswo als in Dänemark hätte man alles dem Erdboden gleichgemacht. Aber in Dänemark sind Anhöhen selten, und man versucht sie zu erhalten. Tørskind ist an dem Tag eine »Landskabsskulptur« geworden, als Robert Jacobsen auf die Frage: Wollen Sie da etwas machen? mit ja geantwortet hat.
Tørskind war eine aufgegebene Kiesgrube, begrünt durch Gräser, die der Wind herbeigetragen hatte. Sie ist der Ort für die Begegnungen von zwei Künstlern geworden und ein Abenteuer, bei dem Robert sein gesamtes Werk in Frage gestellt hat.
Die Geschichte reicht in das Jahr 1985 zurück.
Zunachst hatte man in Tørskind daran gedacht, ein Haus zur Erholung zu bauen, aber niemand schien Lust zu haben, sich dort zu erholen. Also hat man mich gebeten, dort etwas zu machen. Ich habe geantwortet: es liegt nicht in meiner Natur, Landschaften zu gestalten. Aber ich habe einen Freund, Jean Clareboudt, der so etwas machen kann, und er ist seriös. Clareboudt ist dann gekommen und ist in der Kiesgrube spazieren gegangen. Man hat ihm eine genaue Karte gegeben, hat ihm Luftbilder geschickt, und er hat angefangen zu arbeiten. Ich habe ihm gesagt: du versuchst es zunächst, ich komme dann anschließend. Er hat wie ein Verrückter gearbeitet. Er dachte, ich würde nichts machen. Ich habe gewartet und zugeschaut.
Das Projekt lief an. Wie es in Dänemark üblich ist, wurden zunächst Plakate herausgegeben, um die Idee bekannt zu machen. Die Leute aus der Nachbarschaft kauften welche. Öffentliche und private Stiftungen wurden um finanzielle Unterstützung angegangen. Man versicherte sich der Unterstützung der Unternehmer dieser Region, denn man benötigte sowohl Personal als auch schweres Material. 1988 wurde dann die erste Skulptur von Clareboudt eingeweiht.
Clareboudt hatte mir damals erzählt: *ich wollte die ganze Landschaft in eine Skulptur verwandeln. Zunächst einmal mußte ich etwas völlig anderes machen, als ich bislang gemacht hatte. Vor allem mußte ich den Geist des Ortes entdecken. Ich folgte den Spuren der Schritte, die Jahr für Jahr Wege gezogen hatten. Ich stellte fest, daß die Leute nie Rundgänge machten und habe nach und nach eine Ost-West-Achse herausgearbeitet, die dem Lauf der Sonne folgte. Stück für Stück ist die Landschaft leserlicher geworden. Robert rief mich häufig an: kommst du voran? Ich sagte ja, aber obwohl ich immer mehr Skizzen anfertigte, war ich in einer Sackgasse, bis ich diese Achse gefunden und einen großen Kreis im Zentrum festgelegt hatte. Dann kam Klarheit hinein, ich wußte, wo ich die schrägen Linien anbringen mußte und wie ich die Mulden einsetzen konnte. Ich habe die Linien gesehen, die den Boden in all seinen Verwerfungen sprechen lassen würden. Robert sagte immer zu mir: mach voran, ich werde hinterher improvisieren.*
Clareboudt hat seine Erzählung 1991 fortgesetzt: *Tatsächlich kam Robert erst kurz vor dem Ende hinzu. Als ich meinen Kreis im Zentrum fertiggestellt hatte, brachte er seine großen Hölzer, die er »Les Cheveux de Saturne« nannte, fünf große, entrindete Baumstämme, die er gegen einen Hügel vorstürmen ließ.*

Ich war im Westen, er im Osten. Seine Hölzer haben mich aus der Fassung gebracht. Diese Skulptur von Robert erinnerte mich an Werke von Guiseppe Penone, aber sie war von einer solchen Heftigkeit! Sie brachte in das Ganze etwas Grelles hinein. Meine Skulptur machte Tschak! Seine: Bumm! Wir fingen an, zusammen zu funktionieren, miteinander wirklich in Dialog zu treten. Die beiden Skulpturen gehen in dieselbe Richtung, sie spielen miteinander. Der Ort ist zugleich düster und zart. Man sucht vergebens einen Einklang mit der Natur, was man macht ist notgedrungen gewalttätig. Ich weiß, daß die Gegend seither wie eine Landepiste ausgeleuchtet ist: Ich habe die Wege mit weißen leuchtenden Kieselsteinen markiert. Man folgt der Richtung, die ich vorgegeben habe. Ich glaube nicht, daß unsere Skulpturen sich drängeln. Dann hat Robert seinen »Tycho-Brahé I« und seinen »Tycho-Brahé II« aufgestellt. Anschließend hat er sich an einer Stelle postiert, die ich nicht vorgesehen hatte: im Norden mit seinem »Mann von Tørskind«, einem Säulengang aus Eisen, der von drei Holzpfählen überkreuzt wird. Damit hat er den Ort verschlossen.

Ich hätte nie zu hoffen gewagt, daß Robert sich in dieses Unterfangen so gut einfügen würde. Für Tørskind hat er sich vollständig in Frage gestellt. Er hat einen ordentlichen Schluck frischen Blutes zu sich genommen. Er ist seither dem, was unsere Generation sucht, ganz nahe. Er hat sich neu erfunden, und für mich ist es ein Glück mit ihm gearbeitet zu haben.

Clareboudt hat sein erstes Werk 1988 aufgestellt. Das Gesamtwerk war 1991 fertig. Clareboudt hatte fünf Skulpturen plaziert und Robert vier.

Robert erzählt seinerseits: *Ich bin bei meiner Arbeit von dem, was Clareboudt gemacht hat, ausgegangen. Man hat zu mir gesagt: Ihr habt euch gut verstanden , ihr beide. Ich meine: er hat sich nicht um mich gekümmert. Jeder hat gemacht, wozu er Lust hatte. Je öfter ich hingehe, um so mehr verstehe ich. Ich glaube , es ist schön. In fünfzig Jahren wird es noch besser sein, wenn die Eichen, die zur Zeit ihre Blätter noch nicht verlieren, der Landschaft im Winter das Rot ihrer Blätter hinzufügen werden. Von Zeit zu Zeit gehe ich im Park spazieren. Es sind viele Menschen da, die zum Picknick kommen. Kürzlich haben Spaziergänger zu mir gesagt: wir verstehen zwar nichts davon, aber es ist außergewöhnlich. Ich war hingerissen. Ich hätte nie geglaubt, eine solche Wirkung erzielen zu können. Natürlich habe ich an alte Stätten wie Carnac und Stonehenge gedacht. Das hat nichts miteinander zu tun? Ich wette mit dir, daß man in 1000 Jahren glauben wird, Tørskind sei für die Menschen des 20. Jahrhunderts ein heiliger Ort gewesen. In der Bildhauerei liegt immer ein wenig Magie. Ich habe den »Mann von Tørskind« auf einen Grabhügel vor ein kleines Tal gesetzt. Er beherrscht die Gegend. Ihn sieht man zuerst. Ich habe ihn aus Pfählen gemacht, die man in einem Torfmoor gefunden hat, so wie man bei Ausgrabungen Knochen entdeckt. Sie stammen vielleicht von einer gotischen Brücke, auf jeden Fall sind sie sehr alt. Ich habe die Skulptur »Der Mann von Tørskind« genannt, weil in Egtved vor 70 Jahren in einem Grab ein junges Mädchen gefunden wurde, das in der Bronzezeit gelebt haben soll. Es wurde intakt aufgefunden, in Bluse und Rock, die ebenfalls intakt waren. Inzwischen hat man sie ins Museum gebracht. Somit habe ich der Frau von Egtved den Mann von Tørskind hinzugefügt.*

Die Skulptur »Die Haare des Saturn« wollte ich eigentlich »Der Igel« nennen, aber Igel riecht zu sehr nach Erde. Ich habe nach einem Titel gesucht, der vom Himmel kommt und habe an himmlische Haare gedacht, die auf den Hügel gefallen sind. Die Bäume stammen von mir daheim. Man hatte solche in der Region noch nie gefunden! Ich sage dir: die Jütländer sind wie die Auverner in Frankreich.

Die Bäume sind groß, jeder 16 m hoch, sie schweben in der Luft, im Gleichmaß mit den anderen Skulpturen, die 7, 15 und 23 m messen.

Anfangs hatte Robert zu Clareboudt gesagt: *diesmal ist das Alteisen deine Sache.* Und Clareboudt hat es verwendet. *Ich werde meine Skulpturen aus Holz machen, vielleicht aus Sperrholz, und ich werde es rot und blau anmalen.*

Robert hat auf das Industrieholz und die Farben verzichtet. Er ist in die Natur gegangen und hat die rohen Bauteile genommen, die rasch zerschnittenen Stämme, die entrindeten Bäume, die spitzen Pfähle aus dem Moor. Das Holz mit nichts darauf außer einer Schicht Teer, das ist es, was er in seine metallischen Strukturen eingefügt hat. Für »Les Cheveux de Saturne« ist das Eisen nur eine diskrete Stütze, die erlaubt, aus der Distanz die weißen Baumstämme wie borstige Stacheln, die über dem Hügel schweben, erscheinen zu lassen. Bei den »Tycho-Brahé« und dem »Mann von Tørskind« ist das Eisen immer noch Träger, aber es zeigt die Anordnung der Skulptur auf, beim »Mann von Tørskind« einen Säulengang, Fenster bei den »Tycho-Brahé«. Natur und Industrie können nur in ihrer elementaren Bedeutung, in ihrer primären Kraft, zusammen existieren.

Bei Clareboudt trägt der Metallträger mit seiner ganzen geometrischen Vernunft die Formlosigkeit des Felsens.

Bei Robert darf nichts ohne Form sein: Das Holz kommt nur als Zylinder vor, und durch das Teeren bekommt es Bedeutung, als Kanone oder Teleskop.

So drücken in derselben Landschaft die beiden Künstler ihre grundlegende Verschiedenartigkeit aus: Clareboudt liebt das rohe Gestein, Robert duldet das Holz nur geschnitten.

Die Landschaft von Tørskind wird lange ein außerordentlicher Ort auf diesem Planeten sein. Er wird für Robert die Gelegenheit zu einem seiner gewagtesten Unterfangen gewesen sein. In Tørskind hat er auf die Herausforderung, die er sich selbst gestellt hatte, geantwortet. Mit dieser Landschaft hat er auch die neue Bildhauergeneration herausgefordert: Was für eine Skulptur kann man mit rohen Elementen aus Industrie und Natur anfertigen? Er hat sich sehr weit vorgewagt. Es ist zweifellos ein Unterfangen, das keine Fortsetzung finden wird. Er hat sich deswegen nicht auf diese Form der Ästhetik umgestellt, aber er hat das Spiel gespielt. Wie man gesehen hat liebt er es, seinen Feinden Gesprächsstoff zu liefern. Tørskind ist ein Boxhieb im Ring, eine seiner Erklärungen in der öffentlichen Debatte, was Bildhauerei ist und was sie nicht ist.

Robert sagt: *Tørskind war eine Menge Arbeit: Bernard war von 6 Uhr morgens bis in die Nacht vor Ort.*

Diskret wie Bernard ist, hat er mir nichts gesagt, aber man liest auf der Tafel, die bei der Einweihung der »Landskabsskulptur« veröffentlicht wurde, seinen Namen und man sieht sein Photo zwischen Clareboudt und Robert Jacobsen.

Wenn es darum geht, riesige Werke zur Größe einer Stadt oder einer Landschaft passend zu gestalten, verfügt Robert über zwei Wege: den des Computers, der die Maschinen der Schiffswerft dirigiert und den Weg, der über das Zusammenfügen einfacher Ele-

mente führt: große Eisenplatten und Baumstämme, die die Kräne vor Ort zusammensetzen. Man errät, mit welcher Freude der Bildhauer, der nichts so sehr liebt, wie mit seinen Händen zu gestalten, zu seinen Gerätschaften in der Werkstatt zurückgekehrt ist, um den Christus und die Fischer für den Altar der Kirche in Esbjerg anzufertigen.
Es gibt für die Monumentalskulptur noch einen dritten Weg. Bisher ist er diesen erst ein einziges Mal gegangen: es ist der chinesische Weg.
Die chinesische Methode entstand bei dem seltsamen Unterfangen, das dazu führte, daß Robert als erster europäischer Bildhauer eine Monumentalskulptur in China aufstellte, und zwar im großen Hafen von Tien-Tsin: 12 m hoch, 9,50 m lang und 25 Tonnen schwer. Es war das Projekt von vier Dänen, den Brüdern Yte, die in der Industriezone von Tien-Tsin eine Fahrradfabrik gebaut hatten. Die vier Brüder bestellten bei Robert eine Skulptur als Freundschaftsbeweis gegenüber China.
Ich habe mir die chinesische Schrift angeschaut, erzählt Robert. *Die Schriftzeichen sind unglaublich schön. Sie werden mit dem Pinsel gezeichnet. Ich habe sie mir als Skulptur vorgestellt. Ich habe etwa zwanzig Zeichen gemacht, die keine chinesischen Zeichen, sondern Abstraktionen in Anlehnung an chinesische Schriftzeichen waren. Wir haben eine davon ausgewählt, von der wir dachten, daß sie zur Vergrößerung gut geeignet sei. Und da kamen mir Bedenken. Die Chinesen würden meine Skulptur ja tatsächlich lesen und was würden sie lesen? Man hat mir gesagt, daß dieses Zeichen eine Bedeutung zwischen »gutes kleines Boot« und »große Liebe« hat. Die Chinesen waren offensichtlich nicht gekränkt. Die Skulptur heißt »Freundschaft« und sie kommen in Gruppen mit dem Bus, um sie anzuschauen. Mein Assistent von Kopenhagen und lieber Freund, Lun Tuchnowski hat das Projekt geleitet und Bernard hat es realisiert. Zur Einweihung gab es ein Fest mit Drachentänzen. Deng-Xiao-Ping hat eine zwanzigminütige Rede gehalten, hat Mao Tse-Tung zitiert und gesagt, daß diese Skulptur von großem Wert sei. Mehr weiß ich darüber nicht.*
Bernard Léauté erinnert sich: *das Roheisen kam aus Deutschland. Ich hatte das Modell (65 cm) von Robert dabei. Die Skulptur sollte 12 m hoch werden. Die Chinesen hatten keine Arbeitsgeräte, aber sie waren geschickt und zahlreich. Ein Ingenieur der Fahrradfabrik hat uns empfangen. Wir haben miteinander gesprochen. Er hatte eine Arbeit dieser Art noch nie gemacht. Wir haben den Chinesen Zeichnungen gegeben. Ich erinnere mich an einen Vater mit seinen beiden Söhnen und an einige alte Arbeiter. Das Eisen mußte geschnitten und gebogen werden. Sie haben uns nicht gesagt, wie sie es gemacht haben. Ich habe ihr Verfahren nicht verstanden, aber sie haben es gut gemacht, und eine Wölbung von 9,50 m herzustellen ist wirklich nicht einfach. Ich habe sie arbeiten sehen ohne Wasserwaage, ohne Schleifstein, ohne Leiter. Sie brachten die Sauerstoffflaschen auf Fahrrädern an und polierten mit der Hand. Sie hatten keine Leiter, um in immer größerer Höhe zu arbeiten. Sie haben Querstäbe an die unteren Teile der Skulptur geschweißt und kletterten so nach oben. Zum Schluß mußten sie die Trittstufen nur wieder abschweißen und die Schweißspuren versäubern. Die Einzelteile sind nach und nach vor Ort angekommen. Ein Kran nahm sie hoch und sie mußten nur noch zusammengeschweißt werden. Nach einem Monat war die Skulptur fertig und wurde am 24. März 1986 eingeweiht.*
1988 wurde in Korea für die Olympischen Spiele von Seoul ein Skulpturenpark geschaf-

fen. Robert schuf ein Werk von 13 m Höhe, 17 m Länge und 57 Tonnen. Es wurde in der Schiffswerft hergestellt. Die Teile mußten vor Ort nur noch zusammengefügt werden. Sein Titel: »En Souvenir du Bateau-Lavoir«.
Zur Zeit entsteht in Künzelsau ein Skulpturenpark bei einem neuen Verwaltungsgebäude der Firma Würth. Darin sind zwei Museumsbereiche – einer für die zeitgenössische Kunst und ein technischer für Schrauben und Gewinde – integriert. Reinhold Würth hat Robert gebeten, auf einem Platz von rund 600 m^2 Größe eine Skulptureninstallation in Bezug zur Architektur zu schaffen. *Ich mache das mit Hilfe des Computers. Lun Tuchnowski leitet dieses Projekt und so muß ich nur ein bis zweimal im Monat vorort sein.* An anderer Stelle wird ausführlich darüber berichtet.
Trotz der großen Zahl seiner Monumentalskulpturen in Dänemark, in China (Tien-Tsin), in Korea (Seoul), in Frankreich (Meymac), in Deutschland (Künzelsau), spricht Robert weiterhin vom Geheimnis der Kunst.
Man muß begreifen, daß nicht die Künstler revolutionär sind, sondern ihre Werke. Das Ereignis findet nicht in den Galerien, sondern im Atelier statt. Man kann den Inhalt eines Mülleimers in einem Salon ausleeren, aber am nächsten Tag ist alles gereinigt. Auf alle Fälle ist die Kunst nicht dazu da, Aufsehen zu erregen. Heutzutage wiederholen einige Künstler die Manifestationen, die die Dadaisten zum Ende des Ersten Weltkrieges erfunden hatten. Zur Zeit des Dadaismus bewirkte das zu Recht, einen Skandal. Heute programmiert man jeden Monat die Skandale in den Museen, aber das stört niemanden mehr. Was schlimmer ist, ist der Bruch in der Kommunikation zwischen den Künstlergenerationen. Bis jetzt konnten die Maler und Bildhauer die Arbeit ihrer älteren Kollegen fortführen, indem sie sie erneuerten. Man hat von Léger, Pevsner oder Klee etwas übernommen und daraus etwas anderes entwickelt. Joseph Beuys respektiere ich sehr. Er ist ein seriöser Künstler. Aber was kannst du mit dem Fett anfangen, das er verwendet hat? Das, was er angefangen hat, ist mit ihm zu Ende gegangen. Genauso verhält es sich mit der Pinkelbude, dem umgekehrten Pissoir, von Marcel Duchamp. Das war 1917 eine tolle Sache! Aber was kannst du daraus machen? Das wäre nur ein Zitat. Du siehst, die Kunst ist zu etwas geworden, wo jeder hinter sich die Türe schließt. In meinen Augen ist das Selbstzerstörung. Wer sorgt heute für den Erfolg? Die Galerien und die Leiter der Museen für zeitgenössische Kunst. Die Künstler haben in der Kunst nichts mehr zu sagen.
1991 sollte für Robert das Jahr seines größten Projektes werden: eine Skulptur von 60 m Höhe für den Vorhafen von Kopenhagen, die der Stadt ein Erkennungszeichen geben sollte, wie es der Eiffelturm für Paris ist oder die Freiheitsstatue für New York. Während ich unser Gespräch aufnahm, sagte er zuweilen: *während ich mit dir spreche, denke ich an eine Skulptur und mache sie in meinem Kopf.* Das war im Februar. Ich glaube, er wollte mir den Vorgang seines Schaffens begreiflich machen: unabhängig von dem, was er gerade macht, reift eine Idee in einem Winkel seines Gehirns. Im August sprach er deutlicher von einer riesigen Skulptur für Kopenhagen. Lächelnd sagte er: *ich habe ihnen eine Skulptur von 80 m Höhe vorgeschlagen. Ich dachte an meinen 80. Geburtstag im Jahre 1992: die Höhe der Skulptur hätte in Metern meinem Alter entsprochen. Die Anspielung an mein Alter interessierte sie nicht besonders. Im übrigen war die Skulptur für 1993 vorgesehen und die Höhe von 60 m erschien ihnen ideal. Geh also von 60 m aus.*

Eines Tages sagte er mir: *sie wird 70 m hoch. Sie wollen einen Sockel von 10 m Höhe daruntersetzen. Geh von 70 m aus.*
Nach und nach erfuhr ich, daß er ein Modell vorgestellt hatte, daß dieses Modell in der ersten Instanz angenommen worden war und daß nur noch die Zustimmung der Stadtverwaltung fehlte.
Bald darauf erfuhr ich, daß eine Grundsatzdiskussion begonnen hatte. Es gab rivalisierende Pläne, den dänischen Architekten Udzon, der durch den Bau der Oper in Sidney weltweite Berühmtheit erlangt hatte, mit der Konstruktion eines hohen Turmes zu beauftragen. Robert sagte: *ich will den Bau des Turmes von Udzon nicht behindern.* Der Vertreter von Udzon sagte: *wir wollen die Skulptur von Jacobsen nicht verhindern.* Dieses Ausmaß von Höflichkeiten zeigt die Unsicherheit bezüglich des Projektes. Einen Büroturm? Eine riesige Skulptur? Die Skulptur würde abstrakt sein, so daß man nicht sicher sein könnte, daß ihre Bedeutung verstanden würde. Und Büros wären Büros. Man braucht immer Büros, aber hat ein Büroturm einen Sinn?
Robert meint: *was alle verstehen würden, wäre eine 60 m große Coca-Cola-Flasche im Vorhafen von New York und ein 60 m hoher Photoapparat am Flughafen von Tokio.*
Alles geht in diese Richtung: Holland sucht nach einem Emblem und plant den Bau einer riesigen Windmühle.
Dies sind die Zeichen der Zeit und Robert ist sich ihrer bewußt. Er weiß, daß die ursprünglichen Bilder an Bedeutung verlieren und daß sie Gefahr laufen, von den kommerziellen Bildern überlagert zu werden. Diese abstrakte Skulptur von 60 m Höhe würde, falls sie gebaut wird, unserem ausgehenden Jahrhundert den riesigen Beweis des Vertrauens einer Epoche in die Kunstform, die sie erfunden hat, erbringen. Die Griechen hatten im Hafen von Rhodos einen Koloß aufgestellt, und die Schiffe fuhren durch eine menschliche Figur. Robert mag das Kolossale nicht. Und die menschliche Figur ist derzeit für die Werbegraphiker reserviert. Wird die Stadt Kopenhagen den Mut haben, diese Skulptur als Emblem auszuwählen?
Im 10 m hohen Sockel soll ein Museum untergebracht werden. *Diese Idee stammt nicht von mir, denn ich habe es immer abgelehnt, ein Museum für meine Arbeiten zu planen. Der Gedanke, daß an der Türe Geld bezahlt werden muß, um zu sehen, was ich mache, behagt mir nicht. Darauf habe ich immer mit nein geantwortet. Ein Museum für einen einzigen Künstler ist immer eine schwierige Sache. Ich war in Paris im Museum Delacroix. Es ist das Haus, in dem er gelebt hat und das Atelier, in dem er gearbeitet hat. Aber es sind kaum Leute da. Ich behaupte nicht, daß die Besucher über die Stille und Ruhe nicht glücklich sind, aber man hat den Eindruck, als ob das Haus verlassen sei. Nur das Museum Picasso stellt etwas dar, aber das ist meistens von Schulklassen bevölkert. Das Rodin-Museum? Alles schön und gut, ich will mich auch nicht mit diesen großen Künstlern vergleichen, aber ich bin trotzdem dagegen. Ich will vor allem meine Zeit nicht damit vergeuden, daran zu denken. Ich mache weiter meine Arbeit und wenn eine Skulptur beendet ist, denke ich an die nächste. Und was sollte man auch in einem Jacobsen-Museum ausstellen? Skulpturen? Gravuren? Die Modelle der Monumentalskulpturen, die ich gemacht habe? Aber diese Modelle habe ich verkauft. Um es noch einmal zu sagen, ich sammle meine Werke nicht. Ich habe nie etwas für ein zukünftiges Museum auf*

die Seite getan. Ich habe mich immer geweigert, eine Mustersammlung meiner Werke auszustellen. Das interessiert mich nicht. Man kann Plakate, Dokumente und Photos ausstellen, damit der Besucher das Wesen dieser 60 m hohen Skulptur versteht und sieht, wie sie auf der Werft gebaut wurde. Es sollten aber vor allem regelmäßig neue Werke junger Künstler präsentiert werden, damit das Publikum immer etwas Neues anzuschauen hat.

Aber Maria meint: *der Gedanke, für Robert im Sockel der Skulptur ein Museum einzurichten? Ich weiß, daß er ein Museum für sein Werk immer abgelehnt hat. Aber es wäre für ihn eine tolle Sache.*

1991 bin ich Robert Jacobsen oft begegnet, in Kopenhagen, in Meymac, in Cateau-Cambrésis. In Kopenhagen erinnerte ich mich an einen Island-Pullover, den er mir in einem Bistro in der Rue du Dragon in Paris geschenkt hatte, als ich zwanzig Jahre alt war. Er hatte gesagt: *die Zeichen in der Wolle sind die Zeichen der Sonne.* Wir waren beide vollkommen pleite. Wer uns eingeladen hat? Vielleicht Vasarély. Ich weiß es nicht mehr. In Cateau-Cambrésis habe ich ihn in einem Saal getroffen, in dem das Museum die Bilder von Auguste Herbin aufbewahrt. Robert hatte mir mehrfach einen Satz von Herbin zitiert, bei dem es ihm kalt über den Rücken gelaufen war: *Herbin hat zu mir gesagt: Jacobsen, ich habe schon viele Stars kaputt gehen sehen. Sie hatten keine Angst vor Paris. Heute sind Sie der König. Morgen werden Sie vielleicht ein Landstreicher sein. Seien Sie vorsichtig. Werden Sie nie ein Star. Ich glaube, ich bin nie einer geworden. Ich habe meine alten Freundschaften bewahrt und achte immer noch auf das, was ich mache.*

Zum Schluß noch einige Momentaufnahmen von Robert:

Als ich 1991 in Kopenhagen ankam, nahm Robert mich im Taxi mit. Wir machten mehrere Etappen. Wir sind zunächst zu Per Steen Hebsgaard, dem Glasbläser gegangen. Robert erzählte: *Ich habe anfangs nicht daran geglaubt, bin aber doch in sein Atelier gekommen. Ich habe Versuche gemacht. Das Glas ist zerbrochen. Als ich festgestellt habe, daß das schwierig ist, habe ich mich damit beschäftigt. Wir haben es mit gewölbtem Glas versucht. Es ist zerbrochen. Dann war mir klar, daß das bemalte Glas im Augenblick des Erkaltens zerbrach. Es hat mich immer mehr interessiert. Wir haben eine Ausstellung meiner Glasplatten im Gutshaus von Sophienholm gemacht. Die Leute sind gekommen.*

Bei Hebsgaard hat Robert die Glasfenster der kleinen Kirche von Esbjerg bemalt.

Dann sind wir zu Ivan Edeling gegangen. In der Galerie stand eine Holzskulptur, die von Robert hätte sein können, aber Robert arbeitet nur mit Metall. *Doch, doch,* meint Robert, *ich habe es nochmals mit Holz versucht; das hat mich interessiert.* Danach hat er mir in der Druckerei Edeling zerschundene und durchlöcherte Kupferplatten gezeigt. Das Metall ist in Mitleidenschaft gezogen. Man sieht darauf Blasen und Narben. *Das,* meint Robert, *ist das Ergebnis eines Mißgeschickes. Vor zehn Jahren hatte ich bei der Arbeit an einer Druckvorlage nicht bemerkt, daß der Schweißbrenner die Kupferplatte angriff. Das hat mich auf eine Idee gebracht. Jetzt schweiße ich elektrisch. Dabei kann man nicht zusehen, was man macht, selbst mit Schutzbrille nicht. Man muß es also fühlen. So habe ich an den Kupferplatten zu »Une saison en enfer« von Arthur Rimbaud gearbeitet. Ich habe nicht versucht zu illustrieren; es ist eine freie Arbeit. Als Rimbaud dieses Buch geschrieben hat, wollte er nicht erfreuen. Ich habe mit der Heftigkeit meines Schweißbrenners gearbeitet. Die Platten werden aufeinander folgen, wie wenn sie den Ereignissen in seinem Leben folgen. Es wird weiße Flächen geben, die ich bis jetzt bei Gravuren noch nie gewagt habe. Der Herausgeber läßt die schwarzen Flächen der Platten bei Lacourière in Paris drucken. Dort wurden auch die Drucke von Picasso lithographiert. Sie haben gesagt, daß in ihren Augen die Gravur mit dem Schweißbrenner eine klassische Arbeit sei. Darüber habe ich mich gefreut.*

Wir sind ganz munter in die Wohnung zurückgekommen. Robert wollte die Serigraphien anschauen, die er für den Speisesaal der neuerbauten Niederlassung von Würth in Kolding entworfen hatte. Sie werden die Säulen des Refektoriums bedecken. Jorgen Hansen zeigte ihm die Andrucke. *Kanntest du schon Serigraphien von drei Meter Höhe,* fragte Robert lächelnd. Nein, ich kannte keine, bevor ich nicht die gesehen hatte, die er sechs Monate zuvor im Salon Gronningen in Kopenhagen gezeigt hatte.

Wir sind weiter mit dem Taxi gefahren. Wir sind zu einem Buchhändler gegangen, dann zu einem Teppichhändler, der Teppiche nach Kartons von Robert webt. Es war ein ungewöhnlicher Tag.

Da Robert permanent in der Entwicklung lebt, kann er keinen Sinn für Abschluß haben. In unseren Unterhaltungen sagte er am häufigsten diesen Satz: *es bleibt noch viel zu tun.* Er ist sich dennoch des Schicksals bewußt und meint: *Ich versuche so schnell wie möglich zu laufen, damit man mich nicht einholen kann. Ich kenne im übrigen das Ergebnis im voraus, deshalb würde ich gerne mit dem Schweißbrenner in der Hand tot umfallen. Ich denke, ich werde auch glücklich sein, wenn ich tot bin.*

Die Rückkehr des ›Verlorenen Sohnes‹

von Denise René

»*Aber ja doch! Ich bin es!*«, ertönte die Baritonstimme meines Freundes Robert, als er die Türe meiner Galerie nach fünfzehnjährigem Fernbleiben aufstieß.
Wir schreiben das Jahr 1984. Wie mit dem Wink eines Zauberstabes löschte der verlorene Sohn die Vergangenheit aus und nahm seinen Platz unter uns wieder ein, einen Platz, den seine Werke seit den fünfziger Jahren nie verlassen hatten. Seine erstes Erscheinen geht auf das Jahr 1947 zurück. Beraten von einem Maler baltischer Herkunft, hatte er sich mit seinem Freund Richard Mortensen in der jungen Galerie Denise René vorgestellt, die seit gerade drei Jahren existierte und schon als heilige Stätte der abstrakten Kunst in Frankreich anerkannt war.
Sehr rasch schließt Robert Freundschaft mit Deyrolle, Dewasne, Poliakoff, Vasarély und Magnelli, der afrikanische Kunst sammelte, über die auch Jacobsen umfangreiche Kenntnisse besitzt. Der Kritiker Léon Dégand und ich sind damals seine überzeugten Fürsprecher.
Er wird bald Mitglied eines Trios, das er die »Härtesten der Harten« nennt: – Vasarély, Dewasne, Jacobsen –, ein Trio, das unerbittlich eine entschiedene Richtung in der Galerie durchsetzen will und das den Künstlern, die es als verspätete Romantiker bezeichnet, das Leben schwer macht.
Vierzig Jahre später kann man sich ein Bild von dem Übermaß an Geduld und diplomatischem Geschick machen, das ich als junge Leiterin einer Galerie aufbringen mußte, um die Spannungen zwischen den Gruppen und die Rivalitäten unter den jungen Ehrgeizlingen der Abstraktion aus dem Weg zu räumen.
Mit sicherem Blick war es Robert gelungen, die Künstler ausfindig zu machen, deren Werke ihm als Grundlage beim Erarbeiten seines persönlichen Stils dienen konnten. Über sein Einverständnis mit Vasarély, was das Gestaltende betraf hinaus, begriff er bald die entscheidende Bedeutung der geometrischen Abstraktion von Herbin und wurde in kurzer Zeit ein Bildhauer, der bei seinen Skulpturen aus Eisen der Richtung von Gonzales und Calder folgte. Als Bildhauer von Werken aus Stein und Holz besaß er bereits einen ausgeprägten Sinn für den Raum. Er bewies sehr schnell seine perfekte Beherrschung der Technik bei der Arbeit mit dem Eisen und seine geradezu diabolische Meisterschaft als Schweißer, die ihm die Bewunderung aller Professionellen einbringt. Munterer denn je und immer noch unverändert kreativ, ist mein Freund Robert dabei, die Welt zu erobern.

Anhang

Kurzbiographie

1912 in Kopenhagen geboren
ab 1926 verschiedene Berufe: Barkeeper, Badmintonspieler, Seemann, Banjospieler, Schauspieler usw.
1930–1940 arbeitet autodidaktisch als Bildhauer
1931 kommt als Seemann nach USA
1933–1944 lernt bei einem Holzschnitzer und bei einem Steinmetz, Gelegenheitsarbeiten
1940 erste Ausstellung im »Herbstsalon« in Kopenhagen
1947 geht mit einem Stipendium des französischen Staates nach Paris, wird dort bis 1955 von der Galerie Denise René vertreten
1952 Kunstpreis der Zeitung »Politiken«
1955 wird Künstler der Galerie de France
1962–1981 Professor für Bildhauerei an der Akademie der Bildenden Künste in München
1966 Großer Preis der Biennale Venedig für Plastik zusammen mit seinem Freund Etienne Martin
1967 erhält er die Thorvaldsen-Medaille
1976 Professor i mur og rumkunst an der Königlich-Dänischen Kunstakademie in Kopenhagen
1976 Mitglied der Künstlervereinigung Gronningen, Dänemark
1980 Offizier der Ehrenlegion der Académie Française
1981 Ehrenmitglied der Akademie der Bildenden Künste in München
1983 Kommandeur von Danebroge
1987 Commandeur des arts et des lettres

Lebt und arbeitet in Tågelund bei Egtved
in der Nähe von Kolding in Dänemark

Personenregister

Hervorgehobene Seitenzahlen verweisen auf Abbildungen

In der Biographie unter anderen erwähnte Familienmitglieder

Nilsine Petrine genannt Basse: Großmutter von Robert 11
Ingrid Bénédicte genannt Grace: Mutter von Robert 11, **33**
Alma: Roberts erste Frau 14
Hanne und Nell: deren Töchter 14, 16, 28, 29, 30, 46, 52, 65, 66, **80, 81**, 93
Agathe genannt Dot: Roberts zweite Frau 14, 16, 17, 28, 30
Mette und Lykke: deren Töchter 14, 16, 17, 28, 30, 41, 42, 43, 46, 48, 52, 65, 66, **80, 82**
Hélène: Roberts dritte Frau 30, 41, 46, 48, 49, 50, 52, 54, 63, 65, 67
Maria: Roberts vierte Frau 67, 68, 87, 88, 96, **98, 99**, 111
Robert genannt Bobby: Sohn der beiden **79**, 87, **98**
Bernard Léauté: Roberts Assistent und Ehemann von Nell 13, 29, 50, 52, 59, 62, 65, 68, 69, **78, 83**, 85, 92, 95, 96, 107
Tim und Mikel: Roberts Enkel, Söhne von Mette 68, **79**

Photonachweis

Frontispiz: Privat
Seite 33, 34, 35, 36, 74, 75, 82:
nach Ernst Mentze, Robert Jacobsen, Kopenhagen
37: Inga Aistrup, Vedbaek
38, 39, 40: Privat
73: Privat
76, 77: Allan Moe
78 oben: Dalmas, Paris
78 mitte: André Morain, Paris
78 unten: Archiv Würth
79 oben: Erik Jepsen
79 unten: Privat
80: Privat
81: Gunvar Jørgsholm, Kopenhagen
83: Maria Jacobsen
84: Wolfgang Hoffmann
97 oben: Roland Bauer, Winterberg
97 unten: Peter Walser, Stuttgart
98 oben: Privat
98 unten: A. Nyboe
99: Lun Tuchnowski, München
100: Roland Bauer, Winterberg
101: Paul Swiridoff, Schwäbisch-Hall
102 unten: Lun Tuchnowski, München
103: Lun Tuchnowski, München
104: Roland Bauer, Winterberg